Albert Reibmayr

Inzucht und Vermischung beim Menschen

Verlag
der
Wissenschaften

Albert Reibmayr

Inzucht und Vermischung beim Menschen

ISBN/EAN: 9783957008428

Auflage: 1

Erscheinungsjahr: 2016

Erscheinungsort: Norderstedt, Deutschland

Hergestellt in Europa, USA, Kanada, Australien, Japan
Verlag der Wissenschaften in Hansebooks GmbH, Norderstedt

Cover: Tizian "Ländliches Konzert "

Verlag
der
Wissenschaften

INZUCHT UND VERMISCHUNG

BEIM

MENSCHEN.

VON

Dr. ALBERT REIBMAYR.

NATURAM EXPELLAS FURCA,
TAMEN USQUE RECURRET.

HORAZ.

LEIPZIG und WIEN.

FRANZ DEUTICKE.

1897.

Herrn Dr. Franz Tappeiner

zugeeignet.

Inhalts-Verzeichnis.

Allgemeines.

	Seite
Einleitung	1
Vererbung	5
Allgemeines über Inzucht	10
Inzucht beim Menschen	12
Ursachen der Inzucht	18
Wirkungen der Inzucht	36
Zusammenfassung	44
Allgemeines über die Vermischung	47
Vermischung beim Menschen	49
Ursachen der Vermischung	53
Wirkung der Vermischung	58
Zusammenfassung	70
Kastenbildung	73
Nutzen und Schaden der Kastenbildung	86
Degeneration — Regeneration	99
Schlusssätze	128

Geschichtliche Belege.

Geniale Völker	130
Inzucht und Vermischung bei den Aegyptern	137
Inzucht und Vermischung bei den alten Juden	175

Zusätze.

I. Ueber die Inzucht bei Bienen und Ameisen	210
II. Bemerkungen über die Züchtung extremer Charaktere	211
III. Ueber die Züchtung biostatischer Vortheile	228
IV. Ueber die Inzucht im Gebirge	238
Die Grödner	242

Seite

V. Ueber die grössere Wahrscheinlichkeit der Hervorbringung genialer
Naturen bei Inzucht 245

VI. Ueber das gesunde und pathologische Genie 247

VII. Ueber Geschwister- und Verwandten-Ehe 248

VIII. Ueber die Ausrottung der Besten 251

IX. Ueber den Zusammenhang der Blüthezeit der Medicin mit den Degenerationsperioden der Culturvölker 254

X. Ueber das Aussterben von Familien der führenden Kasten 261

Anhang 266

Allgemeines.

Einleitung.

Es ist Aufgabe jeder echten Wissenschaft die Gesetze zu entdecken, unter deren Herrschaft die beobachteten Thatsachen stehen. Die Culturgeschichte des Menschen, einschliesslich dessen, was wir gewöhnlich seine „Geschichte" nennen, hat sich in den früheren Zeiten begnügt, Thatsachen zu sammeln und höchstens den oberflächlichen Zusammenhang derselben nachzuweisen. Grossen Geistern genügte freilich diese Art Forschung nicht und sie suchten die wahren Triebfedern des menschlichen Schicksales etwas tiefer zu ergründen. Doch erst der Ausbau vieler anderer, scheinbar mit der Geschichte des Menschen nicht in einem engeren Zusammenhang stehender Wissenschaften haben dieses tiefere Eindringen ermöglicht, und mit Hilfe dieser Fortschritte, besonders in den Naturwissenschaften, sehen wir, wie Montesquieu, Herder und Bukle das hochinteressante Thema, auf welche Weise der Mensch zu seiner Cultur gekommen ist, tiefer aufzufassen und den Mechanismus der Gesetze, nach denen die Thatsachen der Geschichte des Menschengeschlechtes sich abwickeln, zu entdecken suchten. Ein grosser Theil dieser Hilfswissenschaften, die der Geschichtsforscher zu der Entdeckung dieser Gesetze benützen muss, befinden sich erst in den Anfängen ihrer Entwickelung und lassen dem strebenden Geiste wohl ahnen, welch' grossen Nutzen noch die spätere Forschung aus dem Ausbau derselben ziehen wird. Vorderhand ist aber dieser Weg zur Erkenntnis der Wahrheit noch voll Dornen und Fussangeln, und es ist den Pfadfindern nicht zu verargen, wenn sie da und dort straucheln und auf Abwege kommen. So erging es Herder und Bukle und so wird es noch vielen ergehen, bis es gelungen sein wird, das hohe Ziel zu erreichen.

Die älteste Auffassung der Geschichte des Menschen war stets und bei allen Völkern die theistische. Sie erklärt die Geschicke eines Volkes als das Werk einer Gottheit, die noch dazu in mehr oder weniger beschränkter Weise als nationale Gottheit erscheint. Der Typus dieser Geschichtsforschung ist die Geschichte des jüdischen Volkes.

Dann kommt, wie Rocholl*) sagt, mit der Renaissance zuerst der humanistische Gedanke. Er fasst die Geschichte als Erzeugnis des Menschen auf. Einen ähnlichen Gedanken findet man aber schon von den erleuchtesten Köpfen des Alterthums ausgesprochen.

Mit Montesquieu beginnt die moderne Forschung der Geschichte und mit seinem Werke „Ueber den Geist der Gesetze" hat er die Grundlage geliefert, worauf die seitherigen Denker weiter gebaut haben. Er war es zuerst, der den Gedanken nicht nur ausgesprochen, sondern auch zu beweisen gesucht hat, dass die geistige Beschaffenheit und in Folge dessen die Handlungen und Schicksale der einzelnen Völker eine nothwendige Folge der sie umgebenden Natur seien.

Bukle hat einen Schritt vorwärts gethan und den Satz aufgestellt, dass die Geschichte eine Naturwissenschaft des Menschengeschlechtes sei und es nur eine wissenschaftliche Methode gäbe, die für dieselbe passt — die naturwissenschaftliche Methode der Induction. Sein unvollendetes Werk, die Geschichte der Civilisation England's — war der erste Versuch der Anwendung dieser Methode. Dass auch dieser Weg der Forschung, so sicher er schien, nicht vor Irrthümern schützte, beweist das geniale Werk selbst. Trotz aller verzeihlicher Fehler war aber das Werk von grosser nachhaltiger Wirkung für die heutige Geschichtsforschung, und es wird schwer sein, ein neueres Geschichtswerk zu finden, welches sich der in dem Buche durchgeführten Methode ganz entziehen kann.

----

*) Rocholl: „Die Philosophie der Geschichte", Göttingen, 1878.

Der Hauptfehler Bukle's, wie Gumplowicz*) richtig hervorhebt, war, dass er dem Einflusse des Erdbodens und Klimas auf die menschliche Geschichte eine zu grosse Wirkung zuschrieb und die Natur des Menschen, die nicht nur ein Product des Klimas allein ist, übersah.

Es gibt eben ausser diesen äusseren Einflüssen der Natur, die das Schicksal des Menschengeschlechtes beeinflussen, auch innere Kräfte, die vom Boden und Klima entweder ganz unabhängig oder davon nur wenig bedingt, ihre grossen Wirkungen ausüben und die, wie mir scheint, bis heute nicht genug Berücksichtigung gefunden haben. Unter diesen inneren Einflüssen spielen eine der wichtigsten Rollen die Folgen der Inzucht und Vermischung.

In der ganzen Natur sehen wir das Gesetz „pares cum paribus congregantur" in Geltung und je näher der Mensch dem Naturzustande stand, desto mehr war derselbe diesem Gesetze unterworfen. Erst die fortschreitende Civilisation und die unnatürlichen Verhältnisse, in die der Mensch durch dieselbe gebracht wurde, war die Ursache, dass dieses Gesetz häufig ausser Wirksamkeit gesetzt wurde und Vermischungen eintraten, die aber nicht im Stande waren, das stärker wirkende Gesetz der Inzucht für die Länge aufzuheben.

Dieses Gesetz der Inzucht und seine Folgen einerseits, die Wirkungen der Vermischung andererseits auf die Culturgeschichte des Menschen etwas näher zu erforschen, soll Aufgabe dieser Arbeit sein. Um die Wirkung dieser Factoren einigermassen gründlich zu verstehen, müssten wir freilich über das Wesen der Vererbung und ihrer Folgen aufgeklärter sein, als wir es factisch sind. Immerhin sind wir aber in der Erkenntnis dieses wichtigen Factors bereits soweit fortgeschritten, dass wir es wagen dürfen, an die Erforschung des interessanten Thema's heranzutreten.

Dass in dieser Arbeit die für die Culturfortschritte der Menschheit bisher geltenden Factoren vernachlässigt werden, hat nicht

---

*) Gumplowicz, Prof.: „Der Rassenkampf", Innsbruck, 1883. Anhang, S. 372.

darin seinen Grund, dass ich die Wirkung dieser Factoren
nicht in dem· Maasse anerkenne, wie dies heutzutage allgemein
angenommen wird, sondern liegt im Plane des Werkes. Ich setze
die Wirksamkeit dieser Factoren als bekannt voraus und bestreite
dieselbe nicht im Geringsten. Ich möchte nur beweisen, dass
neben diesen Factoren die Inzucht und Vermischung
beim Menschen eine Wirkung ausüben, die bisher fast
vollständig ausseracht gelassen und deren Wichtigkeit für die Erforschung der Culturgeschichte der
Menschheit sich als von nicht geringer Bedeutung
erweisen wird.

Vererbung.

Seit L a m a r c k die Theorie der Vererbung aufgestellt hat, ist diese Frage zu einer Wichtigkeit gelangt, deren Tragweite für die Erkenntnis der Naturgeschichte der Lebewesen von weitgehendster Bedeutung war. So massenhaft die diesbezüglichen Beobachtungen im Thierreiche sind und so viel Geist bereits zur Ergründung der Gesetze derselben angewendet worden ist, so unterliegt es doch keinem Zweifel, dass, um diese Frage endgiltig zu lösen, noch die Forschung vieler Generationen nöthig sein wird, wenn es überhaupt gelingen soll, volle Klarheit in diese wunderbare Arbeit des Webstuhles der unendlichen Zeit zu bringen. So viel steht aber heute schon fest, dass wir es hier mit einem der gewaltigsten Factoren der Natur zu thun haben und wir diesen Factor nicht hoch genug anschlagen können, wollen wir das Werden und Vergehen aller Arten der Lebewesen einigermassen erklären.

Es ist nicht meine Aufgabe, mich hier eingehender mit der Theorie der Vererbung zu befassen. Eine so hervorragende Rolle die Vererbung in dieser Arbeit auch spielt, so muss ich mich doch begnügen, nur die wichtigsten Thatsachen hervorzuheben, und muss zahlreiche Beobachtungen als bekannt voraussetzen.

Gerade jetzt ist über eine sehr wichtige Frage der Streit noch nicht entschieden. Das ist die Frage der Vererbung erworbener Eigenschaften.

L a m a r c k's Satz, dass „Alles, was die Natur die Individuen erwerben oder verlieren lässt, durch Vererbung übertragen wird", wird von W e i s s m a n n und seiner Schule bestritten. So weit ich die Literatur der letzten Jahre über diese Streitfrage übersehen kann, scheint sich aber in Bezug auf diese Frage der Sieg auf Seite L a m a r c k's zu neigen. Ein Theil der Naturforscher, nämlich die Aerzte, haben den Standpunkt L a m a r c k's wohl kaum je verlassen, denn sie werden ja zu sehr im praktischen Leben durch fortwährende Beobachtungen von der Uebertragung erworbener krankhafter Zustände und auch der dagegen erworbenen Widerstandsfähigkeit von der Richtigkeit der Lamarck'schen Theorie überzeugt. So wichtig die endgiltige Entscheidung über die Vererbung erworbener Eigenschaften für meine Arbeit ist, so kann sie doch die in derselben niedergelegten Ansichten nicht wesentlich tangiren. Es unterliegt aber gar keinem Zweifel, dass z. B. die Schnelligkeit, mit der die Cultur eines Volkes sich entwickelt, sehr abhängt von der Uebertragbarkeit erworbenen Charaktere und es ist sicher, dass uns Vieles in der Culturgeschichte eines Volkes nur schwer verständlich wäre, wenn wir uns ganz auf den Weissmann'schen Standpunkt stellen würden.

So sehr ich mich in Bezug auf die Frage der Vererbung auf die Kenntnisse meiner Leser verlassen muss, so ist es doch nothwendig, den Standpunkt der Wissenschaft, was die Theorie der Vererbung betrifft, kurz zu präcisiren, und folge ich hierin der Arbeit von Ribot, der diese Frage in Bezug auf den Menschen in klarer und zusammenfassender Weise in seiner neuesten Auflage erörtert hat.*)

„Die Vererbung ist eine ihrem Wesen nach erhaltende Kraft und strebt darnach, den Nachkommen die ganze Natur ihrer Vorfahren zu übermachen, jede physische, intellectuelle und moralische Verbesserung, ebenso wie jede Verschlechterung in allen diesen Richtungen.

Man kann daher sagen, dass die Erfahrung unzähliger Generationen bei der Geburt in uns schlummert. Wenn nicht Kreuzungen, spontane Abänderungen, äussere Einflüsse stattfinden, so würden die Nachkommen nothwendigerweise ebenso fühlen und denken, wie ihre Vorfahren.

Vom philosophischen Standpunkte aus betrachtet, erscheint die Vererbung als ein Theil eines viel allgemeineren Gesetzes,

---

*) Ribot: Die Vererbung. Psycholog. Untersuchung ihrer Gesetze, Ursachen und causalen Consequenzen. Deutsch von Hans Kurella Leipzig, bei Wiegand 1895.

eines Weltgesetzes; ihre Ursache muss im Weltmechanismus gesucht werden.

Die Vererbung ist nur ein Theil des obersten Gesetzes, welches die Physiker als Erhaltung der Energie und die Metaphysiker als allgemeine Causalität bezeichnen. Vom Standpunkte der Thatsachen und der Psychologie erscheint sie als ein Gesetz des Lebens, dessen Ursache die theilweise Identität der Elementarbestandtheile des Körpers bei Eltern und Kindern ist.

Was die Artmerkmale betrifft, so hat die Vererbung die Evidenz eines Axioms, da sie ohne Ausnahmen ist. Jedes Thier erbt die körperlichen und geistigen Merkmale seiner Art mit unbedingter Nothwendigkeit. Ein Thier, das durch ein Wunder in dem Körper seiner Art die Instincte einer anderen Art hätte, wäre psychologisch genommen ein Monstrum; die Spinne kann nicht wie eine Biene fühlen und handeln, ja innerhalb derselben Art behalten die Rassen selbst ihre psychischen wie physiologischen Merkmale bei, beim Menschen bewahren selbst die Varietäten einer Rasse, die man Völker nennt, in ihrer Gesammtheit die bleibenden Charaktereigenschaften. In ihrer specifischen Form ist also über die Vererbung psychischer Eigenschaften nicht mehr zu discutiren und ein Zweifel könnte sich nur auf die Vererbung individueller erworbener Eigenschaften beziehen. Aber auch hier sind die Thatsachen so zahlreich, um in ihnen nur einen Zufall zu sehen. Es ist bewiesen, dass alle Formen psychischer Thätigkeit vererbbar sind, Instincte, sinnliche Auffassung, Gedächtniss, Gewohnheiten, Phantasie, Begabung für Kunst, Naturwissenschaften und abstractes Denken, Gefühle, Leidenschaften und Charakter; dasselbe gilt für gewisse pathologische Erscheinungen. In dem unentwirrbaren Flechtwerk intercurrenter Ursachen ist aber nur eine ganz theoretische Bestimmung des Gesetzes zu erreichen, welche eine hinreichende Classification der Thatsachen gestatten.

1. Die Eltern haben eine Tendenz, alle die psychischen Eigenschaften, die allgemeinen wie ihre individuellen, die alten wie die neuerworbenen zu vererben. (Gesetz der directen und unmittelbaren Vererbung.)

2. Einer der Eltern kann einen vorwiegenden Einfluss auf die psychische Veranlagung des Kindes haben. (Gesetz der Präponderanz in der Vererbung der Eigenschaften.)

3. Die Nachkommen erben oft körperliche und geistige Eigenschaften ihrer früheren Vorfahren und ähneln ihnen, ohne ihren Eltern zu gleichen. (Atavismus.)

4. Gewisse körperliche und geistige scharf bestimmte Anlagen treten bei den Descendenten in demselben Alter auf, wie bei den Ascendenten". (Gesetz der homochronen Vererbung.)

Dieses sind kurz die wichtigsten Resultate, zu denen Ribot an der Hand der heute bekannten Thatsachen gekommen ist.

Ein anderes wichtiges Gesetz, das mit der Vererbung in causalem Zusammenhang steht, ist das Gesetz der Correlation. Es scheint mir, als wenn die Wichtigkeit dieses Gesetzes nicht immer in consequenter Weise berücksichtigt würde.

Der Grund, warum das Gesetz der Correlation nicht genügend gewürdigt, ja mitunter sogar als nicht wirkend angenommen wird, mag darin liegen, dass die Natur, um eine gestörte Harmonie wieder herzustellen, häufig grösserer Zeiträume bedarf, als wir kurzlebigen Menschen überblicken können. Darum erscheint uns manches in der Natur unharmonisch und nicht in Correlation zu stehen. Würden wir aber fähig sein, grosse Zeiträume und die darin nie rastende Arbeit der Natur von einem höheren, umfassenderen Standpunkte zu überblicken, so würden wir wahrscheinlich zur Einsicht kommen, dass dieses Gesetz der Correlation nicht nur immer besteht, sondern nicht einmal eine Ausnahme kennt.

Ein für die vorliegende Arbeit wichtiges Gesetz ist ferner, dass durch Nichtgebrauch alle Theile der Organisation geschwächt und verringert werden. Thiere, welche z. B. während vieler Generationen nur wenig Bewegung gemacht haben, haben in der Grösse reducirte Lungen, und in Folge hievon wird der knöcherne Brustkorb und die ganze Form des Körpers modificirt. Umgekehrt können durch übermässigen Gebrauch körperliche und geistige Charaktere ins Extrem gezüchtet

werden. Sowohl die Folgen des Nichtgebrauch als des übermässigen Gebrauches sind in einem gewissen Grade vererbbar.

Die Thatsachen, auf die sich diese Gesetze stützen, sind heute
schon von überwältigender Masse, werden jedoch täglich noch vermehrt. Sie hier auch nur in extenso anzuführen, würde zu weit führen, ich werde oft genug Gelegenheit haben, einzelne derselben zu
erwähnen. Im übrigen muss ich auf die Originalwerke Darwin's,
Häckel's, Haacke's, Eimer's, Galton's, Weissmann's,
Ribot's etc. verweisen.

Allgemeines über die Inzucht.

Wir haben über dieses Thema infolge der Züchtung unserer Hausthiere eine grosse Erfahrung, und die Literatur darüber ist bedeutend. Während hierin früher die reine Empirie herrschte, ist seit D a r w i n in dieses Thema Ordnung gekommen und sein grosses Werk „über das Variiren der Thiere und Pflanzen im Zustande der Domestication" ist von grundlegender Bedeutung geworden.

Wir können sehen, dass die Cultur auf Pflanzen und Thiere ähnliche Wirkungen ausübt, wie auf den Menschen, und wir werden umgekehrt die Gesetze, die für die pflanzlichen und thierischen Culturrassen Geltung haben, auch auf den Menschen anwendbar finden.

Vor allem müssen wir uns die Thatsache stets vor Augen halten, dass d u r c h die C u l t u r die n a t ü r l i c h e A u s l e s e, w i e s i e i n d e r N a t u r d u r c h d e n s c h a r f e n K a m p f u m s D a s e i n i n T h ä t i g k e i t i s t, i n i h r e r W i r k s a m k e i t s t e t s e i n e S t ö r u n g erleidet.

Daraus muss unbedingt mit der Zeit eine Schädigung der Rasse entstehen. Bei den domesticirten Thieren und Pflanzen wird dieser Schädigung theils durch die natürliche Zuchtwahl, die auch in der Domestication immer in Thätigkeit ist, mehr aber durch die Zuchtwahl des Menschen entgegengewirkt, indem er die besten zur Zucht auswählt und die weniger angepassten ausmerzt.

Dort, wo die natürliche Auslese in ungehemmter Thätigkeit sich befindet, ist selbst eine sehr nahe Inzucht nicht schädlich, wie wir dies an frei lebenden Pflanzen und Thieren beobachten können. Doch scheinen selbst hier gelegentliche Kreuzungen nöthig zu sein; ja wenn wir die Beobachtungen über das Verhalten der Fruchtbarkeit bei Thieren und Pflanzen, ferner die Wirkung fremden und eigenen Pollens auf die Narbe berücksichtigen, so scheint die Kreuzung ein ebenso wichtiges Naturgesetz zu sein wie die Inzucht.

Die Gesetze, die für unsere domesticirten Rassen Geltung haben und Anwendung auf den Menschen finden, sind im Allgemeinen nach Darwin folgende:

Gestattet man Individuen einer und derselben Varietät oder selbst denen einer distincten Varietät sich frei zu kreuzen, so wird im Verlaufe von wenigen Generationen eine Gleichförmigkeit der Charaktere erlangt. (Darwin l. c. S. 194.)

Da es nothwendig ist, die Grenze des Begriffes „Inzucht" zu bezeichnen, so möchte ich diese allgemeine Vermischung innerhalb einer und derselben Varietät noch als weite Inzucht bezeichnen im Gegensatz zur nahen, innerhalb eines kleinen Kreises von Individuen derselben Varietät.

Wo keine Zuchtwahl (Inzucht) angewendet wird, werden keine distincten Rassen gebildet und können hochveredelte Rassen nur durch unablässige Zuchtwahl und grosse Aufmerksamkeit erhalten werden. (Darwin l. c. C. 21).

Hochveredelte Thiere degenerieren gerne. (Darwin l. c. C. 21.)

Gewisse domesticirte Rassen scheinen ein Paaren mit ihrer eigenen Sorte vorzuziehen. (Darwin l. c. II. Bd. S. 117.)

Nahe Inzucht ist nothwendig, um eine Rasse zu veredeln, aber beim Hervorbringen dieses Resultates ist die grösste Sorgfalt nothwendig wegen Neigung zur Unfruchtbarkeit und Schwäche. (Darwin l. c. II. Bd. S. 136.)

Die Folgen einer lange fortgesetzten nahen Inzucht sind Verlust an Grösse, an constitutioneller Kraft und Fruchtbarkeit, zuweilen in Begleitung von einer Neigung zu Missbildungen.

Bei gehöriger Sorgfalt in Anwendung gewisser Vorsichtsmaassregeln kann nahe Inzucht mit Vortheil in Bezug auf äussere Charaktere und ohne Nachtheil so weit es die Constitution betrifft, fortgesetzt werden. Doch sind alle Züchter einig, dass früher oder später üble Folgen nicht ausbleiben und Kreuzung nothwendig ist, soll die Rasse nicht degeneriren.*) (Darwin l. c. S. 135.)

Krankhafte, beiden Eltern gemeinsame Neigungen werden durch nahe Inzucht verstärkt und gehäuft. (Darwin l. c. S. 133)

Der Mensch hat die Neigung, die Zuchtwahl jedes Charakters bis in's Extrem zu führen; dies führt zur Divergenz, selten zur Convergenz der Charaktere. (Darwin l. c. C. 21.)

Divergenz des Charakters führt mit dem Aussterben intermediärer Varietäten zur Distinctheit der domesticirten Rassen. (Darwin l. c. C. 21.)

Die guten und schlechten Wirkungen naher Inzucht treten nur allmälig und über mehrere Generationen vertheilt auf, sind daher nicht so auffällig und entgehen leichter der Beobachtung des kurzlebigen Menschen.

Inzucht beim Menschen.

Die Annahme vieler Forscher,**) dass der vorgeschichtliche Mensch durchwegs in ungeregelter Vermischung gelebt haben sollte, widerspricht unserer Erfahrung im Thierreiche, ganz besonders aber unserer Erfahrung über die Züchtung unserer Hausthiere und der Entwickelung einzelner geistigen Fähigkeiten derselben. Nie hätte der Mensch bei freier Vermischung sich aus seinem Urzustande erheben können, da bei fortwährender Vermischung, wie wir aus unseren Züchtungsversuchen wissen,

---

*) Die ältere Schule der englischen Vollblutzüchter huldigte der Ansicht, dass die Paarung sehr nahe verwandter Eltern selbst von den vorzüglichsten Eigenschaften nicht rathsam sei, weil sie in der Regel zu Misserfolgen führe; dass aber in einzelnen Ausnahmsfällen durch diese Paarung Individuen von ganz exceptioneller Leistungsfähigkeit producirt werden. Graf Lehndorff, Handbuch für Pferdezüchter. IV. Aufl. S. 239.

**) Die Ansicht, dass in der Urzeit jede Frau jedem Manne und jeder Mann jeder Frau gleichmässig zugehörte, wo kein Unterschied des Alters und der Abstammung innerhalb des Stammes bestand und allgemeine Geschlechtsvermischung stattfand, wurde ausser von Morgan hauptsächlich von Bachhofen, M'Lennan und Lubbock vertreten. Siehe hierüber die Widerlegung bei Mucke (Horde und Familie) S. 62 f. Westermark (Geschichte der menschlichen Ehe), Ziegler (die Naturwissenschaft und die social-demokratische Theorie).

höhere geistige Charaktere weder gezüchtet noch fixirt werden können.*) Es ist damit nicht gesagt, dass es nicht zu jeder Zeit Horden und Völkerstämme gegeben hat, die in Promiscuität gelebt haben, obwohl diese Promiscuität auch sicher nur innerhalb der Horde oder unter nicht sehr weit abstehenden Völkerstämmen stattgefunden haben wird, wie das ja auch heutzutage noch der Fall ist.**) Ich behaupte aber, dass die Culturträger der Menschheit — und solche hat es auch in der prähistorischen Zeit schon gegeben, und sie bildeten wie später immer nur die Minorität — in vorwiegender Inzucht gelebt haben müssen, weil wir heute wissen, dass nur auf diesem Wege hervorragende, geistige Charaktere gezüchtet und fixirt werden können. Können wir uns die Bildung der körperlichen Rassencharaktere ähnlich wie im Thier- und Pflanzen-Reich nur auf dem Wege der Inzucht***) unter Einwirkung äusserer geographischer und klimatischer Einflüsse erklären, so gilt dies in noch höherem Grade für die Bildung und Züchtung der für den Menschen viel wichtigeren intellectuellen Charaktere.

Doch haben wir ausser diesem logischen Schluss auch einen geschichtlichen Beweis für die Nothwendigkeit der vorwiegenden Inzucht. Alle Völker, wie sie sich in der Culturgeschichte

---

*) Die wahllose Vermischung zweier beliebiger Individuen kann keine höhere Varietät erzeugen und die Panmixie genügt nach Weissmann, um eine Verschlechterung der Rasse herbeizuführen. Siehe Ammon (Gesellschaftsordnung S. 91). Wenn wir bei den Thieren sehen, dass die unterste Stufe des gesellschaftlichen Instinctes nur durch Inzucht erhalten werden kann, so unterliegt es keinem Zweifel, dass der höher ausgebildete Gesellschaftsinstinct, der wie bei den Ameisen und Bienen auf der Theilung der Arbeit beruht, ebenfalls nur durch strengste Inzucht gebildet und erhalten werden kann.

**) Herr Paole sagt von den Eingeborenen der Charlotten-Insel: Die Frauen scheinen fast sämmtliche Männer ihres Stammes als ihre Gatten zu betrachten, sind jedoch gegen alles Fremde äusserst zurückhaltend. Lubbock, die Entstehung der Civilisation I. B. S. 72.

***) „Der Mensch war in seiner frühesten Entwickelung während der vergangenen geologischen Perioden den gleichen Factoren der Naturzüchtung unterworfen wie die übrigen Organismen. Die ältesten Menschenrassen bildeten sich analog den ihnen somatisch am nächsten verwandten Typen der Säugethiere durch fortgesetzte Inzucht vereinzelter Gruppen in räumlich gesonderten Wohnbezirken oder Colonien. Die Fortbildung seines Sprachvermögens ermöglichte dem Menschen indess den Uebergang vom Zustande der geselligen Horde, die wir auch bei anderen Thierarten sehen, der Geschlechtsgenossenschaft, in den Zustand der sich besser schützenden organisirten Horde oder des Stammes.“ Moritz Wagner. Die Culturzüchtung des Menschen, Kosmos 188 und Bd. I, S. 34.

einführen, treten in dieselbe ein mit einer auf strengster Inzucht gegründeten Verfassung. Ueberall ist es der auf strenger Inzucht gegründete Stamm, ja sie leiten fast alle ihre Entstehung von einem Stammheros ab. Nirgends tritt uns in der ursprünglichen Geschichte ein Volk entgegen, welches sich als ein gemischtes auffasst, sondern überall treffen wir schon den Stolz des reinen unvermischten Rassenblutes,*) obwohl fast sicher schon in der vorhistorischen Zeit periodisch Vermischungen, wie wir annehmen müssen, stattgefunden haben. Doch damit das Volk eine Rolle in der Geschichte spielen konnte, musste, wie wir sehen werden, eine lange Inzucht-Periode seit der Vermischung vergangen sein, wodurch die Erinnerung an die Vermischung verloren ging, so dass also alle alten Völker als scheinbar reine Rassenvölker in die Geschichte eintreten. **)

Wir müssen uns also wenigstens einen Theil des prähistorischen Menschen als vorwiegend in

---

*) Bei unseren domesticirten Thieren kann eine gekreuzte Zucht im Laufe weniger Generationen mit Gewissheit fixiert und durch sorgfältige Zuchtwahl gleichförmig gemacht werden; ebenso dürfen wir schliessen, dass das reichliche Kreuzen einer heterogenen Mischlingsbevölkerung während vieler Generationen die Stelle der Zuchtwahl ersetzen und jede Neigung zum Rückschlag überwinden wird, so dass endlich die gekreuzten Rassen homogen werden, wenngleich sie nicht im gleichen Grade an den Charakteren der beiden elterlichen Rassen Theil zu haben brauchte. Darwin Abstamm des Menschen I. Theil, S. 252.

**) Auch Mucke (Horde und Familie) ist dieser Meinung. Er sagt: „Träfen diejenigen das Richtige, welche vermeinen, das menschliche Gattungsleben habe uranfänglich in wilder Geschlechtsgemeinschaft (Promiscuität) bestanden, so ist nicht abzusehen, wie sich aus einem solchem Chaos überhaupt eine Ordnung hätte entwickeln können. Es ist nicht anzunehmen, dass die Natur, in der wir überall Zweckmässigkeit wahrnehmen, zu einer Zeit, wo die Menschheit inniger und unmittelbarer mit der Natur vereint lebte als in den höheren geistigen Entwickelungsperioden, Mittel in Bewegung gesetzt haben sollte, um eine derartige Unordnung hervorzurufen, wie sie in der Promiscuität zu Tage tritt.“

Ebenso hat Hellwald (die menschliche Familie) auch schon die Inzucht als Urinstitution hervorgehoben. Er sagt S. 178: Die Scheue vor Blutnähe ist nicht als ein blosser Brauch, sondern als ein menschlicher Charakterzug zu bezeichnen, welcher sich aber schon in sehr frühen Zeiten bildete und befestigte. Sie ist aber ein gesellschaftlicher Instinct jüngerer Ordnung und wenn sich in der Geschichte wie in der Gegenwart noch manche Nichtberücksichtigung desselben wahrnehmen lässt, so sind dies aus der oben gekennzeichneten Urzeit hereinragende Ueberbleibsel der ursprünglich herrschenden Inzucht oder Endogamie.

strengster Inzucht lebend vorstellen, denn sonst
wäre es demselben ganz unmöglich gewesen, auch
nur die Stufe der Cultur zu erreichen, auf der wir
ihn im Sommethal, bei Taubach und bei der Schussen-
quelle bereits treffen.

„Es gab in der Entwickelung des Menschen, wie Wallace sagt,
eine Periode, wo infolge einer unbekannten Ursache die
Intelligenz sich rascher zu entwickeln begann und diese erlangte
alsbald den überwiegenden Einfluss für das Dasein des Menschen.
Die Vervollkommnung der Intelligenz bewährte sich in unendlich
höherem Grade nutzbringend, als irgend eine Abänderung der
Organisation. Die durch Zuchtwahl zu erreichenden Aenderungen
erfolgten mit Nothwendigkeit von jetzt an fast nur nach der Seite
der Intelligenz hin; die physischen Charaktere verharrten fast
unverändert auf der bereits erlangten Entwickelungsstufe, die
Organe der Intelligenz und die Intelligenz selbst vervollkommneten
sich von Generation zu Generation.

Bei den Thieren trat jene unbekannte Thatsache, durch die
der Mensch von ihnen geschieden werden sollte, nicht in Wirksamkeit, und die morphologischen Umwandlungen schritten bei
ihnen weiter vor, so dass von der miocänen Epoche an bis auf
die Gegenwart die irdische Fauna eine vollständige Erneuerung
durchgemacht hat. Nur der Körper des Menschen blieb fast ganz
so wie er bisher gewesen war. Wir dürfen uns deshalb nicht
wundern, wenn aus der quaternären Periode zu Denise und zu
Engis Schädel gefunden wurden, die von den Schädeln der jetzt
lebenden Menschen nicht auffallend abweichen“.

Das gewöhnliche in der ganzen Natur geltende Gesetz der
Paarung von Gleich und Gleich genügt allein nicht, um dieses
auffallende Phänomen der rascheren intellectuellen Entwickelung
beim Menschen zu erklären. Wenn wir aber unsere Beobachtungen
bei der Züchtung höherer geistiger Charaktere unserer Hausthiere
und die Analogien im Thierreiche zur Erklärung dieser unbekannten
Ursache verwenden, so werden wir gezwungen anzunehmen, dass
diese Wirkung nur eine Ursache hervorbringen kann nämlich:
Die Bildung einer aus der Inzucht-Horde oder dem
Stamm sich abzweigenden, auf engerer Inzucht aufgebauten Kaste und das durch diese Abzweigung

hervorgerufene Princip der Arbeitstheilung.*) Diese
Ursache sehen wir bei allen Thieren, wo wir eine auffallende
Züchtung von hervorragend geistigen Charakteren beobachten,
in Thätigkeit, wie z. B. bei den Bienen und Ameisen.**) Auch
die Züchtung gewisser geistiger Fähigkeiten bei unseren Hausthieren (Jagdhunden) gelingt nur, wenn der Züchter einzelne
Exemplare auswählt und in enger Inzucht hält.

---

*) Sehr richtig hat H. Spencer die Nothwendigkeit der Arbeitstheilung für
jede Form der Organisation auseinandergesetzt. Er sagt (Einleitung in das Studium
der Sociologie II. Bd. S. 143): Gegenseitige Abhängigkeit der Theile ist das, was
Organisation jeglicher Art hervorbringt und erhält. So lange in einer Masse
lebenden Stoffes alle Theile gleich sind und alle Theile gleichmässig ohne
gegenseitige Hilfe leben und wachsen, findet keine Organisation statt; das so
charakterisirte nicht differenzirte Aggregat des Protoplasmas gehört der niedersten
Stufe lebender Dinge an. Ohne bestimmte Leistungen und nur zu den schwächsten
Bewegungen fähig, kann es sich nicht den Umständen anpassen und hängt von
der Gnade umgebender, zerstörender Wirkungen ab.

Die Veränderungen, durch welche die structurlose Masse eine gebildete Masse
wird, welche die einem sogenannten Organismus eigenen Merkmale und Kräfte
besitzt, sind solche, durch welche die Theile desselben ihre ursprüngliche Gleichheit verlieren; und dies thun sie, indem sie die ungleichen Arten der Thätigkeit
beginnen, für welche ihre bezügliche Stellung zueinander und zu den umgebenden
Dingen sie geschickt macht. Diese Unterschiede der Verrichtung und die daraus
folgenden Unterschiede der Structur, anfangs schwach markirt, gering an Grad
und wenig au Art, werden mit fortschreitender Organisation bestimmt und zahlreich und im Verhältnis, als dies geschieht, wird den Anforderungen besser
entsprochen.

Ebenso verhält es sich mit den socialen Gliederungen der Menschheit.
Primitive Stämme zeigen keine festen Kontraste ihrer Theile. (Sie gleichen dem
Protoplasma.) Anfangs betreiben alle Menschen dieselbe Art Thätigkeit ohne oder
nur mit gelegentlicher Abhängigkeit voneinander. Es findet sich nicht einmal eine
feste Häuptlingsschaft (Kern) statt und nur im Kriegsfalle macht sich eine freiwillige und zeitweilige Unterordnung unter jene geltend, welche sich als die besten
Führer erweisen.

Von den so beschaffenen, kleinen, gestaltungslosen, gesellschaftlichen
Aggregaten findet der Fortschritt zu gesellschaftlichen Aggregaten von vermehrtem
Umfange statt, deren Theile Ungleichheiten annehmen, welche stets grösser, bestimmter und mannigfaltiger werden. Herbert Spencer hat hier die Nothwendigkeit der Arbeitstheilung klar als biologisches Gesetz dargelegt, auf welche Weise
aber sich dieser nothwendige Process der Cultur vollzieht, hat er nicht erklärt.
Es ist dies eben die Kastenbildung auf Grund des Inzuchtsprincipes.

**) Siehe über die Inzucht bei den Bienen und Ameisen Zusatz. I.

Es dürfte wohl kaum einem Zweifel unterliegen, dass die ersten Schritte, die der Mensch auf dem Wege der Cultur gethan hat, nicht nur die allerschwersten, sondern auch die Zeitperioden, die er dazu brauchte, sicher die längsten waren, und dass die sogenannte historische Zeit, also die 6000 Jahre, die wir mit einiger Sicherheit als historisch anerkennen, eine ganz kurze Spanne Zeit im Vergleiche mit der Vorgeschichte des Menschen darstellen. Um diese ersten Schritte thun zu können, dazu bedurfte er, wie gesagt, nicht nur der allerstrengsten Inzucht, sondern sicher auch schon der auf dieser basirten Arbeitstheilung.*)

---

*) Wallace hat, glaube ich, ganz recht mit seiner Behauptung, die Darwin (Abstammung des Menschen S. 62) so unverständlich erschien, dass natürliche Zuchtwahl den Wilden nur hätte mit einem Gehirn versehen können, was dem eines Affen ein wenig überlegen wäre. Es musste dazu engere Inzucht und darauf basirte Arbeitstheilung kommen. Darwin gibt selbst zu, dass bei den Urmenschen frühzeitig Arbeitstheilung vorhanden war; es fabricirte z. B. nicht jeder seine eigenen Feuersteinwerkzeuge und wie M. Schöllcraft bemerkt, verlangte das Formen von Steinfragmenten, Lanzen und Pfeilspitzen ausserordentliche Geschicklichkeit und lange Uebung. Die Eskimos glauben nach Cranz (Hystory of Greenland), dass die Geschicklichkeit und der Scharfsinn beim Robbenfangen eine erbliche Tugend sei, denn der Sohn eines berühmten Robbenfängers wird sich auszeichnen, auch wenn er seinen Vater in der Kindheit verloren hat. (Darwin l. c. S. 42.) So werden wohl auch die Urmenschen bald die Beobachtung gemacht haben, dass die Söhne der Arbeiter von Steinwerkzeugen die Sachen besser machten als andere und die erbliche Arbeitstheilung wird daher sicher lange vor der historischen Zeit, wo wir sie bei den ältesten Völkern finden, im Gange gewesen sein.

Wir müssen uns immer vor Augen halten, dass die ersten Entdeckungen und Erfindungen für die Menschen eine viel grössere geistige Anstrengung waren, denn sie bilden den Anfang und gingen nicht aus früheren hervor wie unsere Erfindungen. Aus Feuer- und Serpentinstein jene Messer und Aexte herzustellen, die wir aus den Küchenabfällen und Moorlagern heute ausgraben, war für die damaligen Ganglien mindestens ebenso eine schwierige Aufgabe, als für die unserigen heute die Herstellung der sinnreichsten Maschinen ist. Wenn man dabei bedenkt, dass es der Mensch der Quaternärzeit mit einer so zahlreichen und viel stärkeren Thierwelt als Feind zu thun hatte, so begreift man leicht, wie ihn der harte Kampf uns Dasein von selbst dazu zwang, jeden kleinen geistigen Fortschritt, den er machte und der ihm gerade für diesen Kampf so ausserordentlich wichtig war, eifersüchtig zu erhalten. Dass dies nur durch die strengste Inzucht geschehen konnte, sagte ihm sicher der Instinct, wenn wir nicht annehmen wollten, dass er durch die einfache Beobachtung, besonders bei der Zähmung der ersten Hausthiere, dazu gekommen wäre.

Wenn wir nun alle alten Völkerstämme mit staatlichen, auf diese Principien basirten Einrichtungen in die Geschichte eintreten sehen, so müssen wir annehmen, dass die Ursachen zur Bildung derselben schon lange vorher in der prähistorischen Kindheit dieser Völker wirksam waren.

Es ist nun meine Aufgabe, diese Ursachen näher zu erforschen und die durch die Inzucht und die darauf basirte Arbeitstheilung hervorgerufenen Wirkungen auf den Fortschritt der Cultur nachzuweisen.

Die Ursachen sind theils äussere von der Natur abhängige, theils innere mit der Organisation des Menschen zusammenhängende. Die äusseren Ursachen sind die primär wirkenden, während die inneren erst dann mehr in Wirksamkeit treten, wenn die Inzucht längere Zeit, d. h. wenigstens durch mehrere Generationen Gelegenheit hatte, bestimmte unterscheidende Merkmale (Rassencharaktere) zu züchten. Haben diese unterscheidenden Rassencharaktere Zeit gehabt sich zu bilden und zu fixiren, dann sind die inneren Bedingungen viel stärker wirksam und können auch in Wirksamkeit bestehen bleiben, wenn die äusseren in Wegfall kommen.

Da die Annahme der allgemeinen Promiscuität des Menschengeschlechtes in der prähistorischen Zeit noch immer kein überwundener Standpunkt ist, so müssen wir zuerst kurz die Ursachen der vorwiegenden Inzucht im Allgemeinen nachzuweisen versuchen, um dann die Bildung von Inzuchtkasten bei den einzelnen Inzuchtvölkern und die Wirkung der engeren Inzucht auf die Culturgeschichte des Menschen erörtern zu können.

Ursachen der Inzucht beim Menschen.

Die Frage, wie der Mensch entstanden ist, beschäftigt uns hier nicht, sondern nur seine weitere Entwickelung.[*] So lange der Mensch in geringer Anzahl einen kleinen Theil der Erde bevölkerte, war die strengste Inzucht etwas Selbstverständliches. Nach

---

[*] Ebensowenig kann uns die Streitfrage des Mono- oder Polygenismus beschäftigen; es ist klar, dass sich für den Polygenisten die Ursachen der Inzucht noch schärfer begründen lassen.

und nach wird durch die vollständigere Besiedelung der Länder mit mittlerem Klima eine Auswanderung in extremere Klimate nothwendig geworden sein.*) Unter dem Einflusse des verschiedenen Klimas und des in demselben verschiedenen Kampfes ums Dasein haben sich sicher die ersten Anfänge der Haupttypen der Rassencharaktere gebildet und sind durch die Inzucht fixirt worden. Die Schädlichkeiten extremer klimatischer Verhältnisse und die durch den Kampf mehrerer Generationen erworbene Anpassung des Organismus an dieselben werden frühzeitig eine der Ursachen der Abneigung vor Vermischungen gewesen sein.

Doch eine viel ausschlaggebendere und auffallendere Wirkung des Klima, die verschiedene Hautfarbe**) und Haarbildung, war von nun an eine der wichtigsten Ursachen der Inzucht.

Es dürfte kaum einem Zweifel unterliegen, dass im Zeitalter des vorwiegenden Kampfes des Menschen ums Dasein mit den Naturmächten und so lange die Erde unbesiedelten Raum in Hülle und Fülle zur Verfügung stellte, das Verhältnis der Menschen unter sich ein friedlicheres war, als später, wo mit dem Begriff des Eigenthums alle jene Leidenschaften entfesselt wurden, die wir in der historischen Zeit beobachten.***)

---

*) Wir müssen annehmen, dass der Urmensch nur für ein bestimmtes Klima angepasst war, denn seine Fähigkeit, in allen Klimaten zu leben, hat er sich erst im Verlaufe der Zeiten und durch Anpassung erworben. Seine erste Ausbreitung hat daher wahrscheinlich nur in bestimmten Breitengraden dem Verlauf der Sonne nach stattgefunden, wobei wir wohl annehmen müssen, dass er, abhängig wie er war, in den verschiedenen Jahreszeiten entsprechend der Wanderung der Thiere auch Wanderungen von Norden nach Süden und umgekehrt zu machen gezwungen wurde. Durch die Zunahme der Bevölkerung werden Stämme, die sich den extremeren Klimaten besser anzupassen verstanden, bewogen worden sein, diese Sommer-, resp. Winterwohnorte als ständige Wohnorte zu wählen.

**) Der Einfluss des Klimas auf die Hautfarbe wird zwar seit Pallas von den Anthropologen angezweifelt und werden dafür scheinbar sehr triftige Gründe angeführt. Ich werde diese Gründe in dem Zusatze II zu widerlegen suchen.

***) Dass es in der Vorzeit solche friedliche Menschen gegeben, dafür scheinen die Furfooz-Menschen ein Beispiel zu sein. Weder in ihren Wohnstätten noch in ihren Begräbnisstätten wurde eine zum Streit bestimmte Waffe gefunden. Zweifellos musste ein solcher unkriegerischer Charakter zu einer Zeit, wo die Bevölkerung anfing dichter zu werden, im Kampfe ums Dasein von Nachtheil sein, und werden solche friedliche Stämme bald von Stämmen mit kriegerischem Charakter unterjocht, oder ausgerottet worden sein. Die Eskimos in der Baffinsbai verstehen heute noch nicht, wie Ross erzählt, was Krieg ist.

Es herrscht immer ein tiefer Sinn in den Sagen der Völker. Jener Friede, wie wir ihn in den Sagen der ältesten Völker als Paradies und goldenes Zeitalter poetisch verschönert wiederfinden, mag sich wohl wie eine dunkle Erinnerung an die friedliche Kindheit in das Zeitalter des gegenseitigen scharfen Kampfes der Menschen untereinander herübergerettet haben. *)

Sicher hat auch in der Urzeit das Recht des Stärkeren geherrscht, doch nicht in Form von Unterjochung und Ausrottung wie später, sondern in Form von Verdrängung, indem einfach, wie bei den Thieren, der sich instinctiv schwächer Fühlende dem Stärkeren den Platz räumte und sich an der reichlich gedeckten Tafel einen neuen Platz suchte. Schon der strenge Aufbau der Horde auf dem Princip der Inzucht duldete kein vermischtes Wohnen zweier wenn auch nur gering verschiedener Rassen.

Diese im Vergleich zu dem späteren Kampfe der Menschen untereinander immerhin friedliche Zeit müssten wir, wenn sie wirklich einmal dagewesen ist, als eine Periode der strengsten Inzucht der einzelnen Horden erklären. Sie könnte aber nur so lange dauern, als die Zahl der Menschen eine geringe war. Mit der stärkeren Besiedelung der für den prähistorischen Menschen günstigen Länder musste der Kampf des Menschen mit dem Menschen beginnen.

Nun hat es stets Länder gegeben, die den Bewohnern einen starken natürlichen Schutz boten, woraus sie schwer oder gar nicht verdrängt werden konnten. Hier war auch ein Aus-

---

Wir finden heute keine Völker mehr, welche mit den Urmenschen verglichen werden können. Theils wurden dieselben durch den ganz verschiedenen und viel schärferen Kampf ums Dasein mit den Mitmenschen in ihren Charakteren stark verändert, theils wurden sie durch die Berührung mit der Cultur rasch aus ihren Bahnen gelenkt. Daher sind Schlüsse, die wir von den heutigen Naturvölkern auf die prähistorischen Menschen machen, unlogisch und dürfen nur mit grösster Vorsicht angewendet werden.

*) Wenn Büchner das goldene Zeitalter in der Zukunft erwartet, so dürfte diese idealistische Ansicht noch weniger der Wirklichkeit entsprechen, als es die Schilderung Hesiod's thut. Sicher hängt der mehr oder weniger friedliche Zustand des Menschengeschlechtes von der Intensität des Kampfes ums Dasein der Menschen untereinander ab und dass dieser im Anfang der Naturgeschichte des Menschen geringer war, als er je wieder sein wird, dürfte zweifellos sein.

weichen nicht leicht möglich und darum der Widerstand ein kräftiger, ein verzweifelter. Solche Länder sind z. B. Halbinseln, von drei Seiten vom Meere umgeben, und an der Einbruchstelle durch grosse Ströme, hohe Gebirge oder Wüsten geschützt (Italien, Spanien, Griechenland, Arabien, Indien); ferner Hochthäler, ringsum mit schwer zugänglichen Gebirgsketten umgeben (Mexiko, Peru, Schweiz). Auch ein Land von grossen Strömen umflossen, wie z. B. die babylonische Ebene bot in jenen Zeiten einem Volke einen grossen Schutz. Eine fast uneinnehmbare natürliche Festung war, wie wir später sehen werden, das Nilthal. Alle diese Länder waren natürliche Festungen der Inzucht und die dort wohnenden Völker waren vor Vermischung mehr geschützt, als andere.

Aber auch geologische Revolutionen wie Senkungen von Landstrecken, wodurch ein Theil eines Continentes in eine Insel verwandelt wurde, müssen da und dort auf die Inzucht fördernd eingewirkt haben.

Eine sehr intensiv wirkende Ursache für die locale Inzucht waren die Eisperioden, nachdem die Vergletscherung ihren Höhepunkt erreicht hatte.*) Dadurch werden gewisse Länder z. B. die Balkanhalbinsel, Italien, Spanien zu fast unzugänglichen

---

*) Für Europa ist es mit Sicherheit nachgewiesen, dass der Mensch die letzte Eisperiode und die vorhergegangene interglaciale Periode mit erlebt hat.

Ranke sagt diesbezüglich: „Da sich die Verbreitung des Diluvialmenschen und die vorletzte Gletscherentwickelung ausschliessen, da wir aber seine Reste auf den Moränen der älteren und an dem Moränenlande der letzten Vergletscherung vorfinden, so bleiben für seine Existenz in Europa nur die letzte Glacialzeit und die ihr vorausgehende Interglacialzeit.

So weit also heute die Forschung über die vorhistorischen Menschen in Europa Aufklärung zu geben im Stande ist, müssen wir annehmen, dass die Besiedelung Europa's in der Zeit zwischen den beiden letzten Gletscherperioden stattgefunden hat.

Ueber die genauen Daten der Vergletscherung Europa's siehe Penck's Karte hierüber.

Von Deutschland war nur ein relativ schmaler Streifen frei, und waren von seinen 54.000 *qkm* mehr als die Hälfte, etwa 35.000, im Eise begraben. Von Frankreich dagegen nur $^1/_{50}$. Ebenso war der grössere Theil von Spanien, Italien und die südlich vom Balkan liegende Halbinsel bewohnbar. Die ungarische Tiefebene war sicher ein unbewohnbarer Sumpf.

Ländern umgewandelt, da die Zugänge vollständig vergletschert und
der damalige Mensch das Meer noch nicht befahren konnte. Für
solche Länder bildete also die Eiszeit, solange die Vergletscherung
der Zugänge dauerte, eine Periode der Inzucht.

Solange die Menschen durch Landwanderung sich ausbreiten
konnten, werden sie es gethan haben und sich erst durch die
äusserste Noth gezwungen dem fürchterlichen Meere anvertraut
haben. Wir müssen daher annehmen, dass die Besiedelungen von
Inseln und der inselähnlichen Continente in einer verhältnismässig
sehr späten Zeit und wahrscheinlich erst unter der Herrschaft
des schärferen Kampfes ums Dasein der Menschen unter einander
vor sich gegangen ist.*)

Inseln sind in der ersten Zeit der noch sehr seltenen Schiff-
fahrt der sicherste Schutz für die Inzucht gewesen,**) doch nur
solange, als die Kunst das Meer zu befahren noch in den Kinder-
schuhen stack.

Was für die Biene der Stock, das war in jenen Zeiten für
den Menschen die Höhle, das Pfahldorf, der Hordenwohnraum.
Sie bildeten den Inzuchtkern, von wo immer neue Inzuchtkerne
sich abzweigten. Später in der Zeit der stärkeren Besiedelung
wurden die Menschen gezwungen, wollten sie von Vermischungen
frei bleiben und ihre Religion, ihre Sitten und Gebräuche den
profanen Augen fremder Stämme entziehen, sich in ummauerte
Städte einzuschliessen. Diese Städte waren in der ältesten historischen Zeit wahre Inzuchtherde, besonders wenn sie von ausge-
sendeten „Lenzen" unter in der Cultur tiefer stehenden Völkern
angelegt wurden. Je kleiner nun ein solches Inzuchtvolk war,
je mehr es sich in geistiger Beziehung von anderen Stämmen
unterschied, desto grösser wird, abgesehen vom gewöhnlichen
Selbsterhaltungstrieb, das Bedürfnis gewesen sein, sich in Städten

---

*) Es ist z. B. mit Sicherheit nachgewiesen, dass Polinesien erst in unserer
Zeitrechnung besiedelt wurde. Quatrefages. 1. c.

**) Darum eignen sich kleine Inseln zum Züchten hervorragender Eigen-
schaften bei Hausthieren gut, weil die Möglichkeit strengster Inzucht vorhanden ist. So ist z. B. das Rind der kleinen Insel Jersey in seiner Eigenschaft
zum Milchen mit einer Schnelligkeit veredelt worden, welche in einem weit aus-
gedehnten Lande wie Frankreich nicht hätte erreicht werden können. Oberst
Le Conteur in Journ. Roy. Agricult. Soc. Vol. IV, p. 43.

abzuschliessen. Deshalb sehen wir gerade die kleinen Inzuchtvölker, die Chaldäer, Phönizier, Juden, Römer, Griechen mit ummauerten Städten in die Geschichte eintreten. Je weiter bei einem
Inzuchtvolk die Cultur fortschreitet, je grösser ein solcher Staat
wird, desto mehr verlieren die Städte den Charakter der Inzuchtherde, ja sie verwandeln sich bei beginnender Degeneration gerade in das Gegentheil, in einen wahren Vermischungsherd, wie
wir dies besonders auffallend an Rom und allen berühmten Haupt-
städten hervorragender Inzuchtvölker mit Ausnahme Jerusalems*)
beobachten können.

Ein anderer wichtiger Factor für die Inzucht und die Möglichkeit das Princip derselben strenge durchzuführen war die Volkszahl einer Horde, eines Stammes.**) Je kleiner ein Volksstamm war,
desto selbstverständlicher, desto leichter war die Durchführung
des Principes, desto strenger waren die Inzuchtgesetze, desto
sicherer mussten sie befolgt werden. Das sehen wir bei allen alten
Staaten in ihren Anfängen. Je grösser die Volkszahl, je ausge-
breiteter ein Staat wird, desto schwieriger ist es, Vermischungen
zu vermeiden und durch Gesetze hintanzuhalten.

Es kann nicht leicht angezweifelt werden, dass der Mensch, je
näher er der Natur stand und je mehr er ihrem Einfluss unterworfen war, in Bezug auf den geschlechtlichen Verkehr mehr
dem Banne der Natur und der diesbezüglich überall herrschenden
Ordnung unterworfen war.***) Wir sehen im freien Naturzustande
bei allen Thieren, besonders den höher stehenden, das Geschlechtsleben einer strengen Ordnung unterworfen und sehen
besonders das Princip des Paarens von Gleich und Gleich überall

---

*) Warum Jerusalem eine Ausnahme macht, liegt in den höchsten
Schranken der Inzucht, die sich das Volk der Juden in seinem Gesetze aufgestellt
hat, wonach es Fremden fast unmöglich gemacht wurde, in Jerusalem in grösserer
Menge zu wohnen; selbst die Römer als Eroberer machten diesbezüglich die
schlimmsten Erfahrungen.

**) Es ist ein bekanntes Gesetz, dass weitverbreitete Species viel variabler
sind als Species mit beschränkter Verbreitung. Das kann nur Wirkung der
grösseren und leichteren Vermischung bei grösserer Zahl und weiter Verbreitung
einerseits, andererseits der engeren Inzucht bei kleiner Zahl und beschränkter
Verbreitung sein.

***) Siehe hierüber: Kulischer: die geschlechtliche Zuchtwahl beim
Menschen in der Urzeit. Zeitschrift für Ethnologie, Berlin 1874.

durchgeführt. Erst mit der grösseren Emancipation der Menschen von den Banden der Natur durch die Entwickelung des sogenannten freien Willens hat sich auch das natürliche Verhältnis im Geschlechtsleben mehr verändert und zwar nicht immer zum Besseren. Wie dann aus der strengen Inzuchtehe der Horde im Verlaufe der Zeiten des Kampfes des Menschen mit dem Menschen und der stärkeren Besiedelung der Erde die Familienehe sich entwickelte, hat Prof. Mucke*) überzeugend nachgewiesen. Immer hat aber das Inzuchtprincip auch unter der veränderten Form der Ehe sich als das vorherrschende erwiesen.

Eine gewaltige Unterstützung erhielt das strenge Inzuchtprincip durch die Einführung des gemeinsamen und persönlichen Eigenthums und des damit verbundenen persönlichen Anrechtes auf die erzeugten Kinder. Es ist dies die Zeit des Entstehens des Mutterrechtes und später des Vaterrechtes.

In der Zeit der Kindheit des Menschengeschlechtes gab es kein persönliches Eigenthum,**) es gab höchstens ein Genossenschaftseigenthum,***) und Alles beruhte auf dem Princip der Gleichheit

---

*) Nach Mucke wurde in der prähistorischen Zeit das fremde Weib nicht zu geschlechtlichen Zwecken, sondern als Sklavin geraubt und benützt und es bedurfte langer Zeit und langer Gewohnheit, bis der geschlechtliche Verkehr mit fremden Frauen die strengen Inzucht-Sitten und Gebräuche nach und nach durchbrechen konnte, kurz bis jene Vermischung mit den Nebenfrauen aus anderen Stämmen öffentlich gebilligter Brauch und Sitte werden konnte; aus dieser Zeit stammt die Gewohnheit des geheimen Geschlechtsverkehrs, denn nur des Verkehrs mit der Hordenschwester brauchte man sich nicht zu schämen, während noch die Vermischung mit Unfreien in den historischen Zeiten als grosse Schande galt. Sicher konnte diese Sitte der Polygamie erst in der Zeit des scharfen Kampfes ums Dasein des Menschen mit dem Menschen entstehen, also erst in der Zeit, wo die Völker durch die natürlichen Verhältnisse gezwungen wurden, sich gegenseitig zu unterjochen, ein Ausweichen nicht mehr leicht möglich und ein vermischtes Siedeln zur Nothwendigkeit wurde.

Auch Spencer ist bezüglich des Frauenraubes dieser Meinung. Die Principien der Sociologie II. S. 217.

**) Der Begriff des Eigenthums ist der Menschheit nicht angeboren und Lippert (Culturgeschichte, Abth. II, S. 89—92) hat es bewiesen, dass die Ansammlung von Eigenthum dem Urmenschen widerstrebt. Siehe Emil v. Hellwald l. c. S. 153.

***) Nach den scharfsinnigen Forschungen Sir Henry Sumner-Manies hat der gemeinschaftliche Bodenbesitz einst eine Etappe auf dem Culturwege aller Völker gebildet. v. Hellwald l. c. 493.

und Freiheit (wie bei den Thieren),*) ein Zustand, wie er seither wohl oft ersehnt, aber nie mehr erreicht werden kann, ebensowenig, wie wir uns im Alter in kindliche Zustände zurückversetzen können, so sehr wir es auch oft wünschen. Es konnte auch in jenen Zeiten von einem Vater- oder Mutterrecht keine Rede sein, sondern die Kinder gehörten der Horde, der Genossenschaft. Eine Blutsverwandtschaft im späteren Sinne konnte es ebenfalls nicht geben, denn dazu würden schon Begriffe gehören, die jenen Zeiten vollkommen fremd waren. Es gab, wie M u c k e **) sehr treffend auseinandersetzt, nur eine Verwandtschaft, das ist eine Verwandtschaft im Lagerraum, woher auch heute noch die Wurzel des Wortes kommt. Was zur Horde, zum Lagerraum gehörte, das war verwandt, alles Andere fremd;***) das lag schon im natürlichen Princip der Inzucht begründet.

Schon die Einführung des Gemeineigenthums, unterstützte das Inzuchtprincip in hervorragender Weise. D e n n n u r d e r S t a m m e s g e n o s s e w a r z u r N u t z u n g d e s S t a m m l a n d e s b e r e c h t i g t. Die Ungetheiltheit des Gemeineigenthums hatte natürlicherweise die gemeinsame Bearbeitung desselben zur Folge, was die Bildung einer nicht körperlich arbeitenden führenden Kaste erschweren musste, wenn sie auch, wie wir dies in zahlreichen Fällen sehen, die Kastenbildung nicht hindern konnte.

---

*) Wenn ich hier von einer Freiheit spreche, so ist es eben die, welche wir meinen, wenn wir sagen: Frei wie der Vogel in der Luft oder der Fisch im Wasser und nicht eine Freiheit im Sinne hochcultivirter Menschen. Die Bande der Natur und des Inzuchtblutes sind beschränkender und intensiver wirkend, als alle Gesetze und Strafen für die Uebertretung derselben. Eine Freiheit im historischen Sinne konnte es in der Kindheit der Menschheit ebenso wenig geben, wie es heutzutage eine Freiheit, wie sie scheinbar im Thierreich und bei den wilden Völkern existirt, bei Culturvölkern geben kann. Der Gedanke an eine „freie Liebe" in einem Culturvolke kann nur in einem pathologischen Gehirn sich bilden.

**) M u c k e sagt ganz richtig, dass der Urmensch keine Blutsverwandtschaft kannte, sondern nur eine Raumverwandtschaft, die freilich meistens auch eine Blutsverwandtschaft im heutigen Sinne war. Um die Blutsverwandtschaft im heutigen Sinne zu erkennen, müsste der Urmensch bereits in das Innere des Gegenstandes eingedrungen sein, er müsste physiologische und anatomische Kenntnisse, wenn auch primitiver Art, besessen haben. M u c k e: Horde und Familie.

***) Selbst bei etwas mehr vorgeschrittenen Stämmen werden alle nicht zur nämlichen Horde gehörigen Personen als Feinde betrachtet. Fremder und Feind sind Synonyme (v. H e l l w a l d).

Dem Uebergange vom Genossenschaftseigenthum zum persönlichen dürfte am ehesten das Matriarchat oder die Zeit des Mutterrechtes entsprechen.*) Dasselbe war einmal, wie viele Forscher annehmen, **) weit verbreitet und bildete die Uebergangsstufe von der thierischen Genossenschaftsehe zur Familie. Doch hatte Mucke diese Reihenfolge bestritten. Für unseren Gegenstand ist diese Streitfrage gleichgiltig, weil weder unter der Herrschaft der Genossenschaftsehe noch unter der Herrschaft des Mutterrechtes ein Fortschritt von Bedeutung möglich war, da es zur Bildung einer engeren Inzuchtkaste nicht kommen konnte. Das ermöglichte erst die Herrschaft des Vaterrechtes.

Mit der stärkeren Besiedelung der Erde***), der damit begründeten Nothwendigkeit einer grösseren Sesshaftigkeit und der Ein-

---

*) Ueber die Verfassung der heute noch bei den slavischen Völkern Europas vorkommenden Genossenschaften (Zadruga), wo noch überall mutterrechtliche Anklänge vorhanden sind, siehe die ausführliche Schilderung bei v. Hellwald l. c. S. 497 u. f. Der demokratische Zug der mutterrechtlichen Zeit ist noch heute in der slavischen Sippengesellschaft vorherrschend und war zweifellos von jeher ein Hindernis für die Bildung von hervorragenden führenden Kasten, wie sie nur unter der aristokratischen Herrschaft des Vaterrechtes möglich ist.

**) Bachofen und Dargun (Mutterrecht und Raubehe, Breslau 1883 S. 3) behaupten, dass jeder Volksstamm nothwendig eine Zeit durchleben müsse, wo ihm alle Verwandtschaft allein durch mütterliches Blut vermittelt wird. Ich glaube auch, dass das häufig der Fall war, weil das Inzuchtprincip unter dem Mutterrecht vor der Einführung des Vaterrechtes noch am besten gewahrt wurde. Das Mutterrecht ist fast durchwegs mit Polyandrie verbunden, aber mit geregelter. Gewöhnlich halten mehrere Brüder zusammen ein Weib und stets gehören sie einem Stamme oder wenigstens einem verwandten Stamme an. Da unter der Herrschaft des Mutterrechtes die Frau eine mehr wählende Rolle spielt und Frauen selten unter oder ausser ihrer Rasse wählen, so ist selbst bei Polyandrie das Inzuchtprincip besser gewahrt als bei Polygamie, da der Mann nie so wählerisch ist; wie die Harems beweisen, hat er dieselben stets mit verschiedenen Frauen bevölkert.

Auch das Levirat scheint ursprünglich eine Folge des hochgehaltenen Inzuchtprincipes zu sein und mögen erst später national-ökonomische Gründe für dasselbe mit maassgebend geworden sein.

Dass das Matriarchat und die damit meist verbundene Polyandrie auch auf national-ökonomische Gründe zurückzuführen ist, haben Harcourt und Rousselet behauptet und pflichten dieser Meinung auch Fr. Drew, v. Schlagintweit und andere bei. Siehe hierüber auch v. Hellwald l. c. S. 259.

***) Leroy-Beaulieu bemerkt richtig, dass die Vermehrung der Bevölkerung eine der wichtigsten Ursachen gewesen ist, welche den Uebergang vom Gesammt- zum Sondereigenthum beschleunigt haben. Dies bestätigt auch eine Handschrift aus dem 12. Jahrhundert in Irland. Siehe v. Hellwald l. c. S. 513.

führung der Viehzucht und des Ackerbaues begann das Zeitalter des persönlichen Eigenthums und damit auch die Herrschaft des Vaterrechtes.*) Ob sich nun ein Volk für das Vater- oder Mutterrecht entschied, das hing wahrscheinlich mit klimatischen Verhältnissen und dem dadurch beeinflussten Charakter der Männer des Stammes zusammen. Sicher konnte das Mutterrecht im kälteren Klima, wo der Kampf ums Dasein den Charakter der Männer stählte und das weibliche Geschlecht mehr vom männlichen in Bezug auf die Ernährung abhängig war, schwer aufkommen. Auch entspricht das Vaterrecht mehr dem Inzuchtprincip, und hat sich auch später im Kampfe ums Dasein der Menschen unter einander als das vortheilhaftere erwiesen. Denn nur unter der Herrschaft des Vaterrechtes konnte das bisher in Geltung stehende Inzuchtprincip auch unter den veränderten Bedingungen des vermischten Siedeln's aufrecht erhalten werden, während unter der Herrschaft des Mutterrechtes die Vermischung schwerer zu verhüten war.

Je strenger nun ein Volk das Vaterrecht durchführte, je höher es also das Inzuchtprincip stellte, desto früher kam es zur Bildung einer führenden Kaste, desto früher zur Züchtung hervorragender, intellectueller Charaktereigenschaften, die dem Volke nicht nur im Kampfe ums Dasein mit der Natur, sondern auch anderen Völkern gegenüber, von Vortheil sein mussten, besonders aber gegenüber solchen, die unter der Herrschaft des Mutterrechtes standen, wo also die Vermischung, wenn auch nicht so sehr mit Fremden, so doch im eigenen Volke eine stärkere war, und es zur Bildung einer führenden Kaste nicht kommen konnte. So ist es verständlich, dass das Vaterrecht im Kampfe der Sitten ums Dasein, in welchem die gleichen Gesetze herrschen wie in der ganzen Natur, als das vortheilhaftere die Oberhand behielt. Wir sehen daher alle Völker, welche in der Geschichte von Bedeutung waren, mit bereits ausgesprochenem Vaterrecht in dieselbe eintreten, und unter diesen wieder das römische Volk, welches die grösste Rolle, was die

---

*) Die Nothwendigkeit der Einführung des persönlichen Eigenthums und einer auf derselben fundirten führenden Kaste für den Culturfortschritt hat schon Darwin angedeutet: „Solange nicht im Feuerland irgend ein Häuptling aufsteht, welcher Kraft genug hat, irgend einen erlangten Vortheil, wie z. B. domesticirte Thiere zu bewahren, scheint es kaum möglich, dass der politische Zustand des Landes verbessert werden kann.“ Darwin, Reise eines Naturforschers.

Erringung der Macht über andere betrifft, spielte, mit einem fast auf die Spitze getriebenen Vaterrecht. Die Völker, welche das Mutterrecht beibehielten, sind entweder verschwunden oder sind auf niederer Culturstufe stehen geblieben, und haben nie eine Rolle in der Geschichte gespielt.

Nachdem diese Ursachen der Inzucht lange genug in Thätigkeit waren, um die ersten Folgen derselben, die äusseren Rassencharaktere, zu züchten und zu fixiren, traten nach dem Gesetze der Correlation auch Veränderungen in den inneren Organen, speciell in der feineren Organisation des Gehirns ein, die sich als noch wirksamere Scheidewände der Völkerstämme erwiesen, als äussere Rassencharaktere oder hohe Berge, tiefe Flüsse und Meeresarme.

Einer der wichtigsten unterscheidenden Rassencharaktere ist die Sprache.*) Die Bildung der Sprache hängt anatomisch mit dem Bau des Kehlkopfes, des Rachenraumes und der Mundhöhle zusammen, und in geistiger Beziehung mit der feineren Ausbildung des Nervensystems. Aenderungen auch nur geringfügiger Natur müssen nothwendigerweise Aenderungen in der Sprache hervorbringen.**)

---

*) Die Sprache ist, wie Horne-Tooke sagt, eine Kunst wie das Schreiben. Die Erfindung dieser Kunst kann nur in einer in strengster Inzucht lebenden Horde oder in einem Stamme langsam ausgebildet worden sein und muss den Kunstverständigen anfangs im Kampfe ums Dasein von noch viel grösserem Vortheile gewesen sein, als dies die Schreibkunst dem Wissenden dieser göttlichen Kunst im alten Reiche in Aegypten war; doch sicher nur für kurze Zeit, da der Mensch eine instinctive Neigung zu sprechen hat und diese Kunst leicht nachgeahmt werden kann, was von der Schreibkunst nicht gesagt werden kann. Siehe hierüber Darwin l. c. S. 111.

**) Als Arzt stehe ich auf dem Standpunkte Dieffenbach's (Vorschule der Völkerkunde und Schleicher Bed. d. Sprache), die als Hauptgrund der Verschiedenheit die feinere anatomische Verschiedenheit der Sprachorgane annehmen. Ich gehe aber einen Schritt weiter und lege das Hauptgewicht auf das Sprachcentrum und seine feinere Organisation, welches sich dann seine anatomischen Sprachorgane der Correlation entsprechend feiner im Verlaufe der Generationen ausbildet. Die feinere anatomisch-physiologische Structur des Sprachcentrums und des Kehlkopfes eines Griechen aus der Zeit des Perikles war jedenfalls anders als diejenige eines Griechen aus der Zeit des trojanischen Krieges; darum auch die veränderte Aussprache.

Mit der körperlichen Veränderung des Menschen im Kampfe ums Dasein in den verschiedenen Klimaten muss sich also nothwendigerweise auch der feinere anatomische Bau der Sprachwerkzeuge und des Sprachcentrums ändern, und damit wird sich auch der Bau der Sprache verändern.*)

Wenn wir annehmen, dass die im mittleren Klima lebenden Urmenschen eine ihrer körperlichen und geistigen Bildung entsprechende Ursprache besessen haben, so werden die in verschiedene Klimate nach Norden und Süden wandernden Stämme mit der Veränderung ihrer körperlichen Constitution und geistigen Fähigkeit eine veränderte Sprache sich nach und nach erworben haben.**) Während die Zwischenglieder sich noch immer ähnlich gewesen sein werden, werden die am weitesten vom Entstehungs-Centrum sich entfernten Stämme endlich eine solche Veränderung in der Sprache erlitten haben, dass eine Verständigung solcher Völkerstämme nicht mehr möglich war. Damit war eine sehr wichtige Scheidewand in Bezug auf die Vermischung solcher weitabstehender Stämme auch für die Zeit gegeben, wo durch die stärkere Besiedelung und deren Consequenzen ein vermischtes Wohnen solcher in der Sprache differirender Völker nothwendig wurde.***)

In der damaligen Zeit niederer Cultur, wo die Sprache im Kampfe ums Dasein eine so wichtige Rolle spielte muss Verschiedenheit der Sprache bei der Wahl der Geschlechter von grosser Bedeutung gewesen sein, um so mehr, wenn man bedenkt, welche wichtige Rolle noch

---

*) Ob die verschiedenen Sprachen auf diese Weise entstanden sind, was für eine grosse Anzahl gar keinem Zweifel unterliegt, oder ob wie die Polygenisten annehmen, verschiedene Urschwärme mit verschiedener Sprache entstanden seien (Gumplowicz), hat für unsere Frage keine grundlegende Bedeutung; denn immer wird die verschiedene Sprache ein Hindernis für die Vermischung gewesen sein, ja für die auf polygenistische Weise entstandenen Sprachen musste das Hindernis noch grösser sein, da hier gar keine Verwandtschaft und keine gemeinsamen Sprachwurzeln vorhanden sein konnten, die das Erlernen der fremden Sprache erleichtern.

**) Wie sehr die Sprache mit der gezüchteten Natur der Rasse der Völker zusammenhängt, beweist, dass, wenn einmal ausgestorben, sie gleich einer Species nie wieder erscheint. (C. Lyell)

***) Dass heute noch, z. B. in Amerika, in nächster Nähe Stämme wohnen, die eine ganz verschiedene Sprache sprechen, kommt jedenfalls nur auf die Rechnung der fortwährend vorgekommenen Wanderungen.

in historischen Zeiten die verschiedene Sprache beim Eingehen der
Ehe spielte*). und dass selbst heute noch in einer ganz anders
denkenden und mit anderen Hilfsmitteln arbeitenden Zeit die verschiedene Sprache ein grosses Hemmnis der Vermischung, wenigstens
für das gewöhnliche Volk, darstellt.**) Wir müssen also die verschiedene Sprache als eine wichtige Ursache der Inzucht ansehen.

Eine noch intensiver wirkende Scheidewand bildete die
Religion.

Es ist heute, nachdem so viele bedeutende Geschichtsforscher
und Gelehrte darunter besonders Bukle in seiner Geschichte der
Civilisation England's die Wirkung des Klimas auf die religiösen
Gefühle der Menschen dargethan haben, überflüssig, des näheren
darauf einzugehen. Wir haben es hier nur mit der allgemein
angenommenen Thatsache zu thun, dass der Charakter der Religion
eines Volkes entschieden abhängig war von dem Klima und den
damit zusammenhängenden Naturerscheinungen des Landes, in
welchem es wohnte. Und da die Religion in jenen Zeiten die Sitten
und Gebräuche mehr beeinflusste, als dies kaum in historischen
Zeiten stärker vorgekommen ist, so müssen dadurch grosse Verschiedenheiten im Denken, Fühlen und Handeln der in verschiedenen Klimaten lebenden Völker entstanden sein, die durch lange
Inzucht verstärkt und fixirt wurden.

So sehen wir alle alten Völker mit ausgebildeten und fest
fixirten Eigenthümlichkeiten in Religion und Sitte in die Geschichte
eintreten.

Wir müssen annehmen, dass sich in den Urzeiten der
Menschheit von dem Momente an, als sich religiöse Gefühle zu

---

*) In dem alten Sprichwort: „Wer zweierlei Sprachen spricht, ist ein
Taugenichts" ist die Abneigung gegen solche Vermischungen ausgedrückt. In den
früheren Zeiten wird gewöhnlich nur derjenige zwei Sprachen gesprochen haben.
dessen Vater oder Mutter eben einem verschiedenen Volke mit verschiedener Sprache
angehörte. Er war also ein Mischling von Geburt aus und da Mischlinge in der
ersten Generation keine ausgesprochenen Charaktere haben, also in Bezug auf
den Charakter anrüchiger Natur sind, so ist dadurch obiges alte Sprichwort
erklärt.

**) Den Einfluss der Sprache auf die Inzucht eines Volkes kann man heute
noch am besten an kleinen Sprachinseln studiren, z. B. bei den Basken, den
Siebenbürger Sachsen etc. In Tirol gibt es sehr interessante Sprachinseln, z. B.
das Grödner-Thal und Lusarno. Ueber die Grödner siehe Zusatz IV.

bilden begannen,*) entsprechend den drei grossen Klimaten ebenso verschiedene Religionen mit zahlreichen Mischformen an den Grenzen gebildet haben werden.

Hat auch anfangs das Klima einen unzweifelhaften Einfluss auf den allgemeinen Charakter der Religion, so ist späterhin der Einfluss der Inzucht auf die specielle Ausbildung derselben sicher ein weit stärkerer und bestimmt die Ausgestaltung in höherem Grade als dies Klima und äussere Verhältnisse vermögen.**)

Am wichtigsten für unser Thema ist der Einfluss, den die Religion auf den Verkehr der Geschlechter ausübte. Die Ehe hat bei den alten Culturvölkern unter der strengsten Controle der Religion gestanden.***) Begreiflicherweise musste daher auch

---

*) Die Annahme mancher Forscher, basirend auf die falschen Beobachtungen von Reisenden, dass es heute noch wilde Völkerschaften ohne Religion gäbe, ist von Quatrefages überzeugend widerlegt. Roskoff sagt: „Es handelt sich nicht darum, ob religiöse Vorstellungen dem Europäer als Aberglaube erscheinen, sondern ob jene einem Völkerstamme als Religion gelten und in diesem Sinne darf man wohl sagen, dass jedes Volk eine gewisse Religion besitze". G. Roskoff": Das Religionswesen der rohesten Naturvölker". Leipzig, 1880. S. 13.

**) Hellwald (l. c. 521) sagt richtig, dass Menschen einen Stamm, einen Clan, eine Sippe bilden, nicht weil sie um einen gemeinschaftlichen Cult sich scharen, sondern sie scharen sich um einen Cult, weil sie in ihrer gleichen Abstammung von einem gemeinsamen Vorfahren sich bewusst sind, weil sie mit Recht oder Unrecht an eine engere oder weitere Blutsverwandtschaft untereinander glauben. Darum der ursprüngliche Heroencult.

***) „Einer stärkeren Vermischung der Geschlechter und Stämme wirkte am meisten entgegen der Cultus." (Stade: „Geschichte des Volkes Israel".) Den Geschlechtern und Nomadenstämmen der alten Israeliten entsprechen die Gentes der Italiker, die Gens der alten Griechen, den Stämmen die Curien und Phratrien. Gentes, wie Curien und Phratrien wurden zusammengehalten je durch den gleichen Cult. Zur selben Gens gehören bei den Griechen wie Römern alle diejenigen, welche sich um denselben Altar, zur gleichen und gemeinsamen Verehrung derselben Gottheit versammeln. Die Gentes haben eigene Gentilgötter, welche sich um die der betreffenden Gens nicht angehörigen Menschen nicht kümmern, von denselben nicht angerufen und durch Opfer verehrt sein wollen. Und zwar gilt der Cult der römischen und griechischen Gens dem als Heros verehrten Stammvater derselben, und der Altar des Heros befindet sich häufig bei dem Grabe dieses Ahnen. Ebenso haben die Curien und Phratrien gleichen Cult und sie entstehen, indem verschiedene Gentes unter Beibehaltung ihrer Gentilculte, sich einem gemeinschaftlichen Culte unterstellen, eine und dieselbe Gottheit als Schirmherrn ihrer Vereinigung verehren. Das äussere Band sind dann die gemeinsamen Opferfeste dieser Gottheit, die sie feiern.

bei dem enormen Einfluss, den die Religionen auf das kindlich
unbefangene Gemüth jener Völker hatten, die verschiedene Religion
eines der wichtigsten Hemmnisse für die geschlechtliche Vermischung gewesen sein, und ist dies auch bis auf den heutigen Tag,
wenn auch in etwas abgeschwächtem Grade, geblieben. Wenn wir
dazu bedenken, dass bei den ältesten historischen Völkern Religion
und Staat unzertrennbar verbunden waren und also den Verletzern
der religiösen Sitten und Gebräuche der Staat als Rächer gegen-
überstand, dann wird man den Einfluss der Religion auf die
Regelung des Geschlechtsverkehres und die Vermischung von Individuen verschiedener Religion nicht hoch genug anschlagen
können. Wir müssen daher zugeben, dass die Religion
eine grosse und zwar die am schwersten zu über-
steigende Scheidewand in Bezug auf die geschlechtliche Vermischung verschieden gläubiger Völker stets
war und es vielfach heute noch ist.

Hier erinnere ich ferner, dass die alte Kasteneintheilung fast
überall, wo wir sie finden, eine religiöse Institution ist, ja dass
selbst noch bis in unser Jahrtausend herein der Eintritt in
unsere Adelskaste mit religiösen Ceremonien verbunden war.

Entsprechend der ausserordentlichen Wichtigkeit der angestammten Religion für ein Inzuchtvolk, sehen wir auch, dass alle
strengen Inzuchtvölker, solange sie unvermischt bleiben, mit der
grössten Zähigkeit an ihrer Religion hängen und die religiösesten
und gottesfürchtigsten aller Völker sind. So waren die alten
Aegypter, wie Herodot sagt, die gottesfürchtigsten von allen
Menschen; „sie haben einen harten strengen Dienst und viele
heilige Bräuche". Wie sehr das Musterinzuchtvolk, die alten Juden,
religiös waren und mit welcher Zähigkeit dieselben seit Einführung

____

Dass dieser Gentilcult als eine der höchsten Pflichten aufgefasst wurde,
geht aus vielen uns erhaltenen Beispielen, so z. B. von David (Sm. 20, 29) und
dem Benehmen zweier Glieder der Gens Fabia, welche, um ihren Gentilcult zu
feiern, sogar die Pflichten gegen das Vaterland hintansetzten, hervor. Dass dieser
Gentilcult wenigstens für die männlichen Glieder der Gens dazumal ein wichtiges
Hindernis der Blutvermischung gewesen sein muss, dürfte einleuchtend sein, da
die Verschiedenheit der religiösen Bekenntnisse selbst heute noch oft ein schwer
zu überwindendes Hindernis bildet. Die Vermischung mag dazumal vorwiegend
durch die Frauen vermittelt worden sein, für die es bei ihrer unselbstständigen
Stellung leichter gewesen sein musste, sich dem verschiedenen Cult anzupassen.

der strengen Inzuchtgesetze unter E s r a und N e h e m i a an ihrer Religion festhielten, ist bekannt.

Ebenso waren die alten Römer tief religiös und dasselbe finden wir bei den Hindus. Aber noch heute kann man den Zusammenhang der strengen Inzucht mit der religiösen Gesinnung deutlich beobachten. Die abgelegensten und auf die strengste Inzucht angewiesenen Alpenthäler sind stets in Bezug auf die Religion am conservativsten, und ebenso ist es der Adel, solange er wirklich auf reines Blut hält und nicht degenerirt ist.*) Aber selbst der degenerirende Adel hält wenigstens äusserlich häufig noch conservativ zur angestammten Religion, wenn auch sein Leben längst nicht mehr mit derselben harmonirt. **Blutmischungen und Degeneration bringen Volksreligionen ins Schwanken** und die günstigsten Zeiten für neue Religionen und Sectenbildungen sind darum Zeiten, wo sich die Völker stärker mischen und die führenden Kasten degeneriren. Solche Perioden waren z. B. die römische Kaiserzeit und die Zeit der Völkerwanderung.

Im Zusammenhang mit der Stammes-Religion entstand als Folge der Inzucht die S t a m m e s - M o r a l.

Mit dem Begriffe des persönlichen Eigenthums hat sich bei allen Völkern die Idee gebildet, dass Stehlen unrecht sei. Aber das vergesse man nie, dass nur der Diebstahl an dem Inzuchtgenossen, also am Stammverwandten als Verbrechen galt, aber nicht am Fremden, da war er sogar rühmlich. So wurde es mit allen sogenannten Moralbegriffen gehalten. Wenn man sich dieses Princip im moralischen Verhalten der noch auf niederer Stufe der Cultur stehenden Völker nicht klar macht, kann man die verschiedene Handlungsweise dieser Völker nicht verstehen. Was dem Stamme nützlich, war gut und erlaubt; was dem Stamme und seiner Erhaltung schädlich war, war schlecht.

---

*) Nicht deshalb allein haftet der Glaube an die nationalen Götter so tief in den Seelen der Menschen, weil er mit so vielen Wurzeln im Staatscultus der Kunst und Poesie, der Schule und der ganzen Cultur festgewachsen ist; seine zähesten Wurzeln hat der Glaube im Blut, in den ererbten Ganglien und je älter eine Religion ist, und durch je mehr Generationen sie Zeit gehabt hat, sich in dem Nervensystem eines Volkes zu fixiren, desto zäher hängt ein Volk an seiner Religion und fast keine Gewalt ist im Stande sie zu überwinden. Siehe hierüber auch Zusatz IV.

Diese Stammes-Moral, die natürlich entsprechend den gezüchteten Charakteren sehr verschieden war und nur in gewissen Hauptprincipien, die immer und überall zur Herhaltung der Ordnung und Zucht in einer Horde oder Stamme nöthig waren, übereinstimmte, erhielt sich lange noch in den historischen Zeiten, und lassen sich überall und besonders bei strengen Inzuchtvölkern ihre Spuren noch in den auf höherer Civilisationsstufe gegebenen Gesetzen nachweisen. So ist z. B. bei den Juden der Wucher den eigenen Stammesgenossen gegenüber ein Verbrechen, aber nicht den Fremden gegenüber. Die ganze Hartherzigkeit und Grausamkeit alter Völker gegen Fremde contrastirt oft merkwürdig mit der Güte und dem Erbarmen gegen Stammesangehörige. Man denke selbst heute noch an die verschiedene Auffassung von Mord, Duell, Blutrache, Krieg, Ausrottung wilder Stämme etc.

Wir finden auch, dass diese Stammes-Moral auf niedriger Cultur-Stufe von den einzelnen Individuen des Stammes meist sehr sicher und gewissenhaft befolgt wird, weil dabei die Vererbung der Gewohnheit und Sitte eine sehr grosse Rolle bei den kleinen Inzuchtstämmen spielt und jeder Stammesangehörige der geborene Richter über die Handlungen seiner Genossen ist.

Auf dieser Culturstufe brauchen die Völker und Stämme keine geschriebenen Gesetze, denn sie sind ihnen viel sicherer ins Blut geschrieben und jeder ist im Stande Recht zu sprechen, ohne Jus studirt zu haben.

Je vermischter die Völker werden, desto nöthiger sind geschriebene Gesetze und allgemeine Principien, nach denen im Streitfalle geurtheilt werden muss.

Dass auch die Degeneration der führenden Kasten die Ausbildung des geschriebenen Rechtes befördert, werden wir später sehen.

Wir haben bei der bisherigen Untersuchung über die Inzucht gesehen, dass die durch äussere klimatische oder geographische Verhältnisse dem Menschen aufgezwungene Inzucht Folgen hat, die sich sogleich wieder als weitere Ursachen der Inzucht erweisen, so dass, je länger die Inzucht dauert, desto grösser und tiefer wird auch die Kluft, die sich zwischen den einzelnen Rassen bildet.

Mit der Verschiedenheit in der Sprache und Religion wird sich dort, wo die äusseren Bedingungen dazu günstig waren, eine Inzucht-Kaste abgeschieden haben, die nicht gezwungen war, sich um die Bedürfnisse des Lebens so zu plagen wie die grosse Menge und daher Zeit und Musse hatte, die feinere Ausbildung des Centralnervensystems in Angriff zu nehmen. Da wir eine solche Kastenbildung, resp. Arbeitstheilung im Thierreiche bei den Bienen, Ameisen, Termiten schon vorgebildet finden, werden wir dem hoch stehenden Menschen wohl zumuthen dürfen, dass er den Nutzen solcher Arbeitstheilung schon sehr frühzeitig eingesehen hat.

Aus diesem Principe der Arbeitstheilung entstanden die Kasten, die sich bald wieder zu neuer Ursache der engeren Inzucht im Volke selbst ausbildeten, d. h. die Kasten wurden nach und nach erblich und bildeten bald wieder im Volke eine Kluft, die eine Vermischung der einzelnen Kasten ebenso erschwerte, wie die Rassencharaktere die Vermischung verschiedener Rassenvölker. Während aber bei den verschiedenen Rassenvölkern die Qualität das Scheidende bildete, wodurch die Abneigung von vorneherein grösser war und ein Zusammenwohnen erschwert wurde, war bei der Kastenbildung der Unterschied häufig ein nur q u a n t i t a t i v e r , d. h. die im Volke gezüchteten Charaktere waren in allen Kasten die gleichen, nur in der oberen Kaste q u a n t i t a t i v höher entwickelt, und darum fühlte sich auch die niedere Kaste eins mit der führenden höheren Kaste. Wir sehen auch dort, wo die führende Kaste sich aus dem Volke selbst entwickelte, ein friedliches Nebeneinander, und selbst Missbrauch der Gewalt dieser führenden Kaste wurde, wenn er nicht förmlich ausartete, ruhig ertragen, während dort, wo eine höhere Kaste durch Eroberung sich bildete, also höhere und niedere Kaste verschiedenen Inzuchtvölkern angehörte, der Kampf oft ein permanenter war, die Herrschaft nur durch Gewalt aufrecht erhalten werden konnte und der Kampf erst dann aufhörte, wenn sich das erobernde Volk mit dem unterjochten Volke vermischte und auf diese Weise nach und nach die Charaktereigenthümlichkeiten der beiden Völker sich näherten und die Unterschiede verschwanden.

Diese Kastenbildung im Volke musste natürlicherweise sehr dazu beitragen, alle jene Charaktereigenschaften, seien dieselben nun körperlicher oder geistiger Natur, in Extreme auszubilden. Nachdem nun einmal solche Merkmale auffallender Natur gezüchtet waren, ergab sich die fortdauernde Herrschaft der Kaste von selbst, denn in einem **gesunden** Volk wird diese Inzuchtkaste, die aus dem Volke selbst herausgewachsen ist, nur jene Charaktereigenthümlichkeiten besonders gezüchtet haben, die schon von vorneherein in der Natur des Volkes lagen, z. B. bei einem körperlich starken, tapferen Volke wird diese Kaste auf die Züchtung der körperlichen Stärke und Tapferkeit ein besonderes Gewicht gelegt haben, und die in dieser Richtung besonders Hervorragenden werden wieder die natürlichen Häupter (Könige, Fürsten) der führenden Kaste geworden sein.

Nicht alle Völkerstämme waren gleich von Natur aus zur Bildung solcher Kasten beanlagt, und was noch wichtiger ist, die äusseren Bedingungen zur Bildung derselben waren nicht überall gleich günstig.

Ich werde die Bildung von Inzuchtkasten in einem speciellen Capitel besprechen. Hier muss aber hervorgehoben werden, dass die Völker, die zur Bildung solcher führenden Kasten, also zur Arbeitstheilung früher kamen als andere, sich dadurch für den Kampf ums Dasein mit anderen Völkern einen enormen Vortheil errungen haben.

Wirkungen der Inzucht.

Die Wirkung der Inzucht auf die Bildung der äusseren und inneren Rassencharaktere habe ich bereits angedeutet und wird dieselbe noch später ausführlicher besprochen werden. *) Hier soll nur im Allgemeinen die Wirkung der engeren Inzucht auf die Bildung des sogenannten **Nationalcharakters** **)

---

*) Siehe Zusatz II. und III.

) **Walter Bagehot hat in seinem „Ursprung der Nationen" (Leipzig bei Brockhaus) beim Entstehen des Nationalcharakters die **Nachahmung** als die hauptsächlich wirkende Kraft erklärt. Die Nachahmung kann wohl das Entstehen und Vergehen einer Mode erklären, nicht aber das Entstehen einer so fest fixirten und augenscheinlich vererbten Eigenschaft, wie es der Nationalcharakter ist. Dass die in den führenden Kasten zur höchsten Blüthe gezüchteten charakteristischen

untersucht werden, da die Züchtung desselben von ausschlaggebender Bedeutung für die Cultur-Geschichte eines Volkes ist.

Ist es auch schwer, eine wissenschaftliche Definition desjenigen, was wir Nationalcharakter nennen, zu geben, so weiss doch Jedermann, was damit gesagt sein will. Die letzte Triebfeder aller unserer Handlungen und Gefühle, also die resultirende Linie der Thätigkeit dieser zahllosen Nervenganglien ist es, was wir Charakter nennen. Beruhen nun unsere Gefühle und unsere Intelligenz auf erblicher Basis, so muss es auch die Resultirende derselben, also der Charakter sein.

Es hat auch über die Erblichkeit des Charakters selbst im Volke nie einen Zweifel gegeben. So wie der Charakter der wichtigste Factor im Leben eines Individuums ist, so gilt das auch für eine Nation.

Wir können also den Nationalcharakter als die Resultirende der gezüchteten Charaktereigenschaften eines Volkes auffassen oder modern ausgedrückt, als ein aus vielen Momentaufnahmen sich zusammsetzendes Bild. Die Wurzel des Nationalcharakters liegt im Volke und seiner im Verlaufe der Generationen durch Inzucht fixirten und vererbten Charaktereigenthümlichkeiten. Darum haben Inzuchtvölker Charakter und sind Mischlinge wegen ihrer Charakterlosigkeit bekannt.

Da die führende Kaste, solange sie nicht degenerirt, alle Charaktereigenschaften eines Volkes in potenzirtem Grade züchtet, so werden wir auch in derselben den Nationalcharakter ausgeprägter antreffen.

Von dem Zeitpunkte an, wo sich in den Volksstämmen eine engere Inzuchtkaste abzuzweigen begann, musste das Princip, worauf die Verfassung einer Horde eines Stammes beruhte — Gleichheit unter den Mitgliedern — den Todesstoss erhalten. Das theilweise angeborene und anerzogene stolze Gefühl und die offenkundige Thatsache, alle jene Charaktereigenschaften, auf welche der Stamm besonders Gewicht legte, in höherem Grade zu

---

Eigenschaften einer Nation die niederen Kasten zur Nachahmung anspornen, ist selbstverständlich, weil sie eben in den erblichen Anlagen schon ihre Triebfeder finden.

besitzen,*) musste von selbst zu Verhältnissen führen, die auf der
einen Seite dem Stolze der Inzuchtkaste Rechnung trug und
auf der anderen Seite das Gefühl der Verehrung vertiefte.**)
War der Stolz der Inzuchtkaste schon innerhalb des Stammes
ein berechtigter, weil er auf der sichersten Basis, dem reineren
Blute und der höheren geistigen und körperlichen Ausbildung des
Stammescharakters beruhte, so musste sich dieser Stolz der Kaste
noch ausgesprochener Stämmen oder Völkern gegenüber zeigen
mit auffallend anderen Charakteren und dieser Stolz der Inzuchtkaste wird zweifelsohne vom ganzen Stamme, wenn auch im
verminderten Grade getheilt worden sein. Denn der Mensch hat
zu allen Zeiten mit seinem eigenen Maasstabe gemessen und Alles,
was auffallend „anders" ist, mag nun dasselbe im besseren oder
schlechteren Sinne vorhanden sein, verachtet, ja geradezu gehasst***),

---

*) Diese gezüchtete und vererbte verschiedene Geistesanlage zeigt sich am
auffallendsten schon im Kindesalter. Einer der Gründe, die man in Nordamerika
für den getrennten Unterricht weisser und farbiger Kinder anführt, ist die
Ungleichheit der Fortschritte von einem gewissen Alter an, da die Intelligenz des
Negers über eine gewisse Stufe nicht hinauszukommen scheint. So zeigen auch
in Ostindien die Kinder der Brahmanen, Abkömmlinge einer seit langer Zeit hoch-
gebildeten Kaste, Intelligenz, Gelehrigkeit und Scharfsinn und die Kinder der
übrigen Kasten bleiben in dieser Beziehung erheblich zurück. Ribot l. c. 302.
Dasselbe war von jeher, und ist es noch heute, der Grund für die verschiedenen
Schulen verschiedener Stände.

**) Ethisch betrachtet, hat es nie das geringste Anrecht zur Unterwerfung
der Vielen unter die Wenigen gegeben, ausgenommen, dass dieselbe die
Wohlfahrt der Vielen gefördert hat. Herbert Spencer l. c. II. S. 47.
Solange die führende Kaste die Charaktere des Volkes in höher gezüchtetem
Zustand besitzt, wird sie stets dieser ethischen Forderung genügen, niemals aber
im degenerirten Zustande, wo der krasse Kastenegoismus und der Mangel an
Charakter diese ethische Grundlage verschieben. Darum sind Regierungsformen
nur da von Werth, wo sie als Producte des nationalen Charakters erscheinen.
Herbert Spencer l. c. II. S. 91.

***) Dass eine der wichtigen Folgen der Inzucht die angeborene Sympathie
einerseits und Antipathie andererseits ist, hat schon Gumplowicz hervorgehoben.
Er sagt: „Die Klippe, die menschliches Fühlen jeder Culturentwickelung entgegen-
stellen würde, hat die Natur klug und weise umschifft. Wohl begabte sie auch
den Urmenschen mit menschlichem Fühlen, doch nur gegenüber den Mitgliedern
seines eigenen Schwarmes. Dieses syngenetische Gefühl oder um es mit einem
Worte zu bezeichnen, der Syngenismus ist wieder eines jener ewigen socialen
Naturgesetze, deren Existenz uns Geschichte und Erfahrung immer und überall,
wenn auch in den verschiedensten Culturstufen und socialen Gestaltungen angepassten Formen nachweist. Aber neben diesem Syngenismus wurzelte tief in der

und wird das im früheren Zustande der Menschheit, wo die charakteristischen Unterschiede viel schärfer und instinctiver empfunden wurden, sicher im erhöhten Maasse gethan haben, wie uns das ja auch die Geschichte lehrt.*) So tritt uns in den ältesten Schriften aller Völker, besonders derjenigen, die eine auf strengster Inzucht basirte Kastenbildung besassen, wie z. B. der Aegypter, Juden, Inder, Griechen und Römer eine oft geradezu an Grössenwahn streifende hohe Meinung von sich selbst und den gezüchteten Stammescharakteren und eine tiefe Verachtung aller a n d e r s Gebildeten entgegen; ebenso die aus diesem Inzuchtstolze sich von selbst ergebende Consequenz, dass sie ein zum Herrschen über die „Anderen" auserwähltes Volk seien.

Es herrsche der Grieche und es diene der Barbar!
Denn d e r ist Knecht und jener frei geboren.

Euripides, Iphigenie V. 5.

Diese consequente Begründung ihrer Herrschergelüste finden wir durchwegs bei allen Inzuchtvölkern, die durch die geographischen Verhältnisse in die Lage kamen, dieselben zu bethätigen. Aber nicht nur die Inzuchtvölker, auch die Inzuchtkasten (Adel) haben seit jeher dieses Dogma als Leitmotiv ihres Handelns aufgestellt.

Ich werde noch bei den einzelnen hervorragenden Inzuchtvölkern auf diesen interessanten und in der Natur der strengen Inzucht begründeten Charakterzug zurückkommen. Denn gerade bei diesen Völkern wurde diese Herrschsucht bis ins Extrem, ja ins Krankhafte gezüchtet, und selbst die harte Wirklichkeit des Schicksals war oft nicht im Stande, dieselben eines Besseren zu belehren.

Natur des Menschen der F r e m d e n h a s s, der Abscheu gegen das fremde Blut, die vollkommene Gefühllosigkeit gegen die Leiden der heterogenen socialen Gruppe.

*) „Bei allen Gemeinden der ältesten Zeit, in denen sich ein kräftiges Bewusstsein ihrer Individualität ausbildete, fand dies zuerst seinen Ausdruck in strengem Abschluss gegen die Aussenwelt, sagt Otto S e e c k (Geschichte des Untergangs der antiken Welt, I. Bd., S. 196.) Ich glaube, das ist eine Umkehrung der Ursache und Wirkung. Das kräftige Bewusstsein einer ausgebildeten Individualität ist eben das Product der Inzucht und alle Völkerstämme, die durch die Natur geschützt, längere Zeit unvermischt blieben, haben diese Individualität gezüchtet und ausgebildet. Dass diese Wirkung der Inzucht wieder ein Schutzwall für die Inzucht wurde, habe ich oben gezeigt".

Dieser gezüchtete Stolz, die hohe Meinung von der eigenen Vorzüglichkeit und die Verachtung „anders" gestalteter und „anders" lebender Menschen wurde begreiflicherweise wiederum zu einer tiefen Kluft und zu einem grossen Hemmnis der Vermischung, also zu einem neuen Kettenglied, wodurch die Angehörigen eines Stammes oder einer Kaste aneinander geschmiedet wurden.

Je länger nun diese Inzucht in einem Volke, einer Kaste in Thätigkeit war, je intensiver, d. h. in einem kleineren Volke oder Kaste dieselbe wirken konnte, desto auffallender mussten die gezüchteten Eigenthümlichkeiten, desto höher musste die Meinung von sich und dem grösseren trennenden Unterschiede und desto fester musste auch die hohe Meinung von der „Auserwähltheit" und der begründeten Vorzüglichkeit über andere Völker oder ausserhalb der Kaste Stehende werden. Ob dabei diese hohe Meinung wirklich in der Natur der Eigenschaften begründet war oder nicht, blieb sich gleich für den Stamm; von Vortheil waren diese Eigenschaften anfangs sicher. *)

Aber auch degenerirende Inzuchtvölker und Kasten haben dieselbe hohe Meinung von sich, weil sie eben auch „anders" denken und fühlen und dem Menschen im Degenerationszustande die Fähigkeit über Andere billig zu urtheilen, noch mehr abgeht, als dem gesunden normal beanlagten. Deshalb steigert sich der Stolz einer Kaste eines Volkes im Verlaufe einer Inzuchtperiode immer mehr und im Verhältnisse mit ihrem inneren Verfall nimmt der äussere Hochmuth zu.**)

Solange der Mensch ein ganz naturgemässes Leben zu führen gezwungen war, d. h. seinen Geist und Körper harmonisch im Kampfe ums Dasein anstrengen musste, solange hatte die Inzucht und selbst die allerengste, die sogenannte Bruder- und Schwester-Ehe keine schädliche Folge. Im Gegentheile auf diese Weise konnten gewisse erworbene Charaktere der ursprünglichen

---

*) Man darf solche Eigenschaften nicht immer vom allgemeinen ethischen Standpunkte beurtheilen.

**) Wie lächerlich hochmüthig sich die Griechen in ihrem tiefsten Verfall den Römern gegenüber benahmen, darüber siehe Mommsen: „Römische Geschichte", I. B., C. 8, 10. Ebenso lehrreich ist das Capitel: „Judäa und Juden", Mommsen V. B., XI. C. Jeder kann immer wieder die Erfahrung machen, dass niemand hochmüthiger ist, als ein herabgekommenes und in Degeneration begriffenes Adelsgeschlecht.

Horden am sichersten erhalten werden, wie wir dies auch an den Bienen- und Ameisen-Staaten beobachten können. Doch ändert sich dies im Thier- und Pflanzenreich in kurzer Zeit, wenn der Pflanze, dem Thiere durch den Menschen der Kampf ums Dasein künstlich erleichtert, auf die Hervorbringung bestimmter Eigenschaften ein ganz besonderes Gewicht gelegt und durch Generationen auf dieses Ziel hingearbeitet wird. Dadurch wird eine Störung der nothwendigen Correlation zwischen den einzelnen Theilen des Organismus hervorgebracht und vor allem die natürliche Auslese gehemmt. Damit beginnt regelmässig die Degeneration. Das können wir bei allen unseren Culturpflanzen und Hausthieren beobachten, und von jetzt an wird die nahe Inzucht ebenso, wie sie früher im gesunden, d. h. harmonischen Zustande dazu beitrug, diese Harmonie zu verfeinern und mehr auszubilden, jetzt auch die Disharmonie verstärken und ausbilden. Diese Beobachtung haben alle Inzuchtvölker an sich gemacht und weise Gesetzgeber und der natürliche Volksinstinct haben daher auch die engste Inzucht als eine Schädigung der Zucht, als Blutschande bezeichnet und die Eheverbote der einzelnen Verwandschaftsgrade*) immer weiter hinausgerückt. Es blieb aber trotzdem die sehr nahe Inzuchtehe, die wir für die prähistorische Zeit als vorwiegend in der Horde annehmen müssen (Mucke) noch in der historischen Zeit häufig Sitte und ist es bei vielen Naturvölkern heute noch.**)

Die Thatsache, dass durch die nahe Inzucht in Verbindung mit der Veränderung des Kampfes ums Dasein und der Hemmung der natürlichen Auslese stets eine körperliche, und damit nach dem Gesetze der Correlation auch eine geistige Degeneration im Verlaufe mehrerer Generationen hervorgebracht wird, ist für uns von grosser Wichtigkeit.

Diese körperliche Degeneration bildet nämlich weiterhin den Boden für die überall und zu jeder Zeit in der Natur vorhandenen Krankheitskeime und das Heer gewisser erblicher Krankheiten, welche dann eine grosse Rolle in der natürlichen Auslese der degenerirten Familien spielen.

---

*) Bruder und Schwester ist bei den ältesten Völkern nicht immer in unserem Sinne zu nehmen, sondern bedeutet oft überhaupt nahe Verwandschaft.

**) Siehe darüber Zusatz VII.

Die Inzucht hat ausser der Züchtung des Nationalcharakters noch eine Wirkung, die in der Geschichte der Völker einen wichtigen Einfluss geübt hat. Aus den Experimenten und Beobachtungen an unseren Hausthieren wissen wir, dass ein neuer Charakter zur Fixirung einer Inzucht von 5—6 Generationen bedarf und dass je länger, d. h. durch je mehr Generationen ein Charakter einer strengen, engeren Inzucht unterworfen wird, er um desto fester haftet.*) Darum ist auch eine gelegentliche Vermischung nicht im Stande, denselben ganz auszulöschen, ja er kann, wenn nach stattgehabter Vermischung wieder eine Inzuchtperiode folgt, wieder zurückkehren. Ebenso verhält es sich mit der Fixirung der menschlichen Charaktere durch die Inzucht. Diese Fixirung der Charaktere und die unglaubliche Zähigkeit derselben ist das, was wir den conservativen Sinn einer Bevölkerung, einer Kaste nennen und wir machen die Beobachtung, dass je intensiver die Inzucht und je länger sie gewährt hat, desto ausgesprochener auch diese Fixirung ist und das Volk, die Kaste desto mehr zum Conservatismus neigt. Ja, dieser conservative Charakter nimmt bei sehr langer Dauer der Inzucht regelmässig den Charakter der Starrheit**) an, d. h. alle äusseren Einflüsse, selbst gelegentliche Vermischungen, wenn sie nicht ausgiebiger Natur sind, gehen fast spurlos an dem Charakter solcher Völker und Kasten vorüber. Darin liegt das Geheimnis für das merkwürdige Verhalten alter Inzuchtvölker und Kasten, von denen man sagt, sie lernen nichts und vergessen nichts.***)

---

*) Solche angeborene und fixirte Charaktereigenthümlichkeiten gleichen den Instincten der Thiere. In einem auf strengster Inzucht beruhenden Staatswesen handelten die einzelnen Individuen mit blinder Sicherheit, wie eine Maschine, der Sohn handelt so wie der Vater und die den Stamm charakterisirenden und mit besonderer Vorliebe gezüchteten Eigenschaften und die daraus resultirenden Handlungen verstanden sich ebenso von selbst, als wie es sich von selbst versteht, wenn das Eichhorn seinen Winter-Vorrath an Nüssen sammelt, ehe es seinen ersten Winter erlebt hat (Ribot).

**) Herbert Spencer (Einleitung in das Studium der Sociologie II. Bd. S. 46) sagt: „Es gibt zwei Extreme in dem Zustande eines socialen wie jedes anderen Aggregates, welche verhängnisvoll für die Entwickelung sind: Starrheit und Mangel an Zusammenhang." Diese zwei Extreme entsprechen, wie wir sehen, der lange fortgesetzten vorwiegenden nahen Inzucht und der fortwährenden Vermischung.

***) Wie Pietschmann sagt (Geschichte der Phönicier S. 10), muss jede so innig mit der Quintessenz des Volksgeistes durchtränkte Cultur bei ihrer ge-

Um sich einen richtigen Begriff von den erblichen Wirkungen strenger Inzucht zu machen, muss man sich vor Augen halten, dass jeder Mensch in 20 Generationen das Product von mehr als einer Million Vorfahren und in 30 Generationen das Product von 1000 Millionen Vorfahren ist. 30 Generationen sind aber, 3 Generationen auf das Jahrhundert gerechnet, erst 900 Jahre. Wir haben aber bei den Muster-Inzuchtvölkern, den Aegyptern, Hindus, und Juden weit mehr als 3000 Jahre, also sicher über 100 Generationen, welche, abgesehen von den unbedeutenden Vermischungen fortwährend in einer Richtung dachten und fühlten! Welche grosse Summirung von erblichen fixirenden Kräften, die in einer und derselben Richtung wirken, muss da zum Vorschein kommen!

Eine der wichtigsten politischen Folgen des hoch gehaltenen Inzuchtprincipes ist das feste Zusammenhalten des Inzuchtverbandes. Dieses gemeinschaftliche Blutband und die dadurch bedingte gleichmässige Vererbung und Fixirung der Charaktere sind festere Klammern, als es in der späteren Zeit der Völker Gesetze, Loyalität und äussere Vortheile sind. Wir finden daher von jeher bei allen kleinen Inzuchtvölkern und Kasten ein starkes Gefühl der Zusammengehörigkeit und ein festes Zusammenhalten besonders in Zeiten der Gefahr. Daher ist auch bei ihnen besonders die Blutrache ausgebildet.

Die Sippe, der Clan war das sociale Product dieses Inzuchtprincipes. Dieser sociale Kern war nicht nur eine Blutsgenossenschaft sondern auch die primitive Rechtsgenossenschaft. Sehr ausgebildet war dieser Sippenverband bei den indogermanischen Völkern. Besonders aber bei den Deutschen war dieses Sippengefühl immer

waltigen Consequenz auf jeden Einzelnen der Nation eine unüberwindliche beschränkende Wirkung ausüben, muss ihn zu einer besonderen Species des Genus Homo erziehen. Es ist das, was an den Chinesen uns so absonderlich vorkommt, was an den Aegyptern so auffiel, dass sie — wie Herodot sagt — Alles anders machen, als die übrigen Menschen. Aber unrichtig ist es, diese allen strengen Inzuchtvölkern gemeinsame Eigenschaft nur der Wirkung der äusseren Verhältnisse zuzuschreiben. Die äusseren Verhältnisse sind der Ambos, aber der Hammer, der aus dem Rohmaterial das für die Cultur so wichtige Werkzeug, den „anders" gearteten Nationalcharakter schmiedet, das war und wird immer nur die strengste Inzucht sein.

stärker als das Nationalgefühl, und darum die politische Zerfahrenheit
derselben. *)

Das sind in breiten Pinselstrichen die gesetzlichen Folgen der
Inzucht, die wir in der ganzen belebten Natur beobachten können
und denen auch der Mensch von je unterworfen war und immer
sein wird. Die feineren Details der Folgen der Inzucht werde ich
bei den einzelnen Inzuchtvölkern und Kasten des Nähern aus-
einandersetzen; hier würden sie nur störend wirken, da sie nach
der Anlage der Völker und nach den geographischen und klimatischen Verhältnissen verschieden sind.

Zusammenfassung.

Nach dem Gesagten müssen wir also annehmen, dass in der
Naturgeschichte des Menschen das bei Pflanzen und Thieren im
Allgemeinen giltige Gesetz, dass sich Gleich zu Gleich gesellt, stets
in Wirksamkeit war und dass nur eine vis major, wie geologische
Revolutionen, und der durch die Uebervölkerung hervorgerufene
scharfe Kampf ums Dasein dieses Gesetz in den prähistorischen
Zeiten vorübergehend aufheben konnte. Ferner müssen wir an-
nehmen, dass jene Horden oder Völkerstämme, welche die ersten
Schritte auf dem Wege der Cultur machten, dies nur zu thun im
Stande waren, indem sie das Princip der Inzucht ganz besonders
strenge auffassten (Vaterrecht) und aus sich selbst wieder eine
Inzuchtkaste abzweigten, der es dadurch möglich wurde, die feinere
Ausbildung und Züchtung der intellectuellen Charaktere in Angriff
zu nehmen. Wir müssen ferner annehmen, dass dieses Hochhalten

---

*) Bismarck bemerkte einst in einer Rede, dass im deutschen Charakter ein
Zug liege, welcher der Vereinigung widerstrebe, ein gewisser Ueberschuss männlicher Selbstständigkeit, welcher in Deutschland die einzelnen Personen und Stämme
verführt, sich mehr auf die eigene Kraft als auf die Gesammtheit zu verlassen,
ein Mangel jener Gefügigkeit der Einzelnen zu Gunsten des Gemeinwesens, durch
welche die anderen Nationen früher als wir zur Einheit gekommen sind. Das ist
die Folge des lange gezüchteten Sippengefühles, welches noch heute
in den Landsmannschaften und im Particularismus seinen beredten Ausdruck
findet. Dieser Particularismus war auch bei den Griechen sehr entwickelt und
wurde nur zu Zeiten grosser Gefahr von aussen überwunden.

des Inzuchtprincipes und die Einführung der Arbeitstheilung nicht eine freiwillige Leistung war, sondern den betreffenden Völkern durch die äusseren Verhältnisse und durch den verschärften Kampf ums Dasein aufgezwungen wurde. Es war dies die Zeit, wo durch die vollständige Besiedelung der auf dem Wege der Landwanderung erreichbaren Wohnsitze die Menschen von der Natur gezwungen wurden, die verfügbaren Güter der Erde intensiver auszunützen, und das Wandern wegen Mangel an genügenden freien Boden nur mehr durch Kampf möglich wurde. Diese Verhältnisse begünstigten die Bildung von bevorzugten Inzuchtkasten.

Aber auch in dieser Zeitperiode des schärferen Kampfes ums Dasein des Menschen mit dem Menschen und der durch die Consequenzen dieses Kampfes sich ergebenden vermischteren Siedelung blieb bei gewissen Stämmen der natürliche Inzuchttrieb trotz der grösseren Schwierigkeit, denselben durchzuführen, erhalten und wir sehen daher alle Völker, die in der Geschichte der menschlichen Cultur eine hervorragende Rolle gespielt haben, mit strengen Inzuchtsitten und mit einer ausgebildeten Inzuchtkaste entweder schon in die historische Zeit eintreten oder wir können die Entwickelung dieses Bildungsprocesses späterhin deutlich verfolgen.

In jenen rauhen und den ersten Anfängen der Cultur so ungünstigen Zeiten genügte aber nicht allein die Neigung des betreffenden Stammes, das Inzuchtprincip hoch zu halten; es musste auch diese Neigung durch natürliche Schutzwehren unterstützt werden, d. h. der Stamm, dessen natürliche Anlage zur strengeren Inzucht und zur Ausbildung des Vaterrechtes neigte, musste zum Besitze eines Landes kommen, wo er durch natürliche Schutzwehren besser als andere Stämme vor Angriffen und Vermischung geschützt war, wo dann eine grössere Sesshaftigkeit die Bildung einer führenden Kaste ermöglichte und die anwachsende Bevölkerung zur intensiveren Ausnützung des Grund und Bodens gezwungen wurde. Dadurch wurde die Bildung einer mehr geistig arbeitenden Kaste ebenfalls begünstigt.

Da die Wirkungen der Inzucht in einer grossen Volksmenge nur sehr langsam zur Geltung kommen können, so ist es verständlich, dass besonders im Anfang der Culturgeschichte die Träger der Cultur nur verhältnismässig kleine Völkerstämme sein konnten.

Sesshaftigkeit, natürlicher Schutz vor Vermischung und die Bildung einer engeren Inzuchtkaste müssen wir also als die Grundbedingungen einer jeden Culturperiode ansehen. Dazu muss noch kommen, dass das Klima kein extremes und auch die Gelegenheit für die intensivere Bethätigung der gezüchteten Charaktereigenschaften vorhanden ist.

Die Folgen engerer Inzucht in einer führenden Kaste, in einem kleinen Volksstamme sind stets die höhere Züchtung nicht nur körperlicher, sondern auch der für den Kampf ums Dasein viel wichtigeren geistigen Charaktere, wodurch das betreffende Volk im Kampfe mit anderen Völkern einen Vortheil erhält und sich eine führende Rolle im Geisteskampfe und dadurch häufig auch im gewöhnlichen Kampfe ums Dasein zu erringen im Stande ist.

Die weiteren Folgen in Bezug auf die Erhaltung körperlich und geistig vortheilhafter Rassencharaktere sind ganz bedeutend verschieden, je nachdem ein Volk die strenge Inzucht beibehält oder sich mit einem unterjochten Volk anderen Charakters vermischt. Dies wird sich deutlich in der Geschichte desselben ausprägen. Je reiner und länger es seine gezüchteten Charaktereigenschaften, die es zum Herrscher über das andere Volk gemacht, durch Hochhalten des strengsten Inzuchtprincipes besonders in der führenden Kaste erhält, auf desto sicherer und festerer Basis steht seine Herrschaft, während bei intensiver Vermischung stets eine Periode der Charakterlosigkeit eintritt und jene Charaktereigenschaften, auf deren Basis die Herrschaft begründet ist, sich verlieren.

Aber in der Inzucht selbst liegt für den betreffenden Stamm oder Kaste, wenn sie zu lange in Wirksamkeit ist, eine Gefahr. Erstens tritt eine gewisse Erstarrung der Charaktere ein und damit ein Hemmnis für den weiteren Fortschritt; zweitens kommt es dadurch, dass die natürliche Auslese gehemmt ist, in den führenden Kasten im Verlaufe der Generationen zu einer regelmässigen körperlichen und geistigen Degeneration, wodurch nicht nur die Kaste zu Grunde geht, sondern auch das schlecht geführte Volk aus der Geschichte verschwindet, indem es unterjocht wird und sich vermischt.

Allgemeines über die Vermischung.

Die im Pflanzen- und Thierreiche bis jetzt beobachteten und constatirten Gesetze betreffs der Kreuzung sind folgende:

Es scheint eines der wichtigsten Naturgesetze zu sein, dass sich alle organischen Wesen verwandter Art gelegentlich vermischen. (Darwin l. c. II. Bd., S. 98.)

Zwischen verwandten Rassen werden durch Kreuzungen Verschiedenheiten derselben verwischt.

Sind die sich vermischenden Rassen der Zahl nach ungleich, so absorbirt die eine die andere.

Vermischen sich zwei distincte Rassen, so wird das Resultat anfangs eine heterogene Masse sein und das Ganze erst allmälig früher oder später verschmolzen werden. (Darwin l. c. C. 15.)

Nicht alle Charaktere verschmelzen bei Kreuzungen, sondern werden mitunter einige in nicht modificirtem Zustande entweder von beiden oder von einem der Eltern überliefert. (Die diesbezüglichen Gesetze sind noch nicht entdeckt.)

Wenn zwei distincte Rassen gekreuzt werden, so ist die Neigung, bei den Nachkommen auf eine der beiden Elternformen zurückzuschlagen, notorisch gross und hält viele Generationen an.

Die meisten Züchter sind der Ansicht, dass sechs, sieben, oder acht Generationen nothwendig sind, um die neuen Charaktere zu fixiren.

Die Stärke der Neigung zum Rückschlag hängt von dem Ueberwiegen der Ueberlieferung von Seite der beiden elterlichen Charaktere, von dem wirklichen Betrag der Verschiedenheit und der Natur der Lebensbedingungen ab, denen die gekreuzten Nachkommen ausgesetzt sind. (Darwin l. c. II. Bd., S. 40.)

Die Nachkommen gekreuzter Rassen stehen in der ersten Generation nahezu mitten inne zwischen ihren Eltern; aber die Enkel und späteren Generationen schlagen beständig in einem grösseren oder geringeren Grade auf einen oder auf beide ihrer Urerzeuger zurück. (Darwin l. c. II. Bd., S. 55.)

Das schliessliche Ueberwiegen einer der beiden gekreuzten Eltern ist ein sehr complicirter Gegenstand und die Gesetze dieses Ueberwiegens sind bis jetzt nicht festgestellt. Doch sind die Wahrscheinlichkeitsgründe der Annahme günstig, dass irgend ein Charakter, welcher lange Zeit hindurch rein und unverändert gezüchtet worden ist, auch ferner wieder trotz Kreuzung überliefert wird, solange die äusseren Lebensbedingungen dieselben bleiben. (Darwin l. c. II. Bd., S. 94). Auch scheint es bei domesticirten Thieren ein Gesetz zu sein, dass das höher gezüchtete Culturblut, was die gezüchteten intellectuellen Fähigkeiten anlangt, Sieger bleibt, während in körperlicher Beziehung das niedere Culturblut den Ausschlag gibt.

Dies gilt wenigstens für die ersten Generationen, während das Gesetz der Correlation im Verlaufe der weiteren Generationen auch hier ein Gleichgewicht herzustellen strebt.

Thiere von reinem Blut mit hervorragenden charakteristischen Eigenschaften erfahren durch Vermischung in Bezug auf diese gezüchteten Eigenschaften regelmässig eine Verschlechterung.

Was aber die Körpergrösse, die constitutionelle Kraft und die Fruchtbarkeit betrifft, so tritt durch die Kreuzung distincter Formen, mögen sie nahe oder weiter mit einander verwandt sein (mit Ausnahme der gekreuzten Species) regelmässig eine Verbesserung auf (Darwin l. c. II. Bd., S. 163).

Vermischung beim Menschen.

Wir haben gesehen, dass für den Fortschritt in der Cultur die Inzucht und speciell die nahe Inzucht in den führenden Kasten sich als eine Nothwendigkeit darstellt, ohne die ein rascheres Fortschreiten der Cultur undenkbar ist. Wir haben aber auch gesehen, dass das Resultat fortwährender Inzucht Erstarrung ist und die langdauernde Hemmung der natürlichen Auslese Degeneration zur Folge hat. Aus den Beobachtungen unserer Thierzüchter wissen wir, dass das einzige Mittel, um den Schädlichkeiten lange dauernder Inzucht entgegen zu wirken, eine Kreuzung verschiedenen Rassenblutes ist. Dieses Mittel hat auch die Natur beim Menschen von jeher *) regelmässig angewendet, und alle erstarrten und degenerirten Völker und Kasten unterliegen früher oder später diesem Schicksal; sie vermischen sich und verschwinden auf diese Weise aus der Geschichte. Doch nur für den Geschichtsforscher, aber nicht für den Anthropologen, der die Spuren ihrer Charaktere noch lange Zeit in der Mischrasse, in der Mischsprache und Religion zu erkennen vermag. Denn ebenso wie bei einer Blutmischung wohl immer eine neue Variation und neue körperliche Charaktere sich bilden, aber die Spuren der elterlichen Charaktere noch durch viele Generationen zu erkennen sind, ebenso verhält es sich mit Sprache, Religion, kurz mit allen geistigen Charakteren.

Kreuzen sich zwei Menschenrassen, so werden bei den Bastarden ganz so wie bei den Thieren und Pflanzen körperlich jene Charaktere ebenfalls zum Vorschein kommen, die bei jeder Rasse im Vergleich zu der anderen Rasse das Uebergewicht haben. Halten sich gewisse Charaktere bei beiden Rassen das

---

*) Auch Gumplowicz (l. c. S. 21) hat diese fortwährenden Vermischungen, die er ethnische Amalgame nennt, für die historischen Zeiten als einen wichtigen Factor im Werden der Völker hervorgehoben und fährt dann fort: „Was sich aber in historischen Zeiten nachweisbar immer und überall zuträgt, das haben wir wohl ein Recht als ein Naturgesetz der Geschichte zu betrachten, und wenn wir ein solches Naturgesetz, wenn auch nur in dem kleinen Zeitraum der bekannten Geschichte überall beobachten und constatiren können, so ist es doch klar, dass wir dasselbe auch als für die vorhistorischen Zeiten von jeher geltend und wirkend anerkennen müssen.“

Gleichgewicht, so kommt es gewöhnlich zu deren Ausgleichung (Quatrefages). Immer wird aber eine Abschwächung eines auffallenden Charakters eintreten, wenn dieser Charakter ein grosses unterscheidendes Merkmal zwischen den Rassen war. Das ist nun speciell dann immer der Fall, wenn dieser auffallende Charakter die Intelligenz ist. Es besteht aber, wie es scheint, ein Unterschied zwischen Körper und Geist. Während in heissen Klimaten bei Mischlingen zwischen Neger und Weissen in Bezug auf die Hautfarbe und andere untergeordnete Charaktere, die dem Klima angepasster sind, mehr das Negerblut siegt, siegt in geistiger Beziehung immer das ältere Culturblut.

Kreuzungen von Varietäten, die in den körperlichen und geistigen Charakteren sich sehr nahe stehen, ergeben stets die besten Resultate und sind immer am besten geeignet, die Art beweglich und fruchtbar zu erhalten und den Wirkungen zu enger Inzucht entgegen zu wirken. Dagegen ergeben die Experimente der Thierzüchter, dass grosse Unähnlichkeit an Rasse und Charakter bei Kreuzungen zur Bildung unharmonischer, schwankender Charaktere, zur Charakterlosigkeit führt. Das ist der Grund, warum, wie bekannt, alle Rassenbastarde, besonders weit abstehender Rassen in Bezug auf den Charakter geradezu im schlechtesten Rufe stehen.*)

Auch sind in solchen Fällen Rückschläge auf Charaktere entfernter, halbwilder Vorfahren**) häufig.

---

*) Ueber die Schilderung der sittlichen Charaktere der Mischlinge, was die ersten Generationen anbelangt, sind alle Berichte einig, und wo diese Uebereinstimmung nicht zutrifft, sind gewöhnlich mehrere Generationen verstrichen und ist bereits die Bildung neuer Charaktere im Gange. Siehe darüber zahlreiche Daten bei Darwin l. c. und Quatrefages.

**) Bei Kreuzungen haben Charaktere, die vielen Species gemeinsam sind, eine Neigung, die, welche nur wenigen Species angehören, zu überwiegen. (Darwin l. c. I. S. 76.) Schon aus diesem Grunde hat die der Mehrzahl der Menschenrassen mehr oder weniger natürliche Wildheit die Neigung, bei Mischungen zu überwiegen.

Die Eltern aller unserer domesticirten Thiere waren natürlich ursprünglich von Temperament wild und wenn eine domesticirte Species mit einer anderen distincten Species gekreuzt wird, mag diese nun ein domesticirtes oder gezähmtes Thier sein, so sind die Nachkommen oft in solchem Grade wild, dass die Thatsache nur durch die Annahme verständlich wird, dass die Kreuzung eine theilweise Rückkehr zu dem ursprünglichen Temperament verursacht hat. Darüber zahlreiche

Die Frage der Betheiligung der Geschlechter bei der Vererbung ist noch nicht vollständig klar gelegt. So viel ist aber sicher, dass fast immer einer der Erzeuger das Uebergewicht hat. Niemals aber, auch da, wo es so scheinen möchte, erbt das Kind einseitig nur von einem der Eltern; stets sind beide Theile, wenn auch in ungleichen Procenten, betheiligt. Maassgebend scheint auch hier das höher gezüchtete Nervensystem zu sein.

Bei Kreuzungen zwischen sehr ungleichartigen Rassen ist stets das Weib,*) wenn es freie Wahl hat, das aufwärtstreibende Element. Der Mann ist nicht so wählerisch und vermischt sich, durch Sinnlichkeit getrieben, mit allen Rassen. Doch das Weib steigt nur selten und nur gezwungen unter ihre Rasse oder Kaste herab.**) Es ist diese geschlechtliche Zuchtwahl für den Fortschritt des menschlichen Geistes ein sehr wichtiger Factor, und spielt derselbe besonders in Ländern und Zeiten, wo gerade eine starke Vermischung

---

Beispiele bei Darwin l. c. II. Bd., S. 497, ferner die Notizen über das wilde Temperament gekreuzter Menschenrassen. l. c. II. Bd., S. 53. Siehe auch Ammon l. c. S. 18.

*) In Brasilien, belehrt uns Martin de Moussy, kommen alle Arten von Mischblut vor und erschaffen eine ganz neue Bevölkerung, die sich gewissermaassen immer mehr einbürgert und sich fortwährend dem weissen Typus stärker annähert, der nach Allem, was in ganz Südamerika, in Buenos-Ayres, in Paraguay etc. beobachtet wird, schliesslich alle übrigen Typen in sich aufnehmen wird. In den genannten Ländern lässt sich die Negerin oder die Indianerin leicht zur Kreuzung mit Weissen herbei. Die aus solchen Verbindungen entsprungenen Bastardinnen sind aber stolz auf ihr väterliches Blut, sie glauben sich etwas zu vergeben, wenn sie sich mit einem Farbigen einlassen wollten. Die weiblichen Terceronen und Quateronen denken nicht anders und betragen sich dem auch entsprechend. In diesen Ländern macht ja die Farbe den Kastenunterschied, und so geht das Streben dahin, mit solchen, die den Weissen nahe stehen, zumal aber mit wirklichen Weissen in geschlechtliche Verbindung zu treten. (Quatrefages.) Wir haben also hier eine unbewusste Zuchtwahl, bei der das Blut der Weissen als das höhere Culturblut der Sieger bleibt.

Deshalb wird aber die Prophezeihung Martin de Moussy's, dass die Bastardrassen alle wieder zur höher stehenden Rasse zurückkehren, doch nicht eintreten, sondern es wird sich in Amerika mit der Zeit eine neue Rasse bilden, die sich von der alten Indianerrasse ebenso unterscheidet wie von der weissen, wenn sie auch mehr zu der letzteren neigen wird. Ein vollständiges Zurückkehren, also einen Rückschlag, wie er bei den bisher bekannt gewordenen Arten Kreuzungen beobachtet wurde, gibt es bei den Rassenkreuzungen niemals, wenn die Vermischung eine ausgiebige und durch mehrere Generationen in Wirksamkeit war.

**) Nur bei degenerirten Kasten kommt das häufig vor.

4.*

des verschiedensten Rassenblutes vor sich geht, eine grosse Rolle (z. B. jetzt in Amerika und auf den Inseln der Südsee). Wie erwähnt, bedarf es nach den Experimenten an Thieren einer Inzucht von 5—6 Generationen, um nach einer vorausgegangenen Vermischung die neuen Charaktere zu bilden und zu fixiren.

Bei Vermischungen verschieden rassiger Völker sind zwei Factoren besonders maassgebend: der Grad der feineren Organisation des Gehirns, also die höher gezüchtete Cultur, und das Zahlenverhältnis der Gemischten. Der erstere Factor ist weitaus der ausschlaggebende und, besonders wenn man grössere Zeiträume im Auge hat, der immer intensiver wirkende. Dieser Factor bleibt nicht nur dann der ausschlaggebende, wenn der Unterschied der höheren Cultur im Vergleich zur niederen ein grosser ist, sondern auch dann ist der bedeutendere Einfluss der höheren, resp. älteren Culturrasse unverkennbar, wenn die Kopfzahl der sich mischenden Völker nicht im Verhältnis steht.

Aus der ganzen Geschichte können wir das Walten dieses Gesetzes an zahlreichen Beispielen erkennen. Auch wenn ein höher cultivirtes Volk von einem kräftigeren, aber in der Cultur niedriger stehenden Volk besiegt wurde, so hat, wenn der Sieger mit dem Besiegten sich vermischt hat, in wenigen Generationen, nachdem der Rückschlag überwunden war, in intellectueller Beziehung das höhere Culturblut gesiegt. Selbst ein in geringerer Zahl vorhandenes altes Culturvolk prägt einem niederen in wenigen Generationen bei Vermischungen seinen Charakter auf, während umgekehrt selbst eine grössere Zahl eines in der Cultur niedriger stehenden Volkes selten im Stande ist, altes Culturblut ganz auszutilgen und zum Verschwinden zu bringen.

Unterjochte ein körperlich und geistig höher stehendes Volk ein in beider Hinsicht niedriger stehendes Volk, so wird die Neigung zur Vermischung von vornerein gefehlt haben und die Kastenbildung war eine natürliche Folge (Hindus). Schon in den prähistorischen, häufiger aber in den historischen Zeiten ist es vorgekommen, dass ein körperlich kräftiges, aber geistig tiefer stehendes Volk ein körperlich bereits degenerirtes, aber in der Cultur höher stehendes Volk unterjochte (Hyksos). In diesen Fällen war von einer Kastenbildung keine Rede, da das in der Cultur tiefer stehende Herrenvolk immer die instinctive Neigung sich mit dem höher stehenden Culturvolk zu vermischen und diese Vermischung auch erzwingen konnte. Hier sehen wir, dass das alte Culturblut bei der Vermischung dadurch Sieger blieb, dass dasselbe im Verlaufe der Generationen dem Herrenvolk seinen Typus aufprägte, und das erobernde Herrenvolk als Rasse vollständig aufgesaugt und verändert wurde.

In Bezug auf das Schicksal der Sprachen bei der Vermischung sind ebenfalls die zwei erwähnten Punkte von ausschlaggebender Bedeutung, erstens die feinere Ausbildung der Sprache, d. h. die höhere oder geringere Cultur der betreffenden Völker und die Zahl, in der sich in Bezug auf's Mischungsverhältnis die beiden Völker befinden.

Ist auch die Macht der Eroberung für die ersten Generationen nicht zu unterschätzen, so lehrt doch die Geschichte, dass dieser Einfluss der am wenigsten maassgebende ist, und schliesslich die Sprache der Sieger, wenn sie auf niederer Cultur steht, von der in der Cultur höher stehenden Sprache der Besiegten fast regelmässig überwunden wird.

So verschwand z. B. die Sprache der siegreichen Longobarden und Westgothen in Spanien und Italien, so die Sprache der Franken und Burgunder in Frankreich. Die Sprache der Sachsen und Angeln, die gegen die alten Britannier einen stärkeren Ausrottungskrieg führten, behielt trotz der späteren Vermischung mit den französischen Normannen nur darum den deutschen Charakter vorwiegend bei, weil das Volk selbst fast unvermischt blieb und die Vermischung mehr die führenden Kasten betraf.

Auch für die Religion scheint das Gesetz zu gelten, dass schliesslich die höher stehende die Siegerin bleibt.

Ursachen der Vermischung.

Wir haben im vorigen Capitel angenommen, dass der prähistorische Culturmensch im Allgemeinen unter dem Principe der strengen Inzucht sich gebildet hat, und dass nur eine vis major, wie sie durch grosse geologische Revolutionen gegeben war, oder der schärfere Kampf ums Dasein, wie er durch die stärkere Besiedelung der Erde unausweichlich wurde, die Menschen zwingen konnte, von diesem Principe abzuweichen. Wir haben aber gesehen, dass auch in den historischen Zeiten im Allgemeinen das Princip der Inzucht selbst unter schwierigen Verhältnissen noch Sieger blieb, und ausgiebige Vermischungen nur vorübergehend und als ein Heilmittel von der Natur in Anwendung gebracht wurden, um die schädlichen Folgen der Inzucht, — die Erstarrung und Degeneration der Völker und Kasten — zu heilen.

Von den grossen geologischen Revolutionen müssen wir die letzte Eisperiode als eine sehr wirksame Ursache der Vermischung bezeichnen.

A. Penck und O. Fraas haben schon hervorgehoben, dass es seither keine Zeitperiode gegeben hat, die von ähnlichem Einfluss auf die Entwickelung des Menschengeschlechtes gewesen ist, wie der Eintritt der Vergletscherung. „Die mit den Glacialzeiten der Erde auftretenden klimatischen Aenderungen müssen mit einer gewissen Regelmässigkeit Völkerwanderungen hervorgerufen haben."*)

Es ist bis heute noch nicht sicher erwiesen, dass der Mensch in Europa mehr als eine Eisperiode mitgemacht hat. Solange noch unbesiedelte Länder genug vorhanden waren, wird die Verschiebung der Kalmen-Zone, die doch langsam vor sich geht, keinen gewaltigen Kampf der Menschen untereinander verursacht haben, wenn auch die Umwälzungen grosse waren und Vermischungen dabei nicht ausbleiben konnten. Anders muss die Eisperiode wirken, wenn, wie dies beim Eintritt der letzten Eisperiode wahrscheinlich schon der Fall war, die auf dem Wege der Landwanderung besiedelbaren Länder vollständig in Besitz genommen, und nun eine Vergletscherung vom Norden her eintritt. Wenn auch durch die Verschiebung der subtropischen Regenzone Gebiete, die heute im Süden unbewohnbar sind, in der Eiszeit bewohnbar wurden, so war dieser Landgewinn sicher im Vergleich zum Verluste zu unbedeutend, und wir müssen die letzte Vergletscherung als eine furchtbare Sturm- und Drangperiode des jungen Menschengeschlechtes ansehen. In dieser Zeitperiode hat der Kampf des Menschen mit dem Menschen, wenn auch nicht erst begonnen,

---

*) Siehe Ranke: Der Mensch, II. Bd., S. 302.

so doch seine grosse Schärfe erlangt, die er bis auf den heutigen Tag beibehalten hat.

Bei diesem enormen Völkergetümmel wird es wohl nur dem Kerne der drei Hauptrassen der alten Welt möglich gewesen sein, sich die reinen Rassencharaktere zu erhalten, während bei dem Zusammendrängen an den Grenzen Vermischungen unausbleiblich waren.

Nach dieser Periode der Vermischung und nachdem der Kampf um die verfügbare Erde entschieden war, ferner die Bevölkerungszahl theils durch Seuchen,*) theils durch die Ausrottung der schwächeren Stämme eine bedeutende Verminderung erlitten hatte, folgte wieder eine Periode der Inzucht, die, wie ich schon erwähnt habe, noch durch die Natur in manchen Ländern zur Nothwendigkeit wurde, indem die vollendete Vergletscherung der Gebirge und angrenzenden Vorländer den Zugang zu diesen Ländern vollkommen abschloss.

Abnorme, wenn auch nur wenige Jahre andauernde klimatische Verhältnisse (abnorme Kälte, Dürre) müssen in jenen Zeiten, wo die Menschen es noch nicht verstanden durch Ansammlung von Vorräthen und durch den Handel ausgleichend einzugreifen, zahlreiche kleinere Völkerwanderungen veranlasst und dadurch bei bereits vollendeter Besiedelung zu Krieg und Vermischung Anlass gegeben haben. Dasselbe gilt von dem Andrängen der Bevölkerungszahl gegen die Grenze der Subsistenzmittel (Malthus), und müssen wir annehmen, dass eine Uebervölkerung bei der sehr mangelhaften Ausnützung der Güter der Erde viel intensiver wirkte als später. Diese relative Uebervölkerung bedingte die Aussendung der „Lenze“, Auswanderungen im kleinen Stiele, wie wir sie in historischen Zeiten noch sehr häufig constatiren können und sie ja heute ebenfalls noch, wenn auch in anderer Form, im Gange sind. Je mehr die Besiedelung der Erde zunahm und der für Wanderungen und Aussendung von „Lenzen“ frei verfügbare Boden abnahm, um so schärfer musste der Kampf ums Dasein, um so häufiger mussten die Kriege und die damit verbundene Unterjochung der körper-

---

*) Man kann aus heutigen Berichten ersehen, dass viele wilde Menschenrassen sehr leicht an Krankheit leiden, wenn sie veränderten Bedingungen oder Lebensweise ausgesetzt wurden, besonders aber, wenn sie in ein neues Klima versetzt werden. Auch tritt häufig eine verminderte Fruchtbarkeit ein. Darwin l. c. S. 250.

lich oder geistig Schwächeren werden. Diese häufigen Kriege bildeten sicher stets die wichtigste Quelle der Vermischung. Doch sehen wir aus der ältesten Geschichte der strengen Inzuchtvölker, dass dieselben stets versuchten, das Inzuchtprincip auch den Consequenzen der Kriege gegenüber möglichst aufrecht zu erhalten. Durch Krieg und Unterjochung allein wird eine Vermischung ausgiebigen Grades noch nicht herbeigeführt. Dies geschieht nur dann, wenn es dem Herrenvolk möglich ist, dem unterjochten Volk seine Sprache und Cultur aufzuzwingen, also wichtige Schranken der Inzucht wegzuräumen. Wie widerstandsfähig in dieser Beziehung strenge, alte Inzuchtvölker sind, beweisen heute noch die Hindus und Chinesen und haben es im Alterthum die Aegypter und Griechen bewiesen.

In der Zeit der ersten historischen Kriege war es entsprechend dem strengen Inzuchtprincipe Sitte, die Männer und männliche Nachkommenschaft über die Klinge springen zu lassen. Denn nur auf diese Weise konnte der eigene Stamm vor Vermischung geschützt werden. Die fremden Weiber wurden zur Arbeit am Leben gelassen und die etwaigen Kinder der fremden Frauen folgten „der ärgern Hand", wobei es noch lange Sitte geblieben sein mag, die männliche Jugend zu vertilgen.*) Die Sitte alles Männliche bei einer Eroberung über die Klinge springen zu

---

*) Eine Reminiscenz dieser Sitte mag man noch in dem Befehl des Pharao sehen, die männliche Jugend der Juden zu tödten. Mucke hat es (l. c. S. 158) sehr plausibel gemacht, dass der Kindesmord in den prähistorischen Zeiten auf die Kinder, die ausserhalb der Horde, also durch Fremde erzeugt wurden, beschränkt war. Es wäre also der Kindesmord ursprünglich auf den natürlichen Widerwillen gegen die Vermischung zurückzuführen. Das scheint mir auch die natürlichste Erklärung.

Später sind wohl auch andere Gründe maassgebend geworden. So lag es unter der Herrschaft des Matriarchats im Interesse der Weiber, die Mädchen bis auf eine bestimmte Zahl zu morden, da nur so die Polyandrie und das Matriarchat aufrechterhalten werden konnte. Auch schwierige Ernährungsverhältnisse und Aberglaube z. B. bei Zwillingen sind späterhin triftige Gründe.

Dass die Hochhaltung des Inzuchtprincipes heute noch bei vielen wilden Stämmen die Ursache des Kindesmordes ist, beweisen viele von Ploss und Anderen gesammelte Thatsachen. So werden bei den Australiern im Seengebiete alle Kinder, deren Mütter nicht im ehelichen Verhältnis leben, umgebracht. Auf den polynesischen Inseln werden alle Kinder, die einer Verbindung von Vornehmen mit Gemeinen entspringen, gleich nach der Geburt getödtet. Auch auf den Salomon-Inseln kommt der Kindesmord nach Elton nur vor, wenn das Kind ein Bastard ist.

lassen, um den erobernden Stamm rein zu erhalten, bekam sogar häufig noch einen religiösen Hintergrund. So erhielt das consequenteste. Inzuchtvolk, die Juden, durch seine heiligen Schriften den Auftrag: „Alles zu vertilgen, was den Odem hat".

Mit dem Fortschreiten der Cultur und besonders mit der Einführung des Ackerbaues wurde die männliche Arbeitskraft werthvoller und in Folge davon der männliche Theil einer unterjochten Völkerschaft gewöhnlich in die Sklaverei verkauft oder als streng geschiedene Kaste gegen das Herrenvolk abgesondert. Die Gesetze aller alten Völker geben Zeugnis, wie strenge noch in diesen vorwiegend schon historischen Zeiten die Vermischungen geahndet wurden; aber schon das Bestehen dieser Gesetze beweist, wie schwer es nun wurde, die strengen Inzuchtsitten und Gebräuche aufrecht zu erhalten und die Geschichte belehrt uns, wie nach und nach mit der Zahl der Kriege und der Zunahme der Bevölkerung die Vermischung immer mehr die Oberhand bekam, die strengen alten Inzuchtgesetze immer mehr in Abnahme kamen und nur mehr in einzelnen Kasten und bei kleinen Völkern sich in der alten Strenge erhalten konnten.*)

Auch der Handel ist von jeher als ein wichtiger Factor für die Vermischung der Völker angesehen worden. Doch so wichtig derselbe für die Verbreitung der Cultur war, für die Blutmischung ist der Handel in den alten Zeiten von untergeordneter Bedeutung gewesen, da die Zahl der Handeltreibenden im Vergleich zur Zahl der Bevölkerung, mit der gehandelt wurde, eine kleine war, dieser Handel in den ältesten Zeiten nur an beschränkten Orten stattfand und erst später, als die Schiffahrt aufkam, die Anlage von Factoreien und Handelscolonien von einiger Bedeutung für die Blutmischung wurde. Doch schlossen sich in diesen Zeiten die Handelscolonien immer strenge von den umgebenden, gewöhnlich in der Cultur tiefer stehenden Völkerschaften ab. Sie bildeten in ihren ummauerten Städten Inzuchtherde, die im lebhaften Blutverkehr mit ihrer Mutterstadt blieben und in denen aus begreiflichen Gründen alle jene Folgen der engeren Inzucht, wenn sie durch mehrere Generationen stattfand, in besonderem Grade hervorgebracht und

---

*) Siehe hierüber das interessante Capitel von Otto Seeck, Geschichte des Untergangs der antiken Welt: Sklaven und Klienten I. S. 290.

gezüchtet wurden. So sehr sich die alten Inzuchtvölker vor allem Fremden abzuschliessen suchten und so gross ihre Abneigung gegen den Handel war,*) brachte es doch die Noth mit sich, dass sie sich mit der Aussenwelt berühren mussten, da das Land, wo sie wohnten, oft gerade eines sehr wichtigen Naturproductes entbehrte. Das war z. B. das zur Bereitung der Waffen und anderen Geräthschaften nothwendige aber auch seltene Zinn.**) Bei aller Verbreitung und Ausdehnung des Handels und Wandels in den alten Zeiten hat also der Handel in den prähistorischen Zeiten und auch noch in den ersten Jahrtausenden der Geschichte wenig dazu beigetragen, Blutmischungen von Bedeutung hervorzubringen. Späterhin bei fortschreitender Cultur und grösserer Ausdehnung des Handels hat derselbe eine viel bedeutendere Rolle für die Blutmischung der Völker gespielt und heute bildet derselbe einen sehr wichtigen Factor.

Wirkung der Vermischung beim Menschen.

Wenn wir nun die Wirkungen der Vermischungen der Völker und Kasten auf die Culturgeschichte der Menschheit einer genaueren Untersuchung unterziehen, so stossen wir hier auf ausserordentliche Schwierigkeiten, da culturgeschichtliche Daten in dem Maasse, wie sie zur gründlichen Untersuchung dieser Frage nöthig wären, nicht vorhanden sind und wir nur auf spärliche Notizen angewiesen sind, die sich in der Geschichte der Völker erhalten haben. Diese

---

*) Die Abneigung vor Blutvermischungen und nicht, wie Bagehot in seinem Buche „Ursprung der Nationen" annimmt, die Verhinderung der unbewussten Nachahmung war der Hauptgrund der Abneigung der alten Völker vor auswärtigem Handel. Wie sehr man auch im schärfsten Verkehr mit anderen Nationen den angeborenen Nationalcharakter behalten kann, wenn man sich nicht vermischt, dafür sind Beispiele: die alten Phönicier, die Juden, die Araber, Zigeuner etc. Wenn auch Handelsvölker Sitten und Gebräuche anderer Völker nachahmen, so geschieht dies nur, so weit es nöthig ist und geht nicht in's Fleisch und Blut über. Die Phönicier blieben so lange ihren national gezüchteten Charakteren treu, solange sie sich nicht vermischten. Als sie sich in ihren Factoreien und Colonien mehr vermischten, verschwanden sie als Rasse und mussten verschwinden, weil sie eben anders geworden waren und die Inzuchtcharactere verloren gingen.

**) Wie weit der Zinnhandel die Phönicier führte, ist bekannt.

geschichtlichen Belege werde ich bei den einzelnen Völkern beibringen und werde hier nur versuchen, die Wirkungen der Vermischung im Allgemeinen kurz zu skizziren.

Ich habe früher erwähnt, dass an den Experimenten von Thieren hervorgeht, dass Vermischungen unter sich nahe stehender Rassen in der Regel von sehr gutem Erfolg sowohl in Bezug auf die körperlichen als geistigen Fähigkeiten sich erweisen und dies um so mehr, wenn einer ausgiebigen Vermischung wieder eine Periode der Inzucht folgt.

Diesen Wechsel von Inzucht und Vermischung sehen wir gerade bei den für die Geschichte der Cultur wichtigsten Völkern, den Aegyptern, Juden, Griechen, Römern, Germanen in ausgesprochener Weise in Thätigkeit. Wir finden hier überall einen Synöcismus von kleinen blutsverwandten Stämmen,*) wo sowohl der Particularismus, der dem Principe der Inzucht der kleinen Stämme entspricht als auch die Centralisation unter einem führenden Stamm, welche Staatsform mehr der Vermischung der verwandten Stämme günstig ist, fortwährend in abwechselnder Thätigkeit sind, bis es endlich einem Stamme gelingt, die vollständige Herrschaft dauernd an sich zu reissen. Wie günstig die Centralisation, also die Vermischung solcher stammverwandter kleiner Völker wirkt, sehen wir z. B. aus der Geschichte des griechischen, latinischen und arabischen Volkes.

Bei der Vermischung solcher in Cultur, Sitte sich sehr nahe stehender und in Bezug auf die körperlichen und geistigen Charaktere wenig differirender Völker kommen eben nur die guten Wirkungen der Blutmischungen zum Vorschein, die vorzugsweise in einer grösseren körperlichen und geistigen Elasticität beruht, der Züchtung extremer, schädlicher Charaktere entgegenarbeitet und die Erstarrung der Charaktere verhindert. Es kommt hier auch zu keinem Rückschlag, wie dies regelmässig bei Vermischungen von in Bezug auf die körperlichen und geistigen Charaktere stark differirenden Völkern der Fall ist.

Kreuzen sich zwei in der Cultur weit abstehende Menschenrassen, so schwankt anfangs die Bildung einigermaassen zwischen den beiden Rassentypen hin und her; schliesslich wird ein Typus

---

*) Die Geschichte einer jeden Nation ist ein grosser Synöcismus. (Mommsen.)

feststehend, der verschieden von den beiden ursprünglichen Rassentypen doch einem der ursprünglichen Rassentypen näher steht als dem anderen. Es besteht dabei, wie es scheint, das Gesetz, dass die neue Mischrasse immer der höheren resp. älteren Culturrasse in ihren charakteristischen Eigenschaften näher steht als der niederen, dass also in allen diesen Mischungen das ältere Culturblut siegt. Eines der charakteristischen Beispiele für dieses Gesetz bilden, wie schon bemerkt, die heutigen romanischen Völker. Sie sind eine Mischrasse aus dem hochcultivirten römischen*) und dem niedrig cultivirten Germanenblut.**) Fast überall blieb das alte Culturblut der Sieger.***)

---

*) Hier verstehe ich anthropologisch alles in Frankreich, Spanien und Italien unter römischer Herrschaft vorhanden gewesene Culturblut, wenn auch verschiedener Rasse.

**) Die alten Germanen waren zweifellos ein strenges Inzuchtvolk, die sich in ihren ehemaligen Sitzen an der Ostsee im Verlaufe der Jahrtausende einen ausgesprochen langköpfigen, blonden, blauäugigen und mit weisser Haut versehenen Körpertypus gezüchtet haben. Dort, wo sie sich mit dem hohen Culturblut am Mittelmeer vermischt haben, ist dieser Typus fast vollständig untergegangen. An der Grenze im südlichen Deutschland hat auch das ältere Culturblut gesiegt und herrscht der brünette Typus und die Kurzköpfigkeit vor. Nur dort, wo sie verhältnismässig am unvermischtesten geblieben sind oder sich mit in der Cultur niedriger stehenden Völkern (Slaven) vermischt haben, hat sich der Rassentypus noch in der Majorität erhalten oder dem Mischblut seinen Typus aufgeprägt.

***) So hat das uralte Inzuchtblut der Aegypter von dem grossen Einfalle der Hyksos bis auf unsere Zeit körperlich alle Vermischungen überwunden und gute Kenner dieses Volkes behaupten, dass sich der heutige Fellah körperlich vom alten Aegypter fast gar nicht unterscheidet. Dasselbe gilt von den Juden, Hindus und Chinesen, wo auch alle Vermischungen nicht im Stande waren, den Typus des Volkes stark zu verändern.

Wie sehr auch bei den Griechen das alte Culturblut trotz aller Vermischungen in seinen Grundzügen sich siegreich erwies, beweisen folgende Notizen: Ampére sagt von den Griechen: „Unter allen Zwischenfällen, welche dieses Volk getroffen haben, hat sich der griechische Grundstock nicht geändert und documentirt sich in denselben Vorzügen und Fehlern wie ehemals". Pouque-Ville hat in Morea die Typen des Apelles und Phidias wiedergefunden, auch dieselben Charaktereigenschaften und Gewohnheiten. Die Arkadier führen noch immer ein Hirtenleben und ihre spartanischen Nachbarn sind streitbar, reizbar und unruhig. Die Byzantiner haben während des Mittelalters alle wesentlichen Züge ihrer Vorfahren behalten, nur greisenhaft, entartet und eingeschrumpft. Ribot l. c. 120.

Dies ist aber nur der Fall, wenn auf eine Vermischungsperiode eine Inzuchtperiode folgt.*) Dauern die Vermischungen an und sind die Inzuchtperioden zu kurz für die Bildung neuer Charaktere, so muss schliesslich auch altes Culturblut fast spurlos in der grossen Vermischung verschwinden. So erging es dem alten Culturblut der Chaldäer und Phönicier. So verschwand auch unter dem Einflusse fortwährender ungünstiger Blutmischung das alte römische und griechische Culturblut in den östlichen asiatischen und nord-afrikanischen Provinzen.

Hat aber auch die neue Rasse einen schon ausgesprochenen Typus erhalten, so treten noch durch sehr viele Generationen einzelne Individuen auf, die den einen oder anderen Typus der zwei Völker, die an der ursprünglichen Kreuzung betheiligt waren, auf-weisen. Dieser Rückschlag wird sich anfangs auf einen grossen Theil der körperlichen und geistigen Charaktereigenschaften er-strecken, späterhin immer mehr nur einzelne körperliche und geistige Züge betreffen.**)

Diese Zeit des Schwankens der Charaktere und des Rück-schlagens auf älteren Vorfahren angehörige körperliche und geistige Eigenschaften dauert durch mehrere Generationen***) (nach den Thierexperimenten 5—6 Generationen). Eine solche kurze Zeitdauer

---

*) Bagehot (l. c.) sieht den Rückschlag, den Mischungen hervorbringen, ganz gut ein und gibt zu, dass die Mischungen viele Verluste herbeigeführt haben, indem sie das Princip der Zucht und Ordnung zerstören. Andererseits gibt er zu, dass Mischungen nahe verwandter Nationen, deren geistige und körperliche Eigen-schaften zusammenstimmen, von vorzüglicher Wirkung waren. Er übersieht aber, dass auch Mischungen von in der Cultur weit abstehenden Nationen nach Ueberwindung des hier nothwendig entstehenden Rückschlages bei nachfolgender Inzucht zu schönen Fortschritten in der Civilisation führen. Es ist dies nur eine Frage der Zeit und der Möglichkeit, wieder strenge Inzucht zu halten.

**) So müssen wir z. B. die 11% Blonden unter den heutigen Juden und den Italienern als atavistisches Auftreten einer früheren Mischung einer dunkel-haarigen mit einer blonden Rasse bezeichnen. Wie lange solche Rückschläge in scheinbar schon ganz fixirten Rassen sich bemerkbar machen, siehe viele Beispiele bei Darwin l. c.

***) Lord Oxford kreuzte seine berühmte Parforce-Jagd-Meute mit Bull-doggen, die er wählte, weil sie keine feine Nase, aber im hohen Grade Muth und Zähigkeit besitzen, Eigenschaften, die er seiner Meute zu geben wünschte. Nach sechs oder sieben Generationen war jede Spur des Bulldoggenexterieurs aus der neuen Mischrasse verschwunden. Muth und Ausdauer aber blieben ihr. Darwin: Das Variren II. C. 15.

ist aber nur bei künstlicher Zuchtwahl oder unter äusseren sehr günstigen Verhältnissen möglich.*)

In der Naturgeschichte des Menschen sind jedoch meistens viel mehr Generationen nothwendig, um wieder einen neuen Nationalcharakter zu züchten. Solche Perioden, wo die Vermischung noch vorwiegend und die Bildung ausgesprochener Charaktere noch nicht möglich ist, bilden in der Geschichte der menschlichen Cultur dunkle Jahrhunderte (z. B. das finstere Mittelalter), wo nicht nur ein scheinbarer, sondern ein wirklicher Rückschritt in der Cultur eintreten muss. Erst nachdem die Vermischung vollendet, können unter der Herrschaft der Inzucht wieder neue Charaktere gezüchtet werden.

Zahllose solche Vermischungen müssen in der prähistorischen Zeit**) unter dem Einflusse der grossen geologischen und klimatischen Revolutionen und dem dadurch hervorgerufenen scharfen

---

*) Solche günstige Verhältnisse scheinen bei den Bewohnern von San Paolo in Brasilien vorgekommen zu sein.

Die Einwohner der Provinz San Paolo in Brasilien sind eine Kreuzung von Portugiesen mit den Gayanazen, einem friedlichen Jägerstamme und den Cariyos, einer kriegerischen, ackerbautreibenden Rasse. Aus dieser Vermischung ist eine Rasse hervorgegangen, deren Männer durch schöne Proportionen, durch physische Kraft, durch ungezähmten Muth, durch kräftige Ausdauer sich auszeichnen, deren Weiber aber in ganz Brasilien wegen ihrer Schönheit bekannt sind. Sie waren die ersten, die den Anbau des Zuckerrohres einführten und zuerst grosse Viehherden züchteten. Auch in sittlicher Beziehung, sagt Denis, lassen sie nichts zu wünschen übrig und gehören die Einwohner der Provinz zu den Gebildetsten.

Wenn diese Bastardrasse in San Paolo sich heute bereits als eine Unterrasse mit sich bildenden, festen Charaktereigenschaften darstellt, so liegt die Ursache davon zweifellos darin, dass hier die Bastarde schon seit mehreren Generationen in solcher Menge vorhanden sind, dass sie heute schon in der ganzen Provinz die vorwiegende Majorität bilden, also nach der Periode der Vermischung bereits eine Periode vorwiegender Inzucht eingetreten ist, wozu dann der wichtige erziehende Factor kommt, dass die Bastardrasse gleichwerthig wie die Weissen gilt und nicht wie anderswo, wo sie in geringer Zahl vorhanden ist, in einer verachteten Stellung sich befindet.

**) Schon für die Steinzeit in Europa können wir einen solchen Rückschritt in der Cultur, wie derselbe durch die Vermischung heterogener Culturrassen constant hervorgerufen wird, annehmen. So sagt Hamy: Mit dem geglätteten Steinbeil bewaffnete Horden treten mitten unter den Menschen der Renntbierzeit auf und unterjochen sie. Im vorhistorischen Westen bildete dieses gewaltsame Eindringen fremder Stämme und der materielle Verfall eine Erscheinung, welche mit dem Einfalle der Hyksos in Aegypten und dem der Germanen im 5. Jahrhundert unserer Zeitrechnung verglichen werden kann. Wie diese Barbaren, so werden

Kampf ums Dasein stattgefunden haben und es ist gewiss keine kühne Annahme, wenn wir behaupten, dass alle Rassenvölker, wie sie in die so späte historische Periode eintreten, schon oftmals gemischte Völker darstellen, die ihre charakteristischen Eigenschaften erst in einer ihrem historischen Auftreten vorausgegangenen Inzuchtperiode neu gezüchtet haben.

Wenn manche Anthropologen*) zweifeln, dass sich heute noch Bastardrassen mit bestimmt ausgesprochenen Charakteren bilden können, so vergessen sie, dass es dazu nicht nur vieler Generationen, sondern vor allem einer der Vermischung folgenden Inzuchtperiode bedarf, die bei dem heutigen Verkehr nicht überall möglich ist. Sicher wird es aber wieder zu einer Inzuchtperiode kommen. Hier muss man nicht mit kleinen menschlichen Zeitperioden rechnen, sondern mit dem grossen Zeitmaass der Natur. So war z. B. in Amerika durch Jahrhunderte eine intensive Vermischungsperiode im Gange. Doch beginnt Amerika sich bereits vom alten Mutterlande abzuschliessen **) und es wird in der Zukunft nicht nur zu einer stärkeren Abschliessung für den ganzen Continent, sondern auch zu einer Inzuchtperiode für die einzelnen Staaten kommen.

In Amerika hat Morton, in Frankreich Gobineau und ebenso auch Perrier behauptet, die Bastardzeugung unter Menschen habe bereits nachtheilig gewirkt und werde auch weiterhin der Menschheit zum Schaden gereichen. Die Trägerin der Cultur, die weisse Rasse werde immer mehr vermischt und hat jedes einzelne Individuum nur noch ein Drittel weissrassiges Blut gegen zwei Drittel farbrassiges Blut in den Adern, dann verfällt die Menschheit wieder in die Barbarei. Zuletzt werde durch die fortwährenden Kreuzungen auch Unfruchtbarkeit eintreten und die Menschheit werde aussterben. Dieser Irrthum wurde nur durch die gewiss richtige Beobachtung

---

sich auch jene neuen Ankömmlinge nach und nach im Verkehre mit den gesitteteren Völkerschaften geändert haben, die sie unterworfen und mit denen sie sich nach und nach vermischt haben werden. (Mitgetheilt in Lenormant l. c. S. 31.)

*) Knox und andere Anthropologen erklären, dass sich die Bastarde nur dadurch erhalten, dass die Kreuzungen ohne Unterbrechung fortgehen; blieben die Bastarde sich selbst überlassen und träten sie nicht weiter mit reinen Rassen in Berührung, so würden sie alsbald untergehen. Die Widerlegung dieser Behauptung durch zahlreiche Thatsachen siehe bei Quatrefages l. c. S. 308 u. f.

**) Amerika gibt schon die Inzuchtparole „Amerika den Amerikanern" aus.

hervorgerufen, dass Mischungen sehr verschiedener Rassen stets Rückschläge hervorrufen. Solche Mischbevölkerungen machen, wenn man sie beobachtet, solange die Periode der Vermischung dauert, was sich über viele Generationen erstrecken kann, immer den Eindruck einer mehr barbarischen Bevölkerung, da es, wie gesagt, zu der Bildung einer Inzuchtkaste mit ausgesprochenen intelligenten Charaktereigenschaften nicht kommen kann. Die Behauptung, dass Vermischungen schliesslich Unfruchtbarkeit hervorrufen, ist längst durch Beobachtungen an Thieren und Menschen widerlegt, vielmehr ist es richtig, dass durch fortwährende Inzucht unter bestimmten Verhältnissen die Fruchtbarkeit erlischt.

Richtig ist also an obiger Behauptung, dass fortwährende Vermischungen stark differenzirter Rassen einen Zustand der Barbarei und einen Culturrückschritt hervorbringen müssen, wie dies ja die grosse Völkerwanderung zur Genüge zeigt. Aber sie bildet auch den Boden, wo dann bei vollendeter Vermischung und folgender Inzuchtperiode eine neue Culturblüthe entstehen kann.

Fast alle Beobachter stimmen darin überein, dass durch die Vermischung von Menschenrassen in der Regel der Körper, was seine anatomischen und physiologischen Verhältnisse anlangt, einen grossen Nutzen hat, wenn das auch nicht gerade immer in den ersten Generationen der Fall ist. Es betrifft dieser Nutzen vorzugsweise die körperliche Kraft, die natürliche Schönheit und die Fruchtbarkeit. Was Letztere betrifft, so scheinen die Rassenvermischungen sich in Bezug auf die Fruchtbarkeit nicht gleich zu verhalten. Vermischungen extremer Rassen erweisen sich weniger fruchtbar als Vermischungen näher stehender Rassen. Das war auch nach Beobachtungen an Thieren und Pflanzenzu erwarten, denn die Fruchtbarkeit der Vermischung nimmt ab mit der Entfernung der Rassen von einander. So berichtet Elwick, dass sich die Mulatten auf der Insel Jamaica nicht über die dritte Generation fortpflanzen können. Das Nämliche behaupten Dr. Ivan aus Java und Dr. Nott von den Mulatten auf Süd-Karolina. Von den französischen Colonien berichtet Dr. Hombron, dass die Vermischung von Negerinnen und Weissen sich nur wenig fruchtbar erweist. Vermischungen von Mulattinnen und Weissen sollen hingegen ausnehmend fruchtbar sein. Doch scheinen hier auch andere Einflüsse eine Rolle zu spielen; so die Abschwächung der gezüchteten Widerstandskraft gegen gewisse gefährliche Krankheiten z. B. gegen Sumpffieber und Tuberkulose bei den Mischungen.

Sicher ist nur, dass in der Regel die Fruchtbarkeit aller Mischlingsrassen eine grosse ist und die Vermehrung eine viel raschere, als dies bei den einzelnen Rassen der Fall ist. So haben sich die anglopolynesischen Bastarde auf der Picairn-Insel $2^{1}/_{2}$ mal rascher vermehrt, als die Angelsachsen in ihrem Heimatlande sich zu vermehren pflegen.

Die körperliche Schönheit und Kraft gewinnt in der Regel bei Vermischungen, wenn man den Standpunkt der natürlichen Schönheitsbegriffe einnimmt. So besuchte der vielgereiste Engländer T a y l o r die zwischen dem Cap der guten Hoffnung und Südamerika gelegene kleine Insel Tristan de Cugna, die eine aus Negern und Weissen hervorgegangene Bevölkerung besitzt und äussert sich folgendermaassen über diese Bevölkerung: „Alle Eingeborenen der kleinen Insel sind Mulatten mit nur mässig dunkler Färbung und von schönem Wuchse. Fast alle haben weit mehr den europäischen Typus als den Negertypus (Sieg des höheren Culturblutes). Unter den jungen Mädchen zeichneten sich einzelne durch Schönheit des Kopfes und des Körpers in einer Weise aus, wie sie mir anderwärts noch nicht entgegengetreten ist, obwohl ich die Gestade der Continente, Bali mit seinen Mulattinnen, Havanna und ihre Creolinen, Tahiti mit dessen Nymphen, die Vereinigten Staaten und dessen schöne Frauen kenne."

Auch die Mischlinge auf Haway werden als eine besonders schöne Rasse geschildert.

Eine c h a r a k t e r i s t i s c h e Schönheit, wie wir sie z. B. beim hohen Adel aller Länder gezüchtet finden, kann aber nur durch strenge Inzucht entstehen. Wie verschieden in dieser Beziehung der Geschmack der einzelnen Inzuchtvölker ist, ist bekannt und was das eine Volk für schön hält, gilt dem anderen als hässlich. Es dürfte aber kaum bezweifelt werden, dass eine Art von Schönheit, wie sie uns in den besten Werken der griechischen Künstler erhalten ist, s i c h n u r i n e i n e r I n z u c h t k a s t e bilden kann, die dem harten Kampf ums Dasein entrückt ist. Ein solches Schönheitsideal muss aber früher oder später degeneriren und darum verschwinden. Echte, natürliche Schönheit hat vollste Correlation zwischen Körper und Geist zur

Bedingung und kann sich nur dort bilden und erhalten, wo Körper und Geist gesund und in vollster Harmonie ausgebildet und vererbt werden. Daher muss bei allen hohen Culturvölkern und Inzuchtkasten, wo diese Harmonie zwischen Körper und Geist im Degenerationsstadium verloren geht und die eine Richtung auf Kosten der anderen gezüchtet wird, die wahre, harmonische Schönheit abnehmen, und wird dann bei diesen Völkern und Kasten ein Schönheitsprincip zur Geltung kommen, welches von den natürlichen Schönheitsregeln mehr oder weniger abweicht. Dieses verschrobene Schönheitsprincip spricht sich dann auch in den geistigen Producten solcher degenerirender Inzuchtvölker und Kasten aus.

Wir können den Gang dieses Processes, in der Kunst sowohl der Griechen als auch der Römer beobachten und werde ich auf diesen Gegenstand noch bei diesen Völkern zu sprechen kommen. Zum mindesten tritt eine Erstarrung in der Kunst ein, wie wir dies bei den Aegyptern in auffallender Weise beobachten können.

Da die geistigen Charaktere für den Menschen die wichtigeren sind und auf die Züchtung derselben von jeher das grösste Gewicht gelegt wurde, so müssen die Folgen der Vermischungen auch hier auffallendere sein. Es ist sehr naheliegend, dass die Beobachtung dieser auffallenden Veränderung im Charakter der Nachkommen die Abneigung gegen die Ehe mit „anders" Gearteten hervorbringen musste. Dass die Menschen auch ohne tiefere naturphilosophische Induction rein nur auf dem Wege der Beobachtung die Wirkung der Vermischungen auf die geistigen Charaktere richtigbeurtheilten, beweisen die Gesetze des Manu.*) In diesen Gesetzen über die Vermischung der Kasten wird deutlich ausgesprochen, dass durch solche Vermischung sowohl ein körperlicher als auch geistiger Rückschlag der gezüchteten Vorzüge der höheren Kaste eintritt. Wenn auch in der ganzen historischen Zeit alle führenden Kasten die Vermischung des reineren adeligen Blutes perhorrescirten und der ausgesprochenen Ansicht waren, dass eine solche Vermischung eine Schande für die Kaste sei, so ist doch der wahre Grund nirgends so deutlich ausgesprochen wie in den Gesetzen des Manu.

---

*) Siehe hierüber Rhode l. c.

Bei der Vermischung spielt aber nicht nur der verschiedene Grad der Cultur, also die mehr oder weniger feine aber gesunde Organisation des Gehirns eine Rolle, wir müssen auch bedenken, dass in der Zeit der fortgeschrittenen Cultur das d e g e n e r i r t e Gehirn, besonders bei der Vermischung der führenden Kasten ein wichtiger Factor ist. Wir sind über die Wirkungen dieses Factors erst im Beginne des Erkennens und nur analoge Beobachtungen legen es uns nahe anzunehmen, dass durch denselben die Veränderungen der Charaktere bei Vermischungen noch mehr verstärkt werden und auch die Zeitdauer dadurch sehr beeinflusst wird, die nöthig ist, um die Wirkungen des Rückschlages auf die gemischten Nachkommen wieder auszugleichen.

So bedurfte Italien fast eines Zeitraumes von tausend Jahren, um wieder zu einer geistigen Blüthe zu kommen. An dieser langen Zeitperiode war höchst wahrscheinlich die bedeutende Degeneration der Römer und ihre Folgen auf die vermischten Nachkommen der Germanen und der Römer schuld, wodurch der Rückschlag ein so starker wurde.

Wie uns die Geschichte in zahlreichen Fällen lehrt, findet bei der Vermischung eines gesunden mit einem degenerirten Volke in Folge des dadurch auftretenden verstärkten Rückschlages und moralischen Verfalles eine enorme natürliche Auslese unter den Nachkommen der gemischten Familien statt. Dies erklärt uns einigermaassen das merkwürdige Schicksal, welches z. B. die ersten Generationen der germanischen Eroberer in Italien, Gallien, Spanien und Afrika erfuhren.*)

---

*) Der Adel eines in der Cultur tiefer stehenden Volkes, wenn er noch gesund und nicht degenerirt ist, hat immer die Tendenz, sich mit edlen Frauen höheren Culturblutes zu vermischen. „Die Fürsten des Nordens — die Völker ohne Glauben und Ruhm, sagt C o n s t a n t i n — strebten ihr Blut mit dem Blute der Kaiser, entweder durch die Vermählung mit einer kaiserlichen Jungfrau oder die Verheiratung ihrer Töchter mit einem römischen Fürsten zu vermengen." (G i b b o n l. c.) Solche Vermischungen der erobernden germanischen Herrscherfamilien werden wohl überall stattgefunden haben. Wie sehr die körperliche und geistige Gesundheit der germanischen Häuptlingsfamilien durch Vermischung mit diesem d e g e n e r i r t e n Blute verändert wurde, dafür spricht der rasche Verfall dieser Familien. Obwohl wir keine genauen genealogischen Daten über den Grad der Vermischung besitzen, so zwingt uns der rasche körperliche und geistige Verfall, z. B. des Meroviuger Geschlechtes zu dieser Annahme, da die Verän-

Zweifellos hat das vermischte Wohnen an und für sich ohne Blutmischung schon die Wirkung, dass die Sitten und Gebräuche der Völker sich vermischen; dies geschieht aber nur sehr langsam und selten ausgiebig. Doch kann man hier stets die Beobachtung machen, dass nicht nur zur geschlechtlichen sondern auch zur moralischen Vermischung gewöhnlich zuerst die extremen Stände, der verkommene Adel und das Proletariat am leichtesten neigen und der gesunde Kern des Volkes am längsten widersteht.[*)]

Dieser gesunde und sich nur sehr langsam vermischende Kern der Bauernbevölkerung zweier Völker ist es, von dem dann langsam die Regeneration unter dem harten Kampfe ums Dasein und der ungehinderten, scharfen natürlichen Auslese ausgeht und in welchem auch die Keime zum neuen Nationalcharakter und der neuen führenden Kaste gebildet werden.

Alle Thierzüchter seit den ältesten Zeiten haben die Folgen der Vermischung bei den Hausthierrassen richtig erkannt und ohne Darwin und seine Schule von jeher sich von den Principien der

---

derungen der äusseren Lebensverhältnisse dazu nicht ausreichend sind. Für den moralischen Rückschlag, den in den ersten Generationen die in Gallien eingedrungenen Germanen durch Vermischung erlitten, spricht ein Bericht Gregors von Tours sehr deutlich und dies umsomehr, wenn man diesen Bericht mit der Beschreibung des Tacitus vergleicht.

„Niemand fürchtet oder ehrt mehr seinen König, seinen Herzog, seinen Grafen. Jeder liebt Unheil zu stiften und fröhnt ohne Scheu seinen verbrecherischen Gelüsten. Der mildeste Besserungsversuch erregt sogleich einen Aufruhr und der verwegene Häuptling, der seine Unterthanen zu tadeln und im Zaume zu halten versucht, entgeht selten ihrer Rache.“ Gibbon XXXVIII. C.

Auch hier ist die Veränderung eine so auffallende und tiefgreifende, wie sie nur durch moralischen Rückschlag hervorgerufen durch Eindringen von degenerirtem Blute in den gesunden Volkskörper zu erklären ist. Einen ähnlichen moralischen Rückschlag zeigten die vermischten Nachkommen der Deutschen in Palästina zur Zeit der Kreuzzüge.

„Die Kinder der ersten Eroberer waren ein entartetes Mischlingsgeschlecht; sie wurden aus Hohn „Pullani“ (Poullains) genannt und ihr Name wurde nie ohne Verachtung ausgesprochen.“ Gibbon LVIII. C.

Die Bewohner von Akre bildeten zur Zeit der Kreuzzüge ein Bild stärkster Vermischung. Von allen Anhängern Jesus und Mahommeds galten die Bewohner Akres für die verderbtesten. Gibbon LVIII. C.

*) Theodorich, der alle Mittel der Staatsgewalt anwendete, um seinen Gothen ihre nationalen Sitten zu erhalten, war doch zu dem Ausspruch, der auf Erfahrung sich gründete, genöthigt: Romanus miser imitatur Gothum et dives Gothus imitatur Romanum.

strengsten Zuchtwahl leiten lassen, wenn sie besondere Varietäten züchten und erhalten wollten. Das Merkwürdigste aber ist, dass der heutige Culturmensch trotz der vieltausendjährigen, theils instinctiven, theils empirischen Erfahrung unserer Vorfahren, trotz der eben so langen Erfahrung der Züchtung bei den Hausthieren und Nutzpflanzen und trotz der nun auch wissenschaftlich begründeten Principien in Bezug auf die Züchtung der Charaktere diese Principien bei seiner Fortpflanzung fast ganz glaubt missachten zu können und beim Eingehen einer Ehe alles andere eher für ausschlaggebend erachtet, als die Erhaltung gewisser vortheilhafter und durch viele Generationen gezüchteter Charaktere.*)

Wenn einmal beim Eingehen der Ehe fast nur das Eigenthum als ein ausschlaggebender Factor angenommen wird, dabei alle Nationen, Stände und Kasten unter einander gewirbelt werden, wie dies durch die Herrschaft der modernen Ansichten und unter dem Einflusse des modernen Verkehrs geschieht, so muss man sich nicht wundern, wenn ausgesprochene Völker- und Standescharaktere sich nicht bilden können oder wenigstens nur mehr dort zu finden sind, wo noch auf eine strengere Inzucht und natürliche Zuchtwahl instinctiv gehalten wird.

Unter einem gesunden Inzuchtvolke und einer noch nicht degenerirten führenden Kaste wird eine auf das persönliche Eigenthum basirte Zuchtwahl keinen Schaden anstiften; im Gegentheil, da die geistig Tüchtigeren und körperlich Kräftigen eher in der Lage sein werden, sich eine grössere Menge von Gütern zu erwerben, wird hier also der Reichthum wieder eine Ursache der engeren Inzucht, was in gesunden Verhältnissen nur nützlich für die Züchtung von hervorragenden Charakteren sein muss. In solchen Zeiten spielt aber der Reichthum bei der Zuchtwahl keine ausschliessliche Rolle und kommen doch auch noch wichtigere geistige und körperliche Eigenschaften zur Sprache. In Zeiten der Degeneration aber hat das persönliche Eigenthum, wie die Geschichte aller führenden Kasten beweist, bei der Zuchtwahl stets eine solche Rolle gespielt, dass die schädlichen Folgen auch klar vor Augen traten, wie dies der griechische Gnomiker Theognis von Megara bereits schildert:

---

*) Schon Theognis sagt: „Aus einer Zwiebel wächst weder eine Rose noch eine Hyacinthe; und so wächst auch aus der Sklavin kein edles Kind".

„Widder zur Zucht und Esel erspähen wir, Kyrnos, und edle
„Ross' und ein jeglicher will solche von wackerm Geschlecht
„Aufziehn; aber zu freien die schuftige Tochter des Schuftes
„Kümmert die Edlen nicht, bringt sie nur Schätze zu ihm.
„Auch nicht weigert ein Weib sich, des Schuftes Gattin zu werden,
„Ist er nur reich, weit vorzieht sie der Tugend das Geld.
„Darum wundre dich nicht, Polypädes, wenn ins
        Gemeine
„Sinket der Bürger Geschlecht, wenn Edles mit
        Schuftigem sich mengt.“

Zusammenfassung.

Wir sehen also in der Vermischung der Völker einen nicht
minder wichtigen Factor für das Fortschreiten der menschlichen
Cultur als in der Inzucht. Wie es ohne engere Inzucht, ohne
Bildung einer führenden Inzuchtkaste keinen nennenswerthen Culturfortschritt in einem einzelnen Volke gibt, so würde die Menschheit im Allgemeinen ohne Vermischung in der Cultur nur
sehr langsam oder gar nicht fortschreiten können.*)

Die Hauptwirkung der Vermischung ist die Erhaltung der
körperlichen Constitution und die Veränderung der Charaktere.
Sie erhält das Blut und das Nervensystem gesund und beweglich
und wirkt der Ausbildung extremer Charaktere entgegen, ist also

---

Das sind jedenfalls rationellere Ansichten über die menschliche Zuchtwahl, als sie
heute im Zeitalter Darwins und seiner Schule fast überall Geltung haben und in
noch potenzirterem Grade von der modernen socialdemokratischen Richtung pro-
pagirt werden, die sich noch — was jedenfalls das Merkwürdigste ist — auf
Darwin zu berufen wagt

*) Bagehot (Ursprung der Nationen, S. 69) hat sehr richtig erkannt, dass
für den Fortschritt der Civilisation ein Wechsel des Zustandes des Beharrens mit
dem Zustand der Veränderung das Nothwendige ist. Aber er erklärt nicht genügend,
auf welche Weise dies geschehen kann und er muss zugeben, dass bei diesem
geschichtlichen Vorgange, wo also Nationen von dem Zustande des Beharrens in
den der Veränderung eingetreten sind, fast alle Nationen zu Grunde gegangen
sind. Er übersieht, dass der Zustand der Veränderung nur durch Degeneration
der Völker oder Stände hervorgebracht wird und jedes Volk in diesem Zustand
schwach ist und leicht besiegt werden kann.

in ihrer Wirkung gerade das Gegentheil der Inzucht, deren Wirkung die Fixirung und Erstarrung der Charaktere ist, die Züchtung extremer Charaktere begünstigt und weiterhin die körperliche Constitution und Reproductionskraft schwächt. Die Natur hasst aber alles zu weit ins Extrem Gezüchtete und begünstigt stets und überall die goldene Mittelstrasse. Alle extremen durch die Wirkung vorwiegender Inzucht entstandenen Culturen müssen also zu Grunde gehen. Durch die Vermischung der Träger dieser Culturen besonders mit auf niederer Culturstufe stehenden aber gesunden Völkern wird wohl anfangs ein Rückschlag im Vergleich mit der erreichten Cultur des speciellen Volkes hervorgebracht, es wird aber dadurch ermöglicht, dass die späteren Nachkommen dieser Mischung eine neue Culturstufe mittels der Vererbung der bereits gezüchteten Ganglien nach überwundenem Rückschlag rascher erreichen. So wie also die Inzucht der Bildung der Culturganglien dient, so dient die Vermischung der Verbreitung derselben. Trotz des vorübergehenden Rückschrittes der Cultur beschleunigt sie doch, wenn wir den Standpunkt der Menschheit im Allgemeinen annehmen und grosse Zeiträume berücksichtigen, ganz ausserordentlich den Fortschritt der Cultur, da ohne Blutmischung und erbliche Uebertragung von Culturganglien, wie wir an wilden Völkern sehen können, die Fortschritte der Cultur ausserordentlich langsam sind und nur äusserlich haften.

Die Vermischung der Völker dient aber nicht nur der Verbreitung der von einzelnen Völkern gezüchteten Culturganglien, also der Verbreitung des Fortschrittes, sondern sie ist auch das einzige Heilmittel gegen die durch vorwiegende Inzucht hervorgerufenen schädlichen Folgen: Der Erstarrung der Charaktere und extremen Ausbildung derselben, vor allem aber gegen die krankhafte und zugleich erbliche Degeneration der Inzuchtkasten und Völker. Die Natur ist aber eine gründliche Heilkünstlerin. Es findet bei dieser Cur und den in Folge derselben herbeigeführten Consequenzen nicht nur eine gründliche Auslese der noch Anpassungsfähigen statt, sondern die Cur kann nur gelingen durch den geschichtlichen Untergang der Inzuchtkaste oder des Inzuchtvolkes, welcher geschichtliche Tod aber nicht zugleich ein anthropologischer ist.

So spriesst immer neues Leben aus den Ruinen! Wenn es
aber auch das Schicksal aller Pfadfinder der Cultur ist, geschichtlich
zu Grunde zu gehen, so ist dies nur vom Standpunkte des Völker-
Egoismus und des Geschichtsforschers traurig, vom Standpunkte
der Menschheit im Allgemeinen aber erfreulich, und muss als
eine naturgeschichtliche Nothwendigkeit betrachtet werden, denn
nur auf diese Weise kann die Menschheit stetig fortschreiten.

Kastenbildung.

Es wurde bereits hervorgehoben, dass die Neigung das Inzuchtprincip hochzuhalten bei den einzelnen Völkerstämmen stets sehr verschieden war und es heute noch ist. Die Beobachtung dieses verschiedenen Verhaltens vieler heutiger roher Völker hat M'Lennan bewogen, eine eigene Eintheilung in endogame und exogame Stämme zu treffen. Unter endogamen Stämmen versteht M'Lennan solche, bei denen die Regel eine Verheiratung innerhalb des Stammes ist, während bei exogamen Völkerstämmen es verboten ist, eine Frau aus gleichem Stamme oder gleicher Sippe zu heiraten. Da aber bei den exogamen Stämmen die Frauen doch gewöhnlich aus anthropologisch verwandten und in den Charakteren nicht sehr verschiedenen Stämmen genommen werden, so haben wir es hier nur mit einem sehr erweiterten Inzuchtprincip zu thun, während die endogamen Stämme das Inzuchtprincip strenger fassen.*) Die Ursachen dieses verschiedenen Verhaltens sind sehr verwickelte, doch spielen in erster Linie hier geographische Verhältnisse des Wohnortes und angeborene, geistige Anlagen eine wichtige Rolle. Sicher ist aber, dass bei exogamen Völkern die Bildung einer führenden Kaste mit ausgesprochenen Charakteren schwerer möglich ist, und dass darum solche Völker in der Geschichte der menschlichen Cultur, solange sie dieser Sitte treu bleiben, niemals eine hervorragende Rolle spielen können. Sie werden fast immer strengen Inzuchtvölkern gegenüber, bei denen die Züchtung einer führenden Kaste etwas Natürliches ist, im Kampfe ums Dasein unterliegen. Dafür kommen aber auch exogame Völker nicht in die Gefahr, körperlich zu degeneriren und geistig zu erstarren, wie es bei den strengen Inzuchtvölkern und Kasten regelmässig der Fall ist. Diese Völker bilden daher ein wichtiges Glied im Haushalte

---

*) Ueber diese Verhältnisse bei den heutigen rohen Völkern siehe Lubbock: „Entstehung der Civilisation“. S. 107.

der Natur, da, wie wir gesehen haben, durch diesen körperlich gesunden und geistig beweglich und empfänglich gebliebenen Einschlag, die Auffrischung degenerirter Völker und Kasten regelmässig erfolgt.

Abgesehen von der geistigen Anlage jener Stämme, welche durch natürliche Zuchtwahl die socialen Instincte stärker entwickelt haben und die darum zum strengeren Einhalten des Inzucht-principes von Anfang an neigten, waren geographische Verhältnisse des gewählten Wohnsitzes von grosser Bedeutung für die Möglich-keit, diesem Principe treu zu bleiben.

Es wurde früher hervorgehoben, dass der Ackerbau und das sesshafte Leben die Voraussetzung zur Theilung der Arbeit ist. Je früher also ein Volk zur Sesshaftigkeit kam, desto früher war nicht nur eine Theilung der körperlichen Arbeit, sondern auch eine Theilung der geistigen Arbeit, also die Bildung einer führen-den Kaste, möglich. Ich habe auch in dem Capitel über die Ursachen der Inzucht erwähnt, dass es in jenen Zeiten von Natur aus geschützte Wohnsitze gab, wo ein Volk mehr vor Vermischung geschützt und wo also die Züchtung hervorragender geistiger Eigenschaften früher möglich war.

Es wird dem Leser aufgefallen sein, dass dies meistens auch Länder sind, deren Bevölkerung in der Geschichte der mensch-lichen Cultur eine hervorragende Rolle gespielt hat. In dem Theile, wo ich die geschichtlichen Belege für die hier im Allgemeinen aufgestellten Behauptungen an der Hand der Geschichte der hervor-ragenden Inzuchtvölker zu erbringen habe, werde ich noch auf diese natürlichen Schutzwälle der Sesshaftigkeit und des Inzucht-principes des Näheren eingehen.

Hier will ich nur andeuten, auf welche Weise diese geschützte Lage nicht nur die Sesshaftigkeit und Inzucht im Allgemeinen begünstigte, sondern auch dazu beitrug, dass die Bildung einer führenden Kaste hier sicherer und regelmässiger vor sich gehen konnte. Lagen nämlich solche von der Natur geschützte Länder in einem Klima, wo der Boden fruchtbar und Nahrung für eine grössere Menschenmenge leicht zu beschaffen war, so fiel in erster Linie der Grund weg, zu wandern. Auch zwang die Natur die Menschen, wollten sie bei wachsender Be-völkerung die natürliche Festung nicht aufgeben, die in derselben vorhandenen natürlichen Hilfsquellen ausgiebiger auszubeuten.

Solange ein Volksstamm ein nomadisirendes Leben führt und führen muss, ist er nicht nur mehr der Vermischung ausgesetzt, er ist auch nicht im Stande, eine führende Kaste zu züchten, die die Musse hätte, die feinere Ausbildung der intellectuellen Charaktere in Angriff zu nehmen*). Ein solcher Stamm wird bei Hochhaltung des Inzuchtprincipes es wohl zur Ausbildung gewisser hervorragender Charaktere, wie z. B. Tapferkeit, Muth, bringen, aber für den eigentlichen Fortschritt der menschlichen Cultur wenig oder gar nichts zu leisten im Stande sein. Anders ein Stamm, dem die geographischen Verhältnisse seines Wohnsitzes ermöglichen, zur Sesshaftigkeit überzugehen. Dass dies in den Zeiten des vorwiegenden Jäger- und Hirtenlebens und dadurch bedingten fortwährenden Kampfes nur in diesen, besonders von der Natur geschützten und darum leicht zu vertheidigenden Ländern möglich war, ist einleuchtend. Es ist darum kein Zufall, dass die Geschichte der Cultur zuerst in Aegypten beginnt, sondern eine naturwissenschaftliche Nothwendigkeit, weil, wie wir sehen werden, kein anderes Land der Erde einem Volke einen so natürlichen Schutz verlieh, um sich sesshaft machen zu können und Vermischungen mit anderen Völkern zu verhüten.

Auch ist es begreiflich, dass in diesen von der Natur geschützten und durch das Klima begünstigten Ländern in Folge der Sesshaftigkeit zuerst die Vaterlandsliebe und die mit derselben und mit der Stetigkeit der Lebensweise bedingten conservativen Charaktere sich ausbilden konnten. Dadurch aber, dass diese Stämme vor Vermischung durch die Natur besser geschützt waren, konnten sich die geistigen Charaktere, die beim Menschen immer mehr den Ausschlag geben als die körperlichen, nicht nur ruhiger entwickeln, ohne fortwährende Verschiebungen und Abschwächungen durch Rückschlag zu erleiden, sondern sie konnten sich auch im Verlaufe der Generationen fester fixiren. Auch werden sich bei solchen geschützten und sesshaften Nationen leichter die ersten Anfänge des persönlichen Eigenthums ausgebildet haben,

---

*) Der Nomade ist heute noch gezwungen, die Kenntnis der rohesten Hantirungen der nothwendigsten Gewerbe in sich zu vereinigen.

die es dann einer bevorzugten Inzuchtkaste ermöglichten, mehr
Zeit und Arbeit auf die höhere Ausbildung der dem Stamme eigenthümlichen Charaktereigenschaften zu verwenden, die sie dann
wieder durch strengere Inzucht unter sich vererbten und fixirten.

Auf diese Weise konnte das entstehen, womit alle historischen
Inzuchtvölker bereits in die Geschichte eintreten, eine führende
Inzuchtkaste, welche die schon durch Generationen gezüchteten
und fixirten Charaktereigenthümlichkeiten des Stammes im höheren
Grade besass.

Die Geschichte der Bildung der führenden Kasten der ältesten
Völker entzieht sich unserer Forschung, da dieselben bereits mit
mehr oder weniger ausgebildeten Kasten in die Geschichte eintreten. Was wir aus der Geschichte nachweisen können, gehört
bereits durchwegs einer höheren Entwickelung an.

Bluntschli hat die Aufgaben einer führenden Kaste folgendermaassen zusammengefasst: „Eine Nation kann zu ihrem historischen
Leben eines Adels (einer führenden Kaste) nicht entbehren. Es ist
in der Nation immer eine aristokratische Minderheit nöthig, die
eine selbstständige, der Mehrheit oft unverständliche Aufgabe hat,
welche für die Güter einsteht, die von der Menge oft verkannt,
oft verworfen werden, welche die edlere Sitte bewährt, den Ruhm
der Geschlechter und die Ehre der Familien erhält, aller Roheit
widersteht und die höhere Cultur zur Blüthe und zu Früchten
bringt. Der Staat bedarf dieser selbstständigen Mittelmacht, um
das Gleichgewicht der übrigen Mächte zu erhalten, die übertrieben
rücksichtlose Herrschaft des Demos oder des Fürsten zu ermässigen,
die Autorität des überlieferten Rechtes zu bewahren und das
Recht der Minderheit zu schützen.“

Diese Adelstheorie Bluntschli's ist eine mehr künstliche und
den schon fortgeschrittenen Culturzuständen angepasste. Richtiger
scheint mir aber eine auf natürlichen Gesetzen aufgebaute
Theorie der Bildung der führenden Kasten zu sein, wie ich sie
in den folgenden Blättern zu geben versuchen werde. Auch lassen
sich an der Hand der natürlichen Theorie über die führenden
Kasten die Schicksale derselben, wie sie uns mit einer gesetzmässigen Regelmässigkeit in der Geschichte erzählt werden, besser
erklären.

Die Geschichte aller alten Völker lehrt uns, wie Bluntschli sagt, dass ohne eine führende Kaste kein Volk eine hervorragende Rolle spielen kann. Je weiter wir in der Geschichte zurückgehen, eine desto grössere Bedeutung haben diese führenden Inzuchtkasten im Leben der hervoragenden Völker gehabt. Ich werde auf diese Thatsache bei den einzelnen Völkern noch speciell ausführlicher eingehen: hier handelt es sich nur darum, die allgemeinen Gesichtspunkte festzustellen, unter denen sich die Bildung der Inzuchtkasten bei den hervorragenden Inzuchtvölkern vollzog.

In den prähistorischen Zeiten, solange die Völker noch auf der Wanderung waren und es kein privates Eigenthum an Grund und Boden gab, konnte es auch, wie schon erwähnt, keine führende Kaste im Sinne des historischen Adels geben, da derselbe, soweit wir dies übersehen können, mit Ausnahme der Brahmauen-Kaste*) überall im Besitz von Grund und Boden seine Wurzel hatte. Erst unter der Herrschaft des persönlichen Eigenthums war die Basis für die Bildung einer wirklich führenden Kaste gegeben. Die erste Bedingung der echten Kastenbildung war also grössere Sesshaftigkeit, verbunden mit persöhnlichem Besitz, sei derselbe nun mobilen (Viehherden) oder immobilen Charakters (Grundbesitz). Da die verfügbaren und begehrenswerthen Länder der Erde lange schon vor der prähistorischen Zeit besiedelt waren und also bessere Weiden oder Ackergründe fast nur mehr im Wege der Eroberung erlangt werden konnten, so ergab sich daraus von selbst die gewöhnliche Art der Kastenbildung: Das Recht des Stärkeren und die Unterjochung eines Landes und seiner Bewohner ergab von selbst die Scheidung der Freien und Unfreien. Diese Kastenbildung wird dort, wo der unterjochte Stamm ein in den körperlichen und geistigen Charakteren verwandter war, nicht von langer Dauer gewesen sein, da unter solchen Verhältnissen die Abneigung gegen Vermischungen nicht gross sein konnte und das vermischte Siedeln die Gelegenheit dazu bot. Die Vermischung wird um so leichter eingetreten

---

*) Es zeigt die grosse Weisheit des Gesetzgebers der Hindus, dass er der obersten führenden Kaste geradezu verbot, Reichthümer anzusammeln. Dasselbe gilt von der Priester-Kaste bei den alten Juden.

sein, wenn sich unterdessen aus der freien Kaste auf Grundlage eines grösseren Besitzes von Boden und unfreien Arbeitern eine führende Kaste im engeren Sinne des Wortes abgezweigt hat. Während im Volke eine ausgiebigere Vermischung stattfindet, sucht ein Theil des freien Volkes sich sein Blut möglichst rein zu erhalten. Dieser Process scheint z. B. in Aegypten sich schon vor Eintritt in die historische Zeit abgespielt zu haben, während wir ihn bei anderen Völkern, z. B. den Germanen, in der historischen Zeit noch deutlicher verfolgen können.

Dort, wo die Rassenunterschiede zwischen dem Herrenvolk und den Unterjochten gross waren, wie z. B. in Indien, bleibt die Scheidewand aufrecht und findet eine ausgiebige Vermischung nicht statt oder geht nur sehr langsam vor sich.

Es ist also sehr wahrscheinlich, dass die Scheidung eines Volkes in die zwei Kasten, Freie und Unfreie, die Bildung kleiner führender Inzuchtkasten bei diesen Völkern vorbereitet und erleichtert hat.

Die alte Horden- oder Sippenverfassung war, solange es kein persönliches Eigenthum gab, auf gleichen Rechten und gleichen Pflichten aufgebaut. Sie wählten sich im Kriege ihre Führer aus den Besten unter den Freien. Es gab also nur einen Meinungsadel, d. h. das Wesen dieser Führer war von dem der gemeinen Freien nicht verschieden, sondern nur aus derselben Wurzel in höherem Grade fortgebildet *)

Diese Erhebung des Führers beruht also nicht auf von aussen gegebenen Grundlagen, sondern lediglich auf der innersten Ueberzeugung des gesammten Volkes; seine Herrschaft über dieses, wo er an dessen Spitze tritt, ist keine nothwendige durch Zwang auferlegte, sondern auf freier Wahl der Beherrschten begründet; es ist die Herrschaft über Gleiche oder des primus inter pares (Maurer). So finden wir bei allen nordischen Völkern, von denen wir aus ihrer geschichtlichen Kindheit einige Notizen haben, noch keine e r b l i c h e führende Kaste, sondern die Völker bestanden aus Freien und Unfreien und das ganze Herrenvolk

---

*) Siehe hierüber den genauen Nachweis im Staatslexicon von R o t t e k und W e l k e r, wo auch die ganze Streitfrage über den deutschen Uradel endgiltig abgehandelt wird.

nahm in diesem Stadium denselben Vorrang und dieselben Vorrechte für sich in Anspruch. Dasselbe galt z. B. auch für Sparta.

Buckle hat in seiner Geschichte der Civilisation Englands die Ursachen überzeugend nachgewiesen, warum es in südlichen fruchtbaren Ländern früher und leichter zur Bildung solcher führenden Kasten mit grösserem Besitze von Reichthum und der damit zusammenhängenden höheren Machtstellung kommt als in gemässigten und kühleren Klimaten.*) Wir sehen daher bei südlichen Völkern die Herrschaft einer führenden Kaste früher als bei nördlicher wohnenden sich bilden und was wichtig ist, auch die Erblichkeit und Inzucht bei diesen Kastenmitgliedern eintreten, wodurch sowohl die guten als auch schlechten Folgen der Inzucht bei diesen Völkern sich früher zeigen, als bei Völkern in gemässigtem und nördlichem Klima, wo der durch den härteren Kampf ums Dasein gezüchtete Freiheitssinn, die Energie des Willens und grössere körperliche Kraft jedes Einzelnen dem Aufkommen einer erblichen führenden Kaste grössere Schwierigkeiten entgegensetzte. Mit der Eroberung von südlichen, fruchtbareren Ländern, ferner unter dem Einflusse der grösseren Sesshaftigkeit und des persönlichen Eigenthums kommen auch diese Völker nach und nach zu einer führenden erblichen Adelskaste und erst damit fangen sie an, in der Geschichte eine bedeutendere Rolle zu spielen.**) Denn nur durch die Bildung und Züchtung einer führenden erblichen Kaste ist es einem Volke möglich, im allgemeinen Wettkampfe der Geister, wie sich derselbe in der Geschichte der Menschheit ausprägt, etwas von Bedeutung zu leisten.

Die Scheidung eines Volkes in das erobernde, freie Herrenvolk und die unterjochten Unfreien hat in erster Linie sicher dazu beigetragen, den Nutzen der Arbeitstheilung besser ad oculos zu demonstriren, als dies früher bei dem unvermischten Siedeln

---

*) Buckle hat aber die Wichtigkeit der Inzucht und die natürlichen Schutzwehren für dieselbe ganz übersehen. Es ist leicht zu widerlegen, dass Klima und Fruchtbarkeit des Bodens allein die Ausbildung solcher Kasten nicht hervorbringen können.

**) Sowohl bei Dänen, Schweden, Norwegern, bei den Franken, Angelsachsen, Ost- und Westgothen und den Burgundern ist in der ältesten Zeit kein erblicher Adelsstand zu finden. Die Freien waren die Adelsmänner, freigeborene Männer. Staatslexicon.

möglich war. Früher haben die Völker den Nutzen geistiger Leitung nur im Kriege anerkannt. Nun konnte man auch den Nutzen der Arbeitstheilung im grossen Maasstabe im Frieden beobachten, indem es möglich war, mit Hilfe des Gehorsams der Unfreien Arbeiten auszuführen, zu denen die Freien nicht gezwungen werden konnten.*) Der offenkundige Nutzen dieser Arbeitstheilung, wodurch es auch möglich war, mehr Musse auf die Ausbildung der charakteristischen, geistigen Anlagen des Volkes zu verwenden, hat es nach und nach dahin gebracht, dass selbst die freiheitsliebendsten Völker des Nordens sich das Joch einer führenden Kaste, wenn auch widerwillig und unter vielfachen Reactionen auferlegen liessen.

Dieser hochinteressante Kampf, der sich bei den alten Culturvölkern meist schon vor der historischen Zeit, bei anderen jüngeren Völkern sich noch in der historischen Zeit abspielte, gleicht der Zähmung der wilden Thiere zu Hausthieren, wobei der Rolle des Menschen den Thieren gegenüber die Rolle der führenden Kasten den einzelnen Völkern gegenüber entspricht. Durch die führenden Kasten wurden die wilden Stämme unter das sanfte Joch der Civilisation gezwungen.

Aus dieser ersten Form der Kastenbildung, den Freien und Unfreien, zweigte sich bald eine kleinere Inzuchtkaste ab, deren oberstes Princip darin bestand, das Blut der Eroberer rein zu halten, und die sich nicht nur vor der Vermischung mit den Unterjochten, sondern auch vor der Vermischung mit der sich bildenden Mischrasse frei hielten. Dieses Hochhalten des reinen Blutes wird dort, wo die unterjochte Masse in den Charakteren sehr verschieden war, überall viel strenger durchgeführt worden sein, als dort, wo die Unterschiede nur unbedeutend, ja sogar eine Stammverwandtschaft geherrscht hat.

---

*) Gumplowicz (l. c. S. 237) sagt diesbezüglich Folgendes: „Schliesslich ist Herrschaft nichts anderes als eine durch Uebermacht geregelte Theilung der Arbeit, bei der den Beherrschten die niedrigeren und schwereren, den Herrschenden die höheren und leichteren Arbeiten (oft nur Befehlen und Verwalten) zufallen. Wie aber ohne Theilung der Arbeit keinerlei Cultur denkbar ist, so ist ohne Herrschaft eine gedeihliche Theilung der Arbeit nicht möglich, weil sich freiwillig niemand zur Leistung der niedrigeren und schwereren Arbeiten hergeben wird.“

Ob nun eine Kaste vorwiegend kriegerische Fähigkeiten, Tapferkeit und Treue, wie der alte deutsche Adel, oder Staatsklugheit und Vaterlandsliebe bis zur Selbstvergessenheit pflegte, wie die alten römischen Patricier, oder ihre ganze Kraft auf die Ausbildung des religiösen Sinnes verlegte, wie die Brahmanen und Leviten, das bleibt sich für die Beurtheilung gleich, und hängt von der geistigen und körperlichen Befähigung des Volkes ab. Jede solche führende Kaste ist im Anfange nichts anderes als der geistige Extract eines Volkes, ob man sie nun principes, primates, primi, optimates, magnates, proceres, senatores, majores, seniores, sapientes, oder Edelinge nennt. Bei allen Völkern waren es diejenigen, welche die körperlichen und geistigen Anlagen des Volkes in potenzirtem Maasse besassen, also eine höher stehende Varietät der betreffenden Rasse darstellten. Nach dem mächtigen Gesetze der Gesellung von Gleich und Gleich werden sich diese Familien, die bei den kleinen Völkern anfangs überall in geringer Zahl vorhanden gewesen sein werden, unter den früher erwähnten, die Bildung solcher Familien begünstigenden Umständen zusammengefunden haben. Die nahe Inzucht hat dann diese Varietät weiter ausgebildet und fixirt.

Solange eine führende Kaste die wirkliche Aristokratie eines Volkes vorstellt und nicht in der Degeneration begriffen ist, wird jede die Tendenz haben, die in ihrem Volke liegenden und durch Generationen gezüchteten körperlichen, besonders aber die geistigen Charaktere ins Extrem auszubilden.*) Da nun bei der Menschheit trotz der vielen Varietäten, in die sich dieselbe in Folge der ausserordentlich langen Entwickelungsperiode und der verschiedenen äusseren Bedingungen gespalten hat, doch die geistigen Charaktere in der Grundlage sehr ähnlich sind, und es meist nur Varietäten des Entwickelungsgrades gibt, so müssen sich auch diese extremen Entwickelungen der einzelnen Kasten in der Hauptsache ähnlich sein. Das ist nun auch der Fall, und es herrscht in Bezug auf

---

*) Der Mensch hat, wie schon Humboldt hervorhob, die Eigenschaft, jene Charaktere, die ihm angeboren sind, nicht nur zu bewundern, sondern zu übertreiben. Darwin bringt dafür in seiner Abst. der Menschen zahlreiche Beispiele bei Wilden l. c. S. 330. Das Gleiche gilt von den Züchtern. Sie wünschen immer jeden Charakter vergrössert zu haben, sie bewundern keinen mittleren Maassstab.

die Entwickelungsphasen der führenden Kasten, der Entstehung,
der Blüthezeit, der Höhe der Entwickelung und der Degeneration
eine Aehnlichkeit zwischen den Aristokratien aller Völker, die
allein für sich beweist, dass die gleiche Ursache — engere Inzucht
— überall die gleichen Wirkungen hervorbringen muss, sei dies
nun im Norden, Süden, in Peru oder China, in Aegypten oder Rom.

Ich werde Gelegenheit haben, bei den Entwickelungsphasen
der führenden Kasten der hervorragenden Inzuchtvölker auf diese
auffallende Aehnlichkeit des Näheren hinzuweisen. Hier will ich
nur die Hauptzüge hervorheben, in denen sie sich ganz besonders
gleichen.

Das auffallendste Product der engeren Inzucht ist, wie schon
erwähnt, der hochgezüchtete Kastenstolz. Seit den Zeiten des
alten Reiches in Aegypten bis heute hat dieser Stolz des „blauen"
Inzuchtblutes die gleiche Sprache gesprochen. Sie war stets
erhaben und berechtigt stolz in der Blüthezeit der führenden
Kasten, und stets übertrieben und lächerlich in den Zeiten der
Degeneration. Den beredtesten Ausdruck hat dieser Kastenstolz in
dem Ahnenstolz erhalten, dessen Product der Stammbaum gleichsam
ein öffentliches Document für die streng eingehaltene Inzucht, für
das rein gehaltene Blut darstellt. *)

Noch auffallender als beim Inzuchtvolke macht sich bei der
Kaste die ungewöhnliche Ehrfurcht vor dem Alterthum, der ausgesprochen conservative Geist und der Hass gegen alle Neuerungen
bemerkbar.**) Es ist dies eben das natürliche geistige Product
der durch Generationen dauernden nahen Inzucht, wodurch die

---

*) Heute hält man mehr auf Stammbäume der Hausthiere als der Menschen.
So werden in England nicht nur in Bezug auf die berühmten Pferderassen, sondern
auch für das Shorthorn-Rindvieh, die Hereford-Rasse, für Windspiele, und die
Jorkshire- und Cumberland-Schweinerasse genaue Stammbäume „bewahrt und
gedruckt". Darwin, 1. c. II. Bd. S. 3. Siehe hierüber auch das Capitel in Graf
Lehndorffs Handbuch der Pferdezüchter: Inzucht-Verwandtschaftszucht-Fremd-
zucht IV. Auflage S. 233.

**) Lombroso (Zukunft Nr. 48, 1896, S. 391) nennt diesen Hass gegen das
Neue „Misoneismus" und behauptet, dass er ein eigenthümliches Entartungszeichen
des Genie's sei. Der Leser weiss, dass der Hass gegen das Neue ein Product der
Fixirung der Charactere durch die Inzucht ist. Dass das Genie, als die Blüthe
der Inzucht auch diese Eigenschaft besitzt, ist nach Obigem klar. Jede Eigenschaft
kann ins Extrem getrieben werden und wird dann einen pathologischen Anstrich
erhalten.

Charaktere mehr fixirt und unbeweglicher werden, das Anpassungsvermögen an andere Verhältnisse eingeschränkt, ja fast verloren geht. Neuerungen verlangen eben eine solche Anpassung, und je grössere Anforderungen eine Neuerung in Bezug auf das Anpassungsvermögen einer solchen Inzuchtkaste stellt, desto verhasster muss sie derselben sein, und das um so mehr, je erstarrter sie bereits durch lange Inzucht geworden ist. Darum sind auch die sehr alten aristokratischen Familien stets conservativer gesinnt, wohl vorausgesetzt, dass das Inzuchtblut auch wirklich rein geblieben ist vor Vermischungen auf unrechtmässigen Wegen. Dieser ausgesprochen conservative Geist der führenden Inzuchtkasten erfährt nur eine Veränderung durch Blutmischung und Degeneration. Im letzteren Falle schlägt er mitunter nach dem Gesetz, dass sich die Extreme berühren, in das andere Extrem um, und stellen sich Mitglieder alter Adelsfamilien an die Spitze der radicalsten Neuerer.*) Doch sind dies doch nur Ausnahmen, und findet der conservative Geist auch in den Zeiten der Degeneration, wenn auch oft in der schrullenhaftesten und krankhaftesten Weise seinen Ausdruck.

Dieser gezüchtete conservative Kastengeist und seine überall ähnlichen Folgen und Einrichtungen hat allgemeine Verwunderung und Aufmerksamkeit erregt, und viele falschen Hypothesen von gleicher Abstammung bei den entferntesten Inzuchtvölkern und Kasten hervorgerufen. Dort, wo der Kastengeist auch das Volk in mehrere Inzuchtherde getrennt hat, wie z. B. bei den Hindus, und wo die Inzucht durch viele Generationen zu wirken in der Lage war, hat er einen Volkscharakter mit einer Anhänglichkeit an das Althergebrachte gezüchtet, der uns Modernen mit unserem mehr gemischten Blute ganz unbegreiflich erscheint. Ohne Berücksichtigung dieses conservativen, gezüchteten Kastengeistes kann man sich viele Thatsachen aus der Geschichte solcher Kastenvölker gar nicht erklären. Diese merkwürdige Ehrfurcht niederer Kasten vor höheren und die noch merkwürdigere Duldung socialer schreiender Ungerechtigkeit durch Jahrtausende ist durch das Klima und die ungleiche Vertheilung der Gewalt, wie Humboldt und Bukle meinen, allein nicht zu erklären. Gerade diese

---

*) Wir haben über diese merkwürdige Erscheinung viele Beispiele in der Geschichte.

ungleiche Vertheilung der Gewalt ist bei Kastenvölkern eine der consequentesten Wirkungen der Inzucht in den einzelnen Kasten, wodurch in den oberen Kasten die geistige Fähigkeit zum Regieren nicht nur stetig gezüchtet und fixirt, sondern auch die Unmöglichkeit hervorgerufen wird, dass diese Fähigkeit durch Vermischung des Blutes den unteren Kasten sich mittheilt. Dadurch werden die unteren Kasten durch festere Bande, als dies Gesetze und Strafen vermögen,*) in ihrer dienenden Stellung gehalten, nämlich durch die geerbten Blutbande. Was aber das Wichtigste ist, dieser conservative Kastengeist ist mit seinem Schicksal ebenso zufrieden, wie es unsere Hausthiere im Verlaufe der Generationen geworden sind, obwohl sie zur Freiheit geboren zu sein ebenso das Recht haben, wie ihre freien Stammesbrüder, von denen sie abstammen.**) Eine Zufriedenheit mit ihrem rechtlosen Schicksal, wie wir sie in Indien und im alten Peru, im alten Aegypten bei den niederen Kasten finden, kann nur die Wirkung einer langen Inzucht sein.

Eine weitere auffallende Aehnlichkeit, die wir bei allen Inzuchtkasten finden, ist der hoch entwickelte Familiensinn, das feste Zusammenhalten der aristokratischen Familien, besonders in Zeiten der gemeinsamen Gefahr. Solche Beispiele des festen Zusammenhaltens der führenden Kasten bietet uns die Geschichte der

---

*) Fast nie hat es in Indien, Aegypten und Peru eine Revolution von unten gegeben; alle diese Staatsumwälzungen gingen von den oberen führenden Kasten aus, und zwar entstanden sie regelmässig durch die Degeneration derselben. Bukle ist im Irrthum, wenn er z. B. in seiner Geschichte der Civilisation behauptet, die Unzufriedenheit der unteren Stände habe den Sturz der amerikanischen Reiche herbeigeführt. In Peru waren es Thronstreitigkeiten, und in Mexico der Hass zweier verwandter Stämme.

**) Auch nur eine Kreuzung kann bei unseren Hausthieren diesen Freiheitssinn wieder hervorrufen. Bei Bastarden von Hausschweinen und wilden Schweinen, von Wolf und Hund erbt immer ein Theil der Jungen vorwiegend die Instincte des zahmen, ein Theil die des wilden Thieres, stets aber weichen die Jungen stark von den Eltern ab und sind wilder und weniger brauchbar. Ribot l. c. S. 84. Welche Wirkung die Kreuzung des unter der Kaiserzeit so tief gesunkenen Freiheitssinnes der Römer in Italien mit den freiheitsliebenden aber wilden Germanen hervorbrachte, ist in der Geschichte des Mittelalters in Italien und der italienischen Republiken deutlich ausgesprochen. Von der Wildheit dieser Zeit hat Gregorovius in seiner „Geschichte der Stadt Rom" ein anschauliches und zugleich gräuliches Bild entworfen.

Adelskasten aller Völker, freilich nur so lange, als dieselben nicht degenerirt sind. So sehr sich auch die Familien bei mangelnder äusserer Gefahr, wie natürlich im Kampfe ums Dasein und bei der nahen Berührung zahlreicher ähnlicher Bestrebungen heftig bekämpften, in der Stunde der Gefahr waren die Bande des Inzuchtblutes stets stärker.

Da solche Kasten, die das Inzuchtprincip besonders hoch halten, wieder gewöhnlich in mehrere kleine Inzuchtherde zerfallen, die wieder fest zusammenhalten, so finden wir in barbarischen Zeiten gerade bei diesen Kasten die Blutrache noch mehr ausgebildet als beim Volke.*)

Die Züchtung der Solidarität der Mitglieder einer Kaste bringt viele Vortheile, solange sich dieselbe innerhalb gesunder Grenzen hält. Dadurch aber, dass sie zu sehr ins Extrem gezüchtet wird, kann sie schädlich werden, indem die enge Interessenverbindung, die alle Glieder nicht nur einer Familie, sondern auch der Inzuchtkaste verbindet, die Individualität des Einzelnen vernichtet und an ihre Stelle die Collectivität setzt. So wird dann diese zu sehr ins Extrem gezüchtete Eigenschaft zu einer Ursache des sittlichen Verfalles der Inzuchtkasten, indem das Gefühl für Wahrheit und öffentliche Moral bei den einzelnen Personen solcher Familien, Kasten abnehmen muss, da die einzelnen Mitglieder durch die festen Bande des Blutes und die dadurch bedingten Sitten gezwungen werden, die Interessen der Familie, der Kaste allen anderen Erwägungen voranzustellen.

Es ist eine Folge der geistigen Erstarrung, dass solche Inzuchtkasten und Völker wohl ein strenges Rechtsbewusstsein, aber oft keinen Billigkeitssinn haben. Denn um letzteres zu besitzen, muss der Geist beweglich sein, er muss im Stande sein, sich in den Geist und auf den Standpunkt eines Anderen (Fremden) versetzen zu können, und das ist einem erstarrten Inzuchtgeiste nicht möglich. Es ist der Shylock-Standpunkt und der Standpunkt des römischen Rechtes: Fiat justitia, pereat mundus. Aber

---

*) Je gemischter eine Bevölkerung (eine Kaste) ist, desto mehr fällt dieser Trieb zur Blutrache weg. Heute finden wir, z. B. die Blutrache in Europa nur mehr bei den kleinen Inzuchtvölkern, z. B. den Corsen, Albanesen und Montenegrinern. Bei fortgeschrittener Cultur hat der Adel die Blutrache in feinere Formen gebracht und hiefür bestimmte Regeln aufgestellt. (Gottesgerichte, Duelle.)

auch dieses strenge Rechtsbewusstsein hält nur Stand, so weit es
mit dem Interesse des Inzuchtvolkes, der Kaste nicht in Collision
kommt.*) Denn durch den ins Extreme gezüchteten Kastengeist
und den nationalen Chauvinismus kommt es oft dahin, dass
selbst guthmüthige und gerecht denkende Menschen, welche eine
Ungerechtigkeit, List oder Täuschung bloss zu ihrem persönlichen
Vortheile verschmähen, alsdann, wenn von Kastenvorrechten oder
nationalen Stammesinteressen die Rede ist, sich überreden, hier sei
es Pflicht, für die Kaste oder den Stamm einzutreten, und dann
oft die verwerflichsten Schritte und Mittel nicht mehr verabscheuen. Auch hier zeigt sich das Blut und seine Bande stärker als
Erziehung und die allgemeinen ethischen Gefühle und Moralbegriffe.
Hier kommt dann die uralte Sippen- oder Stammes-Moral zum
Durchbruch.

Dass ein solches extremes Verhalten einer Kaste mit der
Zeit die Achtung derselben untergraben muss, ist klar. Wie
weit eine solche Selbstsucht und leidenschaftliche Parteiwuth
im Verlaufe der Generationen gezüchtet werden kann, und wie
blind und unzugänglich jeder vernünftigen Erwägung dadurch die
Kaste wird, dafür haben wir zahlreiche Beispiele in der Geschichte.**)

Nutzen und Schaden der Kastenbildung.

In dem Capitel über Inzucht wurden die Wirkungen derselben
im Allgemeinen skizzirt. Die nützlichen und schädlichen Wirkungen der Inzucht in der Kaste sind ganz die gleichen, nur

---

*) Siehe hierüber auch die geistreichen Erörterungen in Herb. Spencer.
Einleitung in das Studium der Sociologie. II. Bd., 48.

**) Wie blind z. B. der französische Adel in sein Unglück rannte, beweisen
folgende Daten. Obwohl schon zahlreiche Symptome des öffentlichen Unwillens
vorhanden waren, wurde das Recht der Repräsentation am Hofe 1740 auf diejenigen
beschränkt, deren Adel bis zum Jahre 1400 zurückging. 1781 wurden alle
Officiersstellen in der Landarmee, 1786 auch die in der Marine nur allein dem
Adel vorbehalten. 1790 decretirte die Nationalversammlung, dass alle Adels-
urkunden verbrannt werden, und ging damit daran, sich eine neue führende
Kaste zu bilden.

treten auch die Wirkungen in Folge des Umstandes, dass die Zahl der Individuen in der Kaste im Vergleich mit einem Volke eine geringe ist, viel schneller und intensiver hervor. Wir haben also in der Kastenbildung einen Factor vor uns, wodurch die nützlichen und schädlichen Wirkungen der Inzucht in verhältnismässig kurzer Zeit, also in wenigen Generationen und in potenzirterem Grade hervorgebracht werden können, als dies der Fall ist, wenn sich die Inzucht-Wirkung auf den Stamm, also eine grössere Menge Individuen, vertheilt. Ueber die Nothwendigkeit und Nützlichkeit der Kastenbildung wurde bereits sehr viel geschrieben.#) Doch mehr als alle Theorien beweist der Instinct aller bedeutenden Völker die Nothwendigkeit und Nützlichkeit derselben für die Culturgeschichte der Menschheit. Alle diese Theorien werden aber diesen Gegenstand so lange nicht gründlich und richtig erfassen, solange ihre Gründe nur politische oder sociale sind. Man muss sich überall auf den natürlichen Standpunkt stellen und scharf auseinanderhalten, was naturwissenschaftliche Nothwendigkeit und gesunder Instinct und was dann geschichtliches Kunstwerk oder Wirkung der Degeneration ist. Dies war den älteren Werken über die Adelstheorien nicht möglich, weil eben erst die neuesten Forschungen und Resultate der Naturphilosophie uns die Anhaltspunkte dazu geliefert hatten. Eine natürliche Theorie über den Nutzen und die Nothwendigkeit der Bildung einer führenden Kaste ist bisher nur von Ammon in seiner Gesellschaftsordnung aufgestellt worden.##)

#) Siehe hierüber von Haller: Restauration der Staatswissenschaften. Bluntschli: Deutsches Staatswörterbuch, 1. Heft. Rotteck und Welker: Staatslexikon, I. Bd. S. 173 u. f. Ferner Hüllmans Artikel: Adel, und Gruber's allgemeine Encyklopädie und Geschichte der Stände. Eichhorn: Deutsche Staats- und Rechtsgeschichte, I. §§ 14—17 und 47—48. Waitz: Deutsche Verfassungsgeschichte, Kiel 1844. Maurer: Ueber das Wesen des ältesten Adels der deutschen Stämme, München 1846.

##) Ammon sagt vom Nutzen der Ständebildung:

1. Die Ständebildung beschränkt die Panmixie und bewirkt die viel häufigere Erzeugung hochbegabter Individuen, stellt also die natürliche Züchtung dar;

2. Absonderung der Kinder der bevorzugten Stände von der grossen Masse ermöglicht eine sorgfältigere Erziehung;

Der Hauptzweck und Nutzen der führenden Kaste ist die Arbeitstheilung auf dem geistigen Gebiete und die dadurch allein ermöglichte höhere Ausbildung der geistigen Charactere jedes Inzuchtvolkes.

Man darf aber, wenn man die Frage von diesem Standpunkt aus betrachtet, nicht nur den sogenannten „Adel" unter dieser führenden Kaste verstehen, wie dies häufig geschieht, sondern jeden geistigen Arbeiter, wie dies schon die Chinesen und Aegypter vor vielen tausend Jahren richtig erkannt haben. *)

Natürlicherweise hat der Theil der führenden Kasten, welcher den politischen Theil, also die Führung im Kampfe ums Dasein eines Volkes übernommen hat, stets mehr gegolten und von jeher mehr das Interesse der Geschichtsforscher erregt, als die stille Arbeit der übrigen führenden Kasten. Darum ist uns auch mehr von der Arbeit dieser Kaste in der Geschichte aufbewahrt, ja es gab eine Zeit, wo die Geschichte nur von der Arbeit dieses Theiles der führenden Kasten zu erzählen wusste. Erst die neuere Geschichtsforschung hat der für die Menschheit oft viel werthvolleren und wichtigeren Arbeit des anderen Theiles der geistigen Arbeiter und Führer eines Volkes die volle Würdigung angedeihen lassen.

Bei allen Völkern hat es der regierende Theil der führenden Kaste verstanden, sich den grössten Lohn für seine geistige Arbeit anzueignen und sich zum Zwecke der Erhaltung seiner materiellen Interessen besser gegen die übrigen Kasten abzuschliessen, wozu er

3. die bessere Ernährung und die sorglosere Lebensweise der den bevorzugteren Ständen angehörigen Individuen wirken steigernd auf die Thätigkeit der höheren Seelenanlagen;

4. die günstigeren Lebensbedingungen der höheren Stände spornen die Angehörigen der unteren Stände an, ihre besten Kräfte im Wettbetrieb einzusetzen, um dieser günstigeren Bedingungen theilhaftig zu werden.

Ammon hat als Anhänger Weissmann's auf die Wirkung der Inzucht zu wenig Gewicht gelegt. Dass bei Ausschluss der Vererbung erworbener geistiger Fähigkeiten die Wirkung der Inzucht eine viel langsamere sein müsste, als sie factisch bei den führenden Kasten ist, dürfte klar sein.

*) So sagt schon vor mehreren Jahrtausenden Meng-tsen: Die einen arbeiten mit dem Kopfe, die anderen mit den Armen. Die mit dem Kopfe arbeiten, regieren; die Menschen, die mit den Armen arbeiten, werden von jenen regiert. Die von anderen regiert werden, ernähren jene; die, welche die Menschen regieren, werden von diesen ernährt; das ist das allgemeine Weltgesetz.

gewöhnlich durch die Handhabe der Gesetzgebung in der Lage war. Das Princip der Inzucht, welches zwar bei den alten Inzuchtvölkern alle Theile des Volkes durchdrang, wurde darum auch von diesem Theil der führenden Kaste am intensivsten ausgebildet; Vermischungen wurden durch strenge Gesetze und noch strengere Sitten hintangehalten oder wenigstens erschwert. Die Folge davon stand aber auch immer im Verhältnis zu dieser strengen Abschliessung und ist die Degeneration stets in diesem Theile der führenden Kaste zuerst und im entsprechenden Grade der Abschliessung intensiv aufgetreten. Dass die Vortheile der Arbeitstheilung und der Vererbung durch Inzucht frühzeitig auch für die übrigen Abtheilungen der führenden Kasten erkannt wurden, beweisen uns nicht nur die Kasteneintheilungen bei den ältesten Inzuchtvölkern, die Erblichkeit der Mehrzahl der geistigen und kunsthandwerkartigen Berufsarten, die Errichtung und Dauer der Innungen und Zünfte von den ältesten Zeiten bis in die Gegenwart.*) Ohne diese Einrichtung wäre es z. B. den Künstlern des alten Reiches in Aegypten nie möglich gewesen, die Höhe der Kunstblüthe verhältnismässig so rasch zu erklimmen, wie wir dies heute noch nachweisen können. Ebenso wäre ohne diese strenge und ins Extrem getriebene Kastenabschliessung aber auch eine solche Erstarrung der Kunst nie möglich gewesen, wie wir sie ebenfalls bei der ägyptischen Kunst durch Jahrtausende beobachten können.

Andere Inzuchtvölker haben auch den Nutzen der Erblichkeit gewisser Berufszweige erkannt,**) aber dabei das Princip der Inzucht für diese Zweige der führenden Kasten nicht so streng gefasst. Darum blieb auch ihre Kunst durch längere Zeit beweglich und wenn sie auch schliesslich ebenfalls der Erstarrung und

---

*) Dass selbst ganz rohe Völker zur Einsicht von dem Vortheile der Kastenbildung beim Handwerk kommen, beweisen heute noch die Fidschi-Insulaner. Die kühnsten Seefahrer unter den Bewohnern der pacifischen Inseln sind die Fidschi-Insulaner. Sie haben eine eigene Kaste der Schiffszimmerleute und die von diesen gebauten Fahrzeuge lassen eine ziemlich hohe Stufe der Schiffsbaukunde erkennen. Büchner, goldenes Zeitalter. S. 238. Siehe auch hierüber Anmerkung S. 16.

**) Hippokrates war der 17. Arzt in der Familie. Wie sehr die Erblichkeit des Berufes bei den Griechen, Römern, Germanen etc. eine Rolle spielte, ist bekannt. Siehe zahlreiche Beispiele darüber bei Galton und Ribot. In der Familie Bach gab es 57 bedeutende Musiker und dauerte die Anlage durch 8 Generationen.

Degeneration nicht ganz entgehen konnte, so war dieselbe nicht so auffallend, wie in Aegypten.

Dass durch die Kasteneinrichtung und die durch dieselbe bedingte engere Inzucht die Hervorbringung einer grösseren Anzahl genialer Individuen bedingt wird, ist nicht eine rein theoretische Annahme, sondern lässt sich mathematisch beweisen, wie dies von Galton und Ammon geschehen ist.[*])

Es gibt Mésalliancen nicht nur im Sinne eines hohen Adels,[**]) sondern auch im Sinne einer naturphilosophischen Auffassung. Geniale und mit sehr bedeutenden Charakteren versehene Geister können nur durch die Vereinigung von sehr ähnlichen Anlagen, die durch mehrere Generationen gezüchtet werden, entstehen.[***]) Vermischungen weit abstehender Charaktere werden besonders in intellectueller Beziehung stets einen Rückschlag zur Folge haben.

Aber wie in einer Kaste, solange ihre geistige und körperliche Gesundheit vorhanden ist und ihre Kräfte in Correlation stehen, die guten Wirkungen der nahen Inzucht rasche und potenzirte sind, ebenso rasch und potenzirt treten bei weiterer Inzucht auch die schädlichen Wirkungen zu Tage, wenn die natürlichen Folgen der Inzucht besonders unter dem Einflusse der stärkeren Ausschaltung der natürlichen Auslese sich einzustellen

---

[*]) Siehe Zusatz V.

[**]) Constantin hat bereits allen aristokratischen Inzuchtfamilien aus der Seele gesprochen; seine Lehren an seinem Sohn offenbaren die geheimen Maximen des Kastengeistes und führen auch die passenden Gründe an, um diese dem natürlichen Kastenstolze entsprechenden Forderungen zu verewigen.

„Jedem Thiere, sagt der kluge Kaiser, hat die Natur gegeben, sich eine Gefährtin unter den Thieren seiner Art zu suchen; auch das Menschengeschlecht ist je nach dem Unterschiede der Sprache, Religion und Sitten in mehrere Stämme und Stände getheilt. Eine gerechte Rücksicht auf die Reinheit der Abkunft bewahrt die Harmonie des öffentlichen und Privatlebens und die Vermischung mit fremdem Blute ist eine furchtbare Quelle der Unordnung und Zwietracht.“ Gibbon l. c. LIII.

[***]) „Die günstigsten Verhältnisse für die Nachkommenschaft ergeben sich, wenn die Eltern zwar nicht blutsverwandt, aber doch in Bezug auf Rasse und Charakteranlage einander sehr nahe stehen. Die überall bei Culturvölkern verbreitete Sitte, innerhalb des gleichen Standes zu heiraten, ist keineswegs lächerlich, wie sie von Unkundigen oft hingestellt wird. Es leitet hier die Völker und Stände ein richtiger Instinct, der erst durch die Forschungen in der heutigen Naturwissenschaft Bestätigung findet.“ Ammon: Gesellschaftsordnung 1895.

beginnen.*) Diese schädlichen Wirkungen werde ich ausführlicher im nächsten Capitel besprechen.

Ich habe früher erwähnt, dass die nützlichen und schädlichen Wirkungen der Kastenbildung regelmässig zuerst bei der politisch führenden Kaste eines Volkes zum Vorschein kommen, weil dort das Princip der Inzucht gewöhnlich am strengsten und consequentesten durchgeführt wird.

Solange nun die führende Kaste die wirkliche Aristo-kratie eines Volkes darstellt, mag nun dieselbe aus den Aeltesten der verschiedenen Geschlechter, Geronten, aus Senatoren, aus Herzogen, Grafen, Baronen, aus einer Schaar von Priestern (Leviten, Brahmanen), einer Versammlung von Grossgrundbesitzern und reichen Kaufleuten bestehen, solange sie die dem Volke an-geborenen und mit Vorliebe gezüchteten Charaktere in höherer Potenz besitzen und diese Potenz auch in den Dienst des allge-meinen Wohles stellen, solange wird ihr Thun und Handeln beim Volke die natürliche Achtung finden, und solange wird jede politisch führende Kaste fest im Volke wurzeln und unbestritten ihre Macht ausüben können. Je reiner ein Volksstamm sich ge-züchtet, je reiner sich auch die politisch führende Kaste züchtet, desto ausgesprochener wird, solange dieselbe sich gesund erhält, das natürliche Verhältnis zwischen ihr und dem Volke sein, desto weniger wird es zu dem kommen, was wir Revolution von unten nennen, die, solange die Geschichte der Menschen aufgezeichnet ist, immer nur in der Störung dieses natürlichen Verhältnisses ihren tiefsten Grund hat. Denn ein gesundes Volk wird sich niemals eine führende Kaste für die Länge ge-fallen lassen, die anders denkt und handelt als es selbst, die also nicht mehr den Extract der Volksseele darstellt.

---

*) Cicero sagt noch vom Adel seiner Zeit: Die Adeligen überschreiten im Guten und im Bösen so sehr das Maass des Gewöhnlichen, dass ein in unseren Kreisen Geborener sie nicht erreichen kann.

Wenige Generationen später sprechen die Dichter schon mit Verachtung vom alten Adel und wird die Tüchtigkeit der „neuen" Männer gepriesen.

„Unzüchtige andalusische Tänze und Gesänge passen nicht in ein beschei-denes Haus, sondern in die prächtigen Paläste der Adeligen. Würfelspiel und Ehebruch ist für Geringe schädlich, thun Adelige dasselbe, so werden sie munter und artig genannt; in hohen Lebensstellungen ist gesunder Sinn selten etc." Juvenal.

Nur der Priesteradel, die führende Kaste bei den eigentlichen Religionsvölkern, den Hindus und Juden, hat es in Folge der klugen Anordnung ihrer Stifter*) zuwege gebracht, unbestritten seit vielen Jahrtausenden in einer herrschenden Stellung zu verbleiben, weil er stets in Correlation mit dem Denken und Fühlen des Volkes stand. Alle anderen politisch führenden Kasten haben nicht nur regelmässig ihre Gewalt missbraucht, — was lange nicht der schlimmste Fehler ist, ja bei einer gesunden Kaste, die sonst ihre Pflicht thut, vom Volke als etwas fast Selbstverständliches hingenommen wird — sondern sie sind im Stadium der Degeneration stets mit ihrem Fühlen und Handeln in Disharmonie mit dem noch gesunden Volke gerathen, wodurch die natürliche Basis ihrer Herrschaft verschoben wurde.**) Unter solchen unnatürlichen und pathologischen Verhältnissen ist es dann regelmässig nur eine Frage der Zeit und des angeborenen Temperamentes des Volkes, wenn das Volk dieses Verhältnis auf mehr oder weniger gewaltsame Weise zur Auflösung bringt und sich eine neue politisch führende Kaste schafft, die mehr mit seinem Fühlen und Denken in Correlation steht. Das ist auch der einzige Zeitpunkt, wo die alten Völker aus ihrer sonst politisch meist passiven Rolle herausgetreten sind. Das ist auch im tiefsten Grunde stets das Wesen aller Revolutionen von unten gewesen.

Zahllos sind die genialen Naturen, die die führenden Kasten der bedeutenden Inzuchtvölker seit der Zeit der Pyramidenerbauer bis heute gezüchtet haben und ihre genialen Thaten und Werke sind es vorzüglich, die den Ruhm und den Stolz dieser Völker ausmachten und uns in der Geschichte derselben aufbewahrt sind.

Zwischen der Kaste der körperlich arbeitenden Bauern und der politisch führenden Kaste bildete sich frühzeitig fast bei allen

---

*) Siehe darüber die Gründe S. 78 Anmerkung.

**) Die falsche Stellung, in die eine degenerirende führende Kaste geräth, hat Nitzsche sehr treffend geschildert, indem er den König zu Zarathustra sprechen lässt: „Dieser Ekel würgt mich, dass wir Könige selber falsch werden, überhängt und verkleidet durch alten Grossväterprunk, Schaumünzen für die Dümmsten und die Schlauesten, und wer Alles mit der Macht Schacher treibt. Wir sind nicht die Ersten — und müssen es doch bedeuten! Es gibt kein härteres Unglück in allem Menschenschicksal, als wenn die Mächtigsten der Erde nicht auch die ersten Menschen sind. Da wird Alles falsch und schief und ungeheuer."

hervorragenden Inzuchtvölkern ein ebenfalls vorwiegend geistig arbeitender Mittelstand, der schon darum von hoher Bedeutung war, weil er stets die Vorzucht für die führende Kaste bildete, aus der sich dieselbe recrutirte, so weit dies durch die mehr oder weniger strengen Kastengesetze erlaubt war oder durch äussere Verhältnisse nöthig wurde.

War dieser Mittel- oder Bürgerstand auch nicht bei allen Völkern durch so strenge Kastengesetze wieder abgeschlossen, wie es z. B. bei den Hindus der Fall war, so waren es doch Classen, die mehr durch Sitte und Herkommen sich abschlossen und darum herrschte auch in diesen mittleren Kasten, wenn auch auf breiterer Basis eine engere Inzucht.

Diese Inzucht wurde besonders durch die Städtebildung begünstigt. Entsprechend den zahlreichen kleinen Inzuchtherden, die diese Städte für den Mittelstand bei den alten Völkern bildeten und bei der verhältnismässig nahen Inzucht, die durch den schwachen Verkehr und durch die politische Eifersucht und Feindschaft mit den Nachbarstädten bedingt war, war die Zahl der gezüchteten genialen Naturen in diesem Stande stets eine bedeutende. Es traten auch die schädlichen Wirkungen der zu nahen Inzucht, die Erstarrung und Degeneration viel später und weniger intensiv auf, als bei der politisch führenden Kaste, theils wegen der grösseren Zahl der Individuen, theils weil in Folge von Kriegen und des fortwährenden Zuströmens vom Lande her immer frische Blutwellen in den Inzuchtkörper hineingeleitet wurden. Nur dort, wo solche Städte als Colonien unter einer körperlich und geistig differenteren Landbevölkerung angelegt wurden, zeigen sich die schädlichen Folgen der Inzucht rascher und intensiver, wie dies z. B. bei den griechischen Colonien in Kleinasien, in Sicilien und Süditalien, im sogenannten Grossgriechenland in auffallender Weise der Fall war. Welch eine grosse Menge genialer Naturen brachten diese Städte hervor, wie rasch war aber auch ihr Verfall.*)

Der Mittelstand spielt aber nicht nur durch seine gezüchteten genialen Naturen eine hervorragende Rolle in der geistigen Führung eines Volkes, sondern seine wichtigste Bedeutung liegt, wie er-

---

*) Sehr instructive Beispiele bieten auch die italienischen Städterepubliken in Quatrocento, die Deutsche Hansa, überhaupt die Blüthezeit der Städte in Deutschland bis zum 30-jährigen Krieg.

wähnt, besonders darin, dass er die Vorzucht für die oberste, politisch führende Kaste bildet, indem die talentirtesten Köpfe entweder freiwillig in dieselbe Aufnahme finden, oder sich den Zugang zu derselben erzwingen. Solange also der Mittelstand körperlich und geistig gesund ist, ist das Volk stets in der Lage, seine oberste Kaste zu regeneriren oder neu zu bilden.

Und zwar kann diese Regeneration, wenn nöthig, rasch geschehen, da die Charaktere dazu bereits vorgezüchtet und nur oft durch die strenge Abschliessung der führenden Kaste zur Unthätigkeit verurtheilt sind. So hat man mit Staunen beobachtet, welche Talente in der englischen und französischen Revolution plötzlich zum Vorschein kamen, nachdem durch die Revolution ihnen der Weg frei gemacht wurde. Dort aber, wo der Mittelstand fehlt und nur ein Bauern- und eine Adelskaste vorhanden sind, wird ein Volk, wenn die Adelskaste degenerirt oder ausgerottet wird, führerlos.

Wie früher ewähnt, haben alle politisch führenden Kasten dahin getrachtet, mit Hilfe der politischen Macht immer mehr von den übrigen Kasten sich abzuschliessen, und sind zu dem Zwecke zahlreiche Gesetze, Sitten und Gebräuche eingeführt worden. Als Mustervolk in dieser Hinsicht können die Hindus gelten und mögen darum hier einige der interessantesten diesbezüglichen Sitten und Gebräuche Erwähnung finden.

Bei allen alten Völkern finden wir die Wichtigkeit der Stammbäume und Geschlechtsregister hervorgehoben, aber bei keinem Volke spielen die Geschlechtsregister eine solche Rolle, wie bei den alten Hindus. Bei der Verheiratung einer Tochter eines Fürsten mussten ihre Ahnen schon 1500 vor Christi vollständig nach ihrem Namen, ihren Reichthümern, Tugenden und Neigungen beschrieben werden.*) Dieser Gebrauch findet mit nur wenig Abänderung noch jetzt bei allen Classen des Volkes statt und zeigt den hohen Werth, den man auf reines Inzuchtblut legt. Selbst die ersten Familien der Kajasthas (den Schreibern bei Fürsten und Brahmanen in Bengalen), denen man den Rang reiner Sudrafamilien, den sie in Anspruch nehmen, nicht zugestehen will, halten beim Eingehen ihrer Ehen auf 13 Ahnen. Die Geschlechtsregister werden sorgfältig

---

*) Dies geschah schon unter dem König Dschanaka, der sich mit einer Tochter aus der Familie Iwakas verheiratete, beiläufig 1500 vor Christi. Rhode.

untersucht und das Geschlechtsregister der Braut wird noch jetzt bei der Hochzeit dem Bräutigam vorgetragen.

Die Kasteneintheilung in Indien geht nach der Sage bis in die Zeiten zurück, wo noch die Hindus auf dem östlichen Hochlande sassen. Sie sind nach der Sage göttlichen Ursprunges, indem Brahma den Brahman (Priesterkaste) aus seinem Munde, den Kschatra (Kriegerkaste) aus seinen Armen, den Waisya (Handel- und Ackerbauerkaste) aus seinen Schenkeln und den Sudra (Dienerkaste) aus seinen Füssen zeugte.

Dieser Mythus drückt das bürgerliche Verhältnis der Stände zu einander aus, und man leitet die Rechte und Pflichten eines jeden daraus ab. Auf die social politische Bedeutung dieser Kasten werde ich später eingehen; hier haben wir es nur mit den Inzuchtgesetzen zu thun. Diese sind nun so merkwürdig, dass ein moderner Naturforscher, der beauftragt würde, an der Hand der heutigen Forschungsresultate der Naturwissenschaft Inzuchtgesetze für ein Volk zu verfassen, dieselben nicht besser ausarbeiten könnte, wobei man bedenken muss, dass alle diese Gesetze mehrere tausend Jahre vor D a r w i n und seiner Lehre schon in Wirksamkeit waren.

Unter anderem ist z. B. angeordnet, dass derjenige Mensch, der mit einer Krankheit oder einem Fehler geboren wird oder an dem sich bis zum Eintritt der Pubertät Krankheiten entwickeln, aus der Kaste gestossen wird. Durch diese Einrichtung werden die Kasten theilweise vor körperlicher und geistiger Degeneration geschützt.

Das Gesetz steht in Zusammenhang mit dem Glauben der Seelenwanderung, wonach Menschen nach Verschiedenheit ihrer schlechten Handlungen, die sie in einem vorigen Leben begangen haben, zur Strafe taubstumm, blind oder anderweitig verkrüppelt und mit Leiden behaftet geboren werden.*) Zweifellos sind auch bei so strenger und durch viele Generationen dauernder Inzucht Einschiebungen durch geheime Geschlechtsvergehungen höher gestellter Mütter nicht leicht möglich, da man an dem Kinde leicht den Rückschlag in körperlicher und geistiger Beziehung erkennt. Das hat der Gesetzgeber schon vor 3000 Jahren hervor-

---

*) Interessant ist, dass auch die Tuberculose schon vor 3000 Jahren bei den Hindus eine Rolle gespielt hat und als Strafe eines der fürchterlichsten Verbrechen galt. Wer in seinem vorigen Leben einen Brahman getödtet hat, bekommt die Abzehrung.

gehoben, indem er sagt: Wenn eine Frau in den höheren Kasten heimlich durch ein Verbrechen von einem Manne aus einer niederen Kaste schwanger wird, einen Sohn bekommt, der nun in der Kaste des wirklichen Mannes erscheint, erkennt man dies: an seinen Handlungen, Mangel an tugendhaftem Ernst, Rauheit im Reden, Grausamkeit und zur Gewohnheit gewordene Vernachlässigung vorgeschriebener Pflichten (Rückschlag). Dies verräth den Sohn einer sträflichen Mutter. Ein Mann von verworfener Geburt mag den Charakter seines Vaters oder seiner Mutter anzunehmen versuchen, er ist doch nie im Stande, seinen Ursprung zu verbergen.

Als wenn der weise Gesetzgeber gewusst hätte, dass bei so strenger Inzucht im Verlaufe der vielen Generationen und beim Mangel an harter körperlicher Arbeit Degeneration und Nachlass der Geburtsenergie Platz greifen müsse, hat er auch für eine Auffrischung des Blutes gesorgt, aber auf eine so vorsichtige Weise, wie es ein sorgsamer Thierzüchter nicht besser machen könnte. Es wird nämlich bestimmt dass ein Brahman als Nebenfrau auch eine Sudra, also eine Frau aus der kräftigen körperlich arbeitenden Classe nehmen darf. Dasselbe gilt für die II. und III. Kaste. Das Gesetz schreibt nun folgende Bedingungen vor, unter welchen eine Familie, die mütterlicher Seite von der Sudrakaste ausgeht, in die höheren Kasten aufsteigen darf. Dieses Aufsteigen ist an eine so lange Zeit und Generationsreihe geknüpft, dass sowohl die Vermehrung der oberen Kasten dadurch eine sehr langsame ist, als auch die in Folge der Vermischung der Kasten sicher auftretenden Rückschläge in körperlicher und geistiger Beziehung wieder fast ganz ausgeglichen sind, bis die aufsteigende Familie die höhere Kaste erstiegen hat.

Heiratet z. B. ein Brahman eine Sudra als vierte Nebenfrau, so gehört der Sohn dieser Ehe zu den gemischten Kasten und steht in Bezug auf seine Rechte dem Sudra gleich. Hat dieser Sohn eine Tochter und diese heiratet wieder einen Brahman, so steht der Sohn dieser Vermischung schon um eine Stufe höher; tritt dieser Fall sechsmal hintereinander ein, so kann der Sohn, welcher als siebentes Glied geboren wird, die Tochter eines Brahmans heiraten und er tritt damit in die Kaste der Brahmanen ein. Dieselbe Reihenfolge gilt für die Kaste der Kschatra und Waisya.

Solche und ähnliche Vorschriften, die sich auf die geschlechtliche Vermischung der Kasten beziehen, gibt es sehr viele, und
ist Alles mit tiefeingreifender Zweckmässigkeit angeordnet. Rhode,
der ausgezeichnete Kenner der indischen Wedalehre hebt selbst
hervor, dass diese nun fast 3000 Jahre alten Gesetze nicht das
Werk eines Gesetzgebers, ja nicht einmal das Werk weniger
Jahrhunderte sein können, sondern, dass die Gewohnheit und Beobachtung vieler Jahrhunderte mitgewirkt haben. Zweifellos haben
diese Sitten schon viele Generationen bestanden, ehe sie gesetzlich
fixirt wurden. Wir werden daher nicht fehl gehen, wenn wir
annehmen, dass die Hindus schon mehrere tausend Jahre vor
unserer Zeitrechnung sehr geordnete Inzuchtsitten und eine sehr
strenge Ordnung ihrer geschlechtlichen Beziehungen besassen und
dass sie diese strenge Ordnung schon nach Indien mitbrachten,
wozu dann das vermischte Siedeln unter einem sehr differenten
und culturell tiefstehenden Volke sehr viel zu dieser heute noch
bestehenden Kasteneintheilung beigetragen hat. Diese strenge
Ordnung und Inzucht, die nun schon durch zahllose Generationen
in Wirksamkeit ist, macht es auch begreiflich, warum die einzelnen
Kasten, speciell die niederste, es nie versucht haben, sich dagegen
aufzulehnen, denn die stärksten Fesseln, die es gibt, sind die Bande
jahrtausendlanger Inzucht. Der Gesetzgeber scheint dies schon
damals gewusst zu haben, denn er sagt vom Sudra, dass derselbe,
selbst wenn ihm der Herr die Freiheit geben sollte, doch in
Wahrheit ein Sklave bliebe, denn, bemerkt er weiter, durch wen
kann er eines Standes, der ihm natürlich ist, entkleidet
werden?*) Jawohl, ruft Bukle**) aus, ich wüsste nicht, wo die
Macht wäre, die ein so grosses Wunder wirken könnte! Freilich
gibt es eine Macht, die das Wunder, dass sich auch der Sudra aus
seiner jetzt natürlichen Sklaverei innerhalb weniger Generationen
von selbst erheben würde, wirken würde, aber auch nur diese
könnte es leisten. Diese festen Blutbande könnten
nur durch intensive Vermischung gelöst werden. Nur
durch verändertes Blut kann das in Folge der jahrtausendlangen
Inzucht fixirte Fühlen und Denken solcher Menschen geändert

---

*) Inst. of Manu VIII. 414 in den Works of Sir Jones. III. 333.

**) Siehe darüber l. c. S. 71. Bukle hat eben die Wirkung der Ver-
mischung ganz übersehen.

werden, nicht durch Gesetze und Ueberredungen, auch nicht einmal durch intensiven Unterricht und bessere Erziehung.*)

---

*) Die Hoffnung Mantegazza's (Indien S. 304), dass bei den Hindus die Kasten verschwinden werden, wird sicher nicht eintreten, solange sich die Hindus nicht stärker vermischen; und das werden sie freiwillig nie thun, sondern das kann nur durch eine politische oder geologische Katastrophe herbeigeführt werden. Welche Gewalt heute noch diese durch so viele Generationen wirkenden Folgen der Inzucht innerhalb der einzelnen Kasten haben, dafür bringt Mantegazza selbst einige sehr drastische Belege im Capitel XII. S. 290.

Degeneration — Regeneration.

Wenn wir die frei in der Natur lebende Pflanzen- und Thierwelt beobachten, so sehen wir wohl einen scharfen Kampf ums Dasein, ein fortwährendes Siegen und Unterliegen einzelner Individuen und ganzer Arten, aber trotz vorhandener Inzucht keine Degeneration. In diesem scharfen Kampfe ums Dasein ist kein Platz für Schwächlinge und Degenerirte, sie werden früher ausgemerzt, ehe sie im Stande sind, sich weiter fortzupflanzen. Nur dort, wo die Natur selbst schützend ihre Fittiche über solche Wesen ausbreitet, können sich Formen, die einer Degeneration ähnlich sehen, erhalten (Parasiten und Höhlenbewohner).

So verhält es sich auch beim Menschen im Naturzustande. Hier ist eine körperliche und geistige Degeneration unmöglich.

Anders werden aber die Verhältnisse unter dem Einflusse der Cultur. Der wichtigste Einfluss der Cultur ist die Veränderung des Kampfes ums Dasein. Die Cultur greift störend und hemmend in den natürlichen Mechanismus des Kampfes ums Dasein ein und die Natur rächt sich dafür früher öder später mit der Degeneration der Culturträger. Dies gilt für die Culturpflanzen ebenso wie für die Hausthiere, denen der Mensch den Kampf ums Dasein abnimmt,*) und wo die Inzucht zu sehr vorherrscht.

---

*) Virgil sagt:

Selbst die gewähltere Saat mit
Arbeit lange gemustert,
Sah ich dennoch entarten, wenn
Menschliche Mühe nicht jährlich
Grösseres nur mit der Hand auslas.

Wie sehr die alte cultivirte Rebe Europas der Degeneration und den Krankheiten unterliegt, beweisen die letzten Jahrzehnte und es war nöthig, die junge amerikanische Rebe zur Zucht herbeizuziehen.

Die Verbreitung der Krankheiten unter den Hausthieren ist eine weit stärkere, als man gemeinhin glaubt. Es existirt eine Gesellschaft zur Erforschung der

Dieses Gesetz predigt uns die Geschichte der Cultur auf Schritt und Tritt. Der Weg der Cultur ist nicht nur ein ausserordentlich schwieriger, er ist auch für die hervorragenden Culturträger und Pfadfinder ein gefährlicher und führt zum sicheren Untergang. Aber es ist ein schöner und ehrenvoller Tod und es bestätigt sich auch für die Völker das, was für den Einzelnen gilt: dass das Höchste für das Allgemeine nur mit Aufopferung seiner selbst zu erreichen ist.

Es ist nun meine Aufgabe den Zusammenhang der Degeneration mit der Cultur zu erforschen.

Um hier kein Missverständnis aufkommen zu lassen, ist es nothwendig, zuerst das Wort „Degeneration" zu definiren. Schon das deutsche Wort „Entartung" trifft das Wesen der Sache. Ich verstehe unter Degeneration eine erworbene und vererbbare Störung der Harmonie (Correlation) der einzelnen Organe des pflanzlichen oder thierischen Körpers, also eine Abweichung von der harmonischen Bildung der Art.

Die Geschichtsschreiber erklären gewöhnlich*) die Erscheinung des Zugrundegehens eines Culturvolkes durch den Verfall der guten

---

Rindertuberculose in Victoria, die ein vorzügliches Werk über dieses Capitel ausarbeiten liess. (Tuberculose in Cattle. Progress Report of the Board appointed to the existence and extend in Victoria etc., Melbourne 1884 bis 1885.) Danach waren in Victoria die Rinder bis zu 10 Procent, in Deutschland bis zu 20, ja bis zu 50 Procent, in Nordamerika bis zu 90 Procent tuberculös. Hier hält man die Vererbung für einen sehr wichtigen Factor.

Ueber die Tuberculose des Rindviehs in Schottland (Grafschaft Ayrshire und Wigtonshire) ist ein interessanter Bericht in Dr. König's: „Die Lage der englischen Landwirthschaft" enthalten. Die Farmer beschuldigen vorzugsweise die Inzucht: „Die Inzucht schädigt im allgemeinen die Constitution des Thieres und veranlagt es um so mehr zur Krankheit." S. 239.

Ueber die Degeneration der Culturpflanzen und Thiere in Folge naher Inzucht und Hemmung der natürlichen Auslese siehe zahlreiche Daten bei Darwin: Var. der Thiere und Pflanzen im Zustande der Domesticat.

*) Friedländer nennt z. B. als Ursachen des Verfalles: Die Anhäufung grosser Capitalien neben der Abnahme des Mittelstandes und der Zunahme des Proletariates einerseits und der Zerstörung der alten Einfachheit und Sittenstrenge durch Steigerung der Bedürfnisse, die Vermehrung der Genussmittel und das Ueberhandnehmen der Genusssucht andererseits. Das einzige geschichtliche Werk, welches zur Erklärung des Verfalles eines Volkes sich auch auf den naturwissenschaftlichen Standpunkt stellt, ist die erst jüngst erschienene Arbeit Otto Seeck's: Die Geschichte des Untergangs der antiken Welt.

Sitten, der guten Institutionen und charakteristischen Vorzüge derselben und diesen wieder durch den zunehmenden Reichthum.

Wir werden sehen, dass dieses wohl Symptome der Degeneration sind und dieselbe regelmässig beschleunigen, dass aber die wirklich pathologischen Ursachen derselben viel tiefer liegen und dass der Verfall der guten Sitten und charakteristischen Vorzüge eines Volkes, respective der führenden Kaste desselben nur eine Folge dieser Ursachen ist. Auch werden wir sehen, welche Rolle der Reichthum in diesem Processe spielt und dass derselbe wohl eine Beschleunigung der Degeneration bewirken kann, keineswegs aber das ursächliche Moment derselben an und für sich bildet.

Die Ursachen der Degeneration müssen, da sie, wie die Geschichte lehrt, mit einer einem Naturgesetze ähnlichen Regelmässigkeit auftreten, auch in einem Naturgesetze ihre Begründung haben und dies ist auch der Fall. Die Degeneration muss unter bestimmten Verhältnissen, im Verlaufe einer Anzahl von Generationen ebenso sicher eintreten, wie der Herbst auf den Sommer folgen muss. Die Ursachen sind eben natürliche und darum unaufhaltsame und können durch menschliche Eingriffe höchstens eine Beschleunigung oder Verlangsamung erfahren.

Die wichtigste Ursache der Degeneration ist die Veränderung, unter der die betreffende Familie, Kaste oder das Volk den Kampf ums Dasein zu kämpfen hat, und die dadurch gestörte natürliche Auslese. Die daraus resultirenden Folgen werden dann durch die strenge Inzucht verstärkt und vertieft, ebenso wie sie durch die Vermischung aufgehalten und verlangsamt, ja aufgehoben werden können. Dieser Process bedarf zu seiner Vollendung mehrere Generationen. So verschieden auch sein Verlauf, je nach den verschiedenen beschleunigenden und verlangsamenden äusseren und inneren Verhältnissen ist, so kann man doch sagen, dass derselbe gewöhnlich in einer Familie im Verlaufe von 10 – 15 Generationen sein gesetzmässiges Ende erreicht.*)

---

*) Wahrscheinlich beruht der Satz der Bibel: „Ich werde die Sünden der Väter rächen bis ins dritte und vierte Glied", auf der Beobachtung solcher vererbbarer Degenerations-Erscheinungen. Für das Leben eines Einzelnen ist die Beobachtung von 3—4 Generationen das Aeusserste. Damit erklärt sich die obige Zahl der

In jeder Familie bringt die Natur Kinder verschiedener Qualität hervor, und selbst Zwillinge können, so ähnlich sie oft scheinen, doch in ihrem Wesen und ihrer feineren Structur verschieden sein, da die Natur trotz des hervorragend wirksamen Vererbungsprincipes doch immer Variationen erzeugt. So kommen in jeder Familie neben körperlich stärker organisirten Kindern einzelne Kinder mit schwächerer Organisation zur Welt. Diese unterliegen nun im scharfen Kampfe ums Dasein unter natürlichen Verhätnissen einer ebenso scharfen Auslese und gehen gewöhnlich vor der Zeit der Geschlechtsreife zu Grunde.

Ich habe in dem Capitel über die Inzucht und ihre Folgen dargethan, dass selbst eine nahe Inzucht, unter Verhältnissen, wo alle Menschen auf fast gleicher Stufe stehend, sich im Kampfe ums Dasein den gleichen Gefahren und gleichen Anstrengungen aussetzen müssen, ohne den geringsten Schaden durch viele Generationen bestehen kann. Den Beweis liefern uns nicht nur viele wilde Stämme auf abgelegenen Inseln, sondern auch die Bewohner abgelegener Gebirgsthäler der Schweizer Urkantone, Tirols und Schottlands, wo die Bevölkerung sich trotz naher und durch ungezählte Generationen dauernder Inzucht stets geistig und körperlich gesund erhalten hat. Die hervorragendste Wirkung, die eine nahe und lang dauernde Inzucht bei diesen Stämmen hervorbringt, ist eine sehr starke Fixirung der dem Stamme charakteristischen Eigenschaften, also ein ausgesprochen conservativer Geist, ein starres Festhalten am Hergebrachten.*)

Diese Erstarrung oder Fixirung der Charaktere ist eben eine natürliche Folge der Inzucht im ganzen Pflanzen- und Thierreiche und bildet, wie schon G o e t h e**) sagt, das natürliche Gegengewicht gegen die Tendenz der Veränderung! Sie ist also wohl ein Hemm-

---

Generationen; in Wirklichkeit wird diese Zahl häufig überschritten, durch Latenz unterbrochen oder durch Blutmischung die angebliche Strafe der Götter abgelenkt.

 *) Den starren conservativen Geist der Bergschotten hat B u k l e geschildert. Ueber den conservativen Geist der Urkantone siehe v. M ü l l e r: Geschichte der Schweiz.

 **) G o e t h e sagt: „Die Idee der Metamorphose ist gleich der Vis centrifuga und würde sich ins Unendliche verlieren, wäre ihr nicht ein Gegengewicht zugegeben: ich meine den Specificationstrieb, das zähe Beharrlichkeitsvermögen dessen, was einmal zur Wirklichkeit gekommen, eine Vis centripeta, welcher in ihrem tiefsten Grunde keine Aeusserlichkeit etwas anhaben kann."

nis für den Culturfortschritt, aber noch kein pathologisches Product. Mit der Bildung einer führenden Kaste ändern sich diese natürlichen Verhältnisse und nun beginnen auch die Ursachen der Degeneration wirksam zu werden.

Solange die führenden Familien nichts anderes sind, als die primi inter pares, solange die führenden Männer in der Politik oder im Kriege vom Pfluge her geholt werden und ihr Vorzug mehr in geistiger und körperlicher Beziehung seinen Grund hat, als im Besitz, solange sind diese Familien auch der gleich scharfen natürlichen Auslese unterworfen, und solange wird es auch bei ihnen trotz vorhandener naher Inzucht zu keiner Degeneration kommen, ja die Inzucht wird in dieser Zeit geradezu beitragen, die hervorragenden Eigenschaften in diesen Familien zu erhalten und zu steigern. Durch Eroberung und Krieg wird die führende Kaste in grösseren Besitz von Macht und Reichthum kommen und nun ändern sich die natürlichen Verhältnisse stärker. Dadurch dass die Mitglieder der führenden Kaste nicht mehr durch die Noth gezwungen sind, sich ihre Nahrung selbst zu verschaffen, sondern dieselbe ihnen ohne körperliche Anstrengung in Hülle und Fülle zur Verfügung steht und der Vortheil geistiger Arbeit immer offenkundiger wird, kommt die körperliche Arbeit, soweit dieselbe nicht mit einem Vergnügen oder mit dem kriegerischen Beruf zusammenhängt, bei der führenden Kaste in Verachtung. Alle Organe aber, die nicht geübt werden, bilden sich zurück.*) Die Jagd, der kriegerische Beruf und die damit verbundene körperliche Anstrengung hält die körperliche Schwächung der führenden Kaste etwas auf, ist aber nicht im Stande, sie zu verhindern. Wenn auch bei kriegerischen Nationen durch längere

---

*) So besitzen diejenigen, deren Ascendenz mehrere Generationen lang körperlich nicht gearbeitet hat, eine kleine Hand, während umgekehrt Männer und Frauen, deren Vorfahren schwere Arbeit gethan haben, grosse Hände haben. H. Spencer: Principl. of. Biology, S. 82.

Dass auch im Thierreiche durch Nichtgebrauch körperlicher Fähigkeit eine Degeneration zu Stande kommt, in welchem Zustande sie dann von der Arbeit anderer Thiere abhängig werden, beweisen gewisse Arten der Ameisen. Die Schweizer Amazonen sind schon so weit, dass sie nicht mehr arbeiten können und auf die Ernährung durch die geraubten aschgrauen Ameisen angewiesen sind. Siehe Ribot. l. c. S. 28.

Zeit noch körperliche Vorzüge in Anschlag kommen, so stehen sie doch bald hinter den geistigen zurück.*)

Bei kriegerischen Nationen — und die Mehrzahl sind es ja in ihrer Jugendzeit — kommt nun ein wichtiger Factor hinzu, nämlich dass die kräftige Jugend der führenden Kaste durch die Kriege und die Gefahren, die die Jagd mit sich bringt, einer schärferen Auslese unterworfen ist, während die schwächlichen Mitglieder ihrer Constitution wegen sich diesen Gefahren weniger aussetzen und darum leichter erhalten bleiben. Wenn sich dieser Process auf mehrere Generationen erstreckt, fortwährend eine scharfe Auslese**) nur unter den stärkeren Individuen und eine verminderte Auslese bei den Schwächeren stattfindet, so muss, wenn dazu strenge Inzucht kommt, nach und nach die führende Kaste in ihrer körperlichen Constitution eine Schwächung erleiden. Dies muss um so sicherer eintreten, als auch bei den stärker organisirten Individuen die unregelmässige körperliche Anstrengung des Kriegerstandes nie die regelmässige körperliche Anstrengung, wie sie der Kampf ums Dasein beim Volke bedingt, ganz ersetzen kann.

Das Erste, was also unter einem solchen veränderten Kampf ums Dasein in den führenden Kasten im Verlaufe von Generationen bei vorhandener Inzucht eintreten muss, ist eine langsame, aber stetige Abnahme der körperlichen Kraft. Die

---

*) „Die scythischen Eroberer Attila und Dschingis übertrafen ihre rohen Genossen mehr an Klugheit, als an Muth und es verdient bemerkt zu werden, dass die Monarchien der Hunnen sowohl als der Mongolen von ihren Stiftern auf der Grundfeste des Volksaberglaubens errichtet wurden.“ Gibbon XXXIV. C.

**) Ueber die militärische Auslese, sagt Spencer: Solange als alle Erwachsenen die Waffen tragen müssen, ist das Durchschnittsresultat, dass die mit grösster Kraft und Schnelligkeit Ausgestatteten sich erhalten, während die Schwächeren und Langsameren getödtet werden; wenn aber die culturelle Entwickelung derart geworden ist, dass nur ein Theil der männlichen Erwachsenen für das Heer ausgehoben wird, so geht die Richtung dahin, die bestgewachsenen und gesündesten auszusuchen und dem Gemetzel auszusetzen, die physisch geringeren dagegen daheim zu lassen, um die Rasse fortzupflanzen.

Die nämliche Bemerkung macht Häckel in seiner natürlichen Schöpfungsgeschichte.

Siehe darüber auch meine statistischen Nachweise über die heutigen Resultate der Aushebungen in den europäischen Staaten, in der „Ehe der Tuberculosen“. Wien, 1894. Belege über die Verbreitung des phtisischen Habitus. II., S. 139.

führende Kaste wird unter solchen Verhältnissen bald eine feinere Abart des ursprünglichen Volkstypus darstellen. Mit dem feinern körperlichen Typus in Correlation steht ein feiner organisirtes Nervensystem.*) Dem Abgang an körperlichen Vorzügen, die ja auch noch nicht ganz aus der Kaste verschwunden sind, sondern in Form von Rückschlägen noch häufig darin auftreten, entspricht eine Zunahme an geistigen Fähigkeiten. Das Volk sieht in dieser Periode noch mit Stolz auf seine führende Kaste, und folgt, da es sich gut aufgehoben fühlt, derselben ebenso willig und instinctiv, wie der Bienenschwarm seinem Weisel. Diese Zeitperiode, wo alle körperlichen und geistigen Charaktere in der führenden Kaste noch in feinerer Correlation stehen, ist stets die Glanzperiode jedes Volkes, die aber selten mit der grössten Machtperiode zusammenhängt, welche gewöhnlich erst später, schon unter dem Niedergange der führenden Kaste, eintritt. Diese Glanzperiode der führenden Kaste wird aber auch regelmässig von derselben benützt, um ihre Macht, ihren Besitz und damit in Verbindung ihre Abschliessung zu vergrössern und zu verstärken. Nun beginnt unter dem Einflusse dieser Factoren ein rascheres Tempo dieses oben geschilderten Verfeinerungs- oder Abänderungsprocesses. Der Reichthum und der Machtbesitz verstärkt die Abneigung zu körperlicher Anstrengung, die Züchtung verlegt ihre ganze Tendenz immer mehr auf die geistigen Vorzüge**) und vernachlässigt die körperliche Ausbildung.

---

*) Auf die Bildung dieses feineren Typus in der führenden Kaste hat die geschlechtliche Zuchtwahl zweifellos auch einen bedeutenden Einfluss und wird die natürliche Verbreitung derselben durch die Vorliebe der Frauen für denselben stark beschleunigt werden, so dass der ursprüngliche Rassentypus bald als bäuerisch und unnobel in Verachtung kommt. Diesen Process kann man nicht nur, in Stein gemeisselt, in Aegypten beobachten, wo der bäuerische robuste Typus der führenden Kaste des alten Reiches allmälig dem feineren Typus des mittleren Reiches weichen muss, sondern er wiederholt sich in allen Aristokratien der Welt.

Ueber die Wirkung der geschlechtlichen Zuchtwahl auf den feineren, schöneren Typus bei den europäischen Aristokratien siehe Darwin: „Abstammung des Menschen". II. S. 335.

**) Wir Aerzte wissen, dass aber auch die Ueberanstrengung eines Organes zur Disharmonie, zur Degeneration führt. Liebreich bezeichnet es als ausgemachte Thatsache, dass die Kurzsichtigkeit in civilisirten Ländern beständig zunimmt. Donders fand bei der Durchsicht der statistischen Daten, dass die Kurzsichtigkeit ein Attribut der höheren besitzenden Classen und der Stadtbevölkerung sei, und dass sie am Lande selten vorkommt.

Damit tritt Störung in der Correlation zwischen Körper und Geist ein, die Degeneration beginnt.

Durch den Wegfall des nöthigen Zwanges und bei der natürlichen Anlage des Menschen zur Bequemlichkeit nimmt auch im Verlaufe der Generationen die anstrengende Züchtung geistiger Vorzüge ab, und unter dem Einfluss des Nichtgebrauches und der geringeren Anstrengung der Gehirnganglien unterliegen dieselben mit der Zeit der nämlichen Rückbildung,*) wie dies bei den Muskeln und anderen Organen der Fall ist. Und ebenso wie früher die körperliche Arbeit wegen der erworbenen Schwäche der Musculatur und des Wegfalles der Nothwendigkeit in Verachtung gekommen ist, ebenso ergeht es der geistigen Arbeit und Protection und Nepotismus muss dann die Stelle des berechtigten Verdienstes ersetzen.

Nun kommt ein wichtiger Factor hinzu. Auf dem Boden dieser Familien, welcher durch die strengste Inzucht gepflügt und durch ein unnatürliches, in keinem Verhältnisse zur körperlichen Arbeit stehendes üppiges Leben gedüngt wird, treten nun jene merkwürdigen erblichen Krankheiten auf, die wir als echte Culturkrankheiten bezeichnen können, und die den Degenerationsprocess ausserordentlich beschleunigen und vollenden. Es sind dies die Tuberculose und die Geisteskrankheiten. Haben einmal diese erblichen Krankheiten in einer führenden Kaste Eingang gefunden, dann sorgt die ausschliessliche Inzucht für eine rasche Verbreitung in der Kaste, und je strenger die Inzuchtgesetze sind, und je genauer sie befolgt werden, eine desto raschere und intensivere Verbreitung finden dann diese erblichen, pathologischen Zustände in der Kaste. **)

In Deutschland kommen in Städten auf 10.000 Schüler 1004 Kurzsichtige. Dass das Leiden vererbbar ist, ist zweifellos.

*) Darwin hat nachgewiesen, dass die Gehirne domesticirter Kaninchen an Grösse beträchtlich reducirt sind, verglichen mit denen des wilden Kaninchens, und schreibt das dem Umstande zu, dass sie durch die lange Gefangenschaft durch viele Generationen ihren Intellect, ihren Instinct, ihre Sinne und willkürlichen Bewegungen nur wenig ausüben. Das Variiren der Thiere und Pflanzen im Zustande der Domestik, B. I., S. 137. Daselbst noch zahlreiche Beispiele über die Zurückbildung nicht oder wenig gebrauchter Charaktere und Organe.

**) Ueber die Wirkungen naher Inzucht bei Vorhandensein erblicher Krankheiten sind von Esquirol und Spurzheim interessante Daten beigebracht.

Der Einfluss, den diese erblichen, pathologischen Zustände auf die körperliche und geistige Degeneration der von denselben befallenen, führenden Familien ausübt, kann nicht leicht überschätzt werden. *) Es kann nicht Aufgabe dieser Arbeit sein, denselben genauer zu präcisiren; ich muss diesbezüglich denjenigen, der sich über den Einfluss, den speciell die Tuberculose auf die körperliche und geistige Veränderung des ursprünglichen Rassen. typus auszuüben im Stande ist, interessirt, auf meine Arbeit: „Die Ehe Tuberculoser und ihre Folgen“ verweisen.**) Sicher ist, dass diese krankhaften Processe den Degenerationsprocess ausserordentlich beschleunigen und die führenden Familien, wenn sie dem Inzuchtprincip treu bleiben, wie sie ja meist thun, dem Aussterben und dem körperlichen und geistigen Ruine entgegenführen. Auch dieser Process spielt sich langsam und über mehrere Generationen vertheilt ab. Je mehr die führende Kaste fühlt, dass sie ihre natürliche Berechtigung, die Führerrolle zu üben, durch ihre kör-

---

Nach Esquirol soll Geisteskrankheit in den Familien des französischen Hochadels und der regierenden Häuser sechzigmal so häufig vorkommen, als im Volke. Siehe darüber auch in der Arbeit Dr. Ireland's: „Herrschermacht und Geisteskrankheit“, wo die statistischen Belege über die Vererbung der Degenerationen, Geistesanlagen bei den römischen Kaisern, der spanischen Dynastie und bei russischen Herrschern enthalten sind; ebenso die neueren Untersuchungen Dr. Jakoby's über die Degeneration fürstlicher Familien durch Vererbung.

*) Im Allgemeinen lässt sich sagen (Krafft-Ebing), dass, wenn zwei belastete Individuen sich zur Zeugung vereinigen oder zur ungünstigen Constitution eines Zeugenden ungünstige interferirende Bedingungen (Trunksucht, schwächende Ein. flüsse) hinzutreten, die Belastung eine immer schwerere wird und in fortgesetzter Uebertragung psychopatischer degenerativer Momente eine fortschreitende Entartung bis zu den schwersten Formen sich vollzieht. Aus Neurasthenikern entwickeln sich dann ausgesprochene Geisteskrankheiten, anfangs noch leidlich gutartig, dann immer mehr degenerativ, bis schliesslich Idiotismus entsteht. Dann tödtet die Natur die Familie, da sie nicht mehr im Stande ist, sich fortzupflanzen.

Ebenso wie uns die Geschichte und tägliche Erfahrung lehrt, dass gute sittliche Gefühle vererbt werden, ebenso lehren uns die heutigen zahlreichen Beobachtungen und Untersuchungen der Neuropathologen, dass auch der Mangel an sittlichen Gefühlen in Folge pathologischer vererbter Veränderung, besonders der vasomotorischen Centren und ihrer subcorticalen und bulbären Bahnen, begründet ist. Oelzelt-Newin: „Sittliche Dispositionen“, Graz, 1892. Kurella: „Naturgeschichte des Verbrechers“, Stuttgart, 1893.

**) Dr. Reibmayr l. c.: Die Verbreitung der Tuberculose und des phtisischen Habitus und die dadurch bedingte Degeneration des ursprünglichen Rassentypus. S. 34 und 76.

perliche und geistige Veränderung verliert, desto mehr sucht sie durch unnatürliche Mittel, Erwerbung von Reichthum, künstliche Gesetzgebung etc. den schwankenden Boden zu befestigen, desto inniger schliesst sie sich zusammen und beschleunigt durch das alles nur um so schneller ihr unaufschiebbares Ende.

Nur jene führenden Kasten, die den Zugang für stetigen frischen Nachschub aus dem Volke offen gelassen haben und deren Machtbereich mehr auf das geistige Gebiet, als auf das weltliche sich beschränkte, wo also der Reichthum und der damit verbundene hygienische Schaden nicht so wirksam sein konnte, sind auch von der Degeneration einigermaassen, wenn auch nicht ganz, verschont geblieben und konnten sich weit über die gewöhnliche Lebensdauer solcher Kasten erhalten.*)

Manche Kasten haben auch im natürlichen, instinctiven Selbsterhaltungstriebe künstliche Einrichtungen getroffen, um die drohende Degeneration der Kaste durch die Erhaltung und Fortpflanzung der Schwächlinge hintanzuhalten, Einrichtungen, die wohl die Degeneration verlangsamen, nie aber vollständig verhindern können, wie alle menschlichen, künstlichen Einrichtungen ein Naturgesetz wohl aufzuhalten, nie aber für die Länge der Zeit unwirksam zu machen im Stande sind. So wurden z. B. mit Krankheiten Behaftete oder Schwächlinge bei den Brahmanen aus der Kaste ausgestossen, bei den Spartanern gleich ausgesetzt, beim alten deutschen Adel in ein Kloster gesteckt.

Andererseits war es natürlich, dass, solange eine Kaste ihr Uebergewicht vorwiegend nur auf körperliche und geistige Vorzüge stützte, diejenigen aus dem Volke, welche die vom Stamme gezüchteten charakteristischen Eigenschaften in hervorragender Weise besassen, von selbst Aufnahme in der Kaste fanden. Das dauert aber, wie wir sehen können, niemals lange. Die Kaste kommt bald in grösseren Besitz und zu grösserer Macht und sucht in egoistischer Weise diese Güter des Lebens möglichst für sich und ihre Nachkommen auszubeuten. Nicht nur, dass die Inzucht von selbst eine strengere wird, es wird auch durch Gesetze den Besten aus dem Volke immer schwerer gemacht, in die Kaste einzudringen, kurz, die Kaste wird nach und nach mit einer

---

*) Ein auffallendes Beispiel sind diesbezüglich die Brahmanenkaste und das Rabbinerthum.

immer höheren Mauer gegen das Volk abgeschlossen. Von der Grösse der Kaste, von ihrer mehr oder weniger strengeren Abschliessung gegen frische Blutwellen und von der Möglichkeit, sich Reichthümer und Macht anzuhäufen, hängt dann regelmässig die raschere oder langsamere Degeneration der führenden Kaste ab.

Solange die führende Kaste in ihrer Majorität noch die vom Volke mit Vorliebe gezüchteten charakteristischen Eigenschaften besitzt, werden wohl Reactionen *) gegen diese Abschliessungstendenz vorkommen, doch lässt sich in der Regel das Volk, solange die Kaste noch ihre Pflicht erfüllt, diese Tendenz ruhig gefallen. Der Nutzen der strengen Inzucht ist ja in dieser Zeit noch deutlich in den ausgesprochen genialen Individuen, bei denen die vom Volke mit Vorliebe gezüchteten Charaktere in potenzirtem Grade zum Vorschein kommen, vorhanden. Je weiter aber die Degeneration fortschreitet, desto mehr ändert sich auch dieses Verhältnis. **)

Die führende Kaste, die in ihrem Anfang eine höher stehende Varietät der gleichen Art mit denselben, aber höher ausgebildeten charakteristischen Eigenschaften des Volkes darstellt,

---

*) Am instructivsten kann man diese Reaction gegen das Abschliessungsprincip der führenden Kaste in der römischen Geschichte verfolgen.

**) Nach dem allgemeinen Gesetze, dass sich die Extreme berühren, kommen auf der Grenze der Blüthe und des beginnenden Verfalles einer führenden Kaste häufig gerade die hervorragendsten Genie's zum Vorschein. Es documentirt sich auch in ihren Nachkommen im Kleinen dieses Gesetz, denn es ist eine alte Beobachtung, dass Söhne sehr berühmter Väter stark in ihren geistigen Charakteren abweichen. Demosthenes hält es beinahe für ein Gesetz des Schicksals, dass die besten Männer häufig die schlechtesten Kinder haben und Griechen und Römer hatten in der späteren Zeit das Sprichwort, dass die Söhne der Helden nichts taugen. Ganz abgesehen von der Thatsache, dass jede charakteristische Eigenschaft, wenn sie ins Extrem gezüchtet wird, leicht in das Pathologische übergeht, ist es schon an und für sich einzusehen, dass solche seltene extrem beanlagte Naturen, weil sie eben selten sind, kaum ein ähnlich beanlagtes weibliches Wesen finden können und schon aus diesem Grunde ein Rückschlag bei den Kindern erfolgen muss. Dieser Rückschlag wird um so auffallender erscheinen, da er ja durch den Vergleich mit dem Erzeuger noch schärfer ins Licht tritt. Dagegen können in Inzuchtfamilien, solange dieselben nicht degenerirt sind, eine grosse Reihe tüchtiger, aber nicht viel über das gesunde Mittelmaass hervorragende Männer hervorgebracht werden, wie z. B. die Familie der Valerier in Rom, die Reding im Canton Schwytz, die Erlach in Bern und zahlreiche Adelsgeschlechter beweisen. Siehe hierüber Galton und Ribot l. c.

wird nun eine vom Volke nicht mehr quantitativ, sondern quali-
tativ verschiedene Varietät. Die zur Blüthezeit der Kaste
gezüchteten Vorzüge verlieren sich immer mehr; sie treten wohl
noch in einzelnen Exemplaren in hervorragender Weise, aber nur
mehr atavistisch auf. Die Majorität der führenden Kaste legt von
nun an Gewicht auf die Züchtung von Eigenschaften, die
nicht im Volke angesehen sind und mit Vorliebe gezüchtet werden. Dadurch verliert die Kaste ihre natürliche Basis,
sie verliert die naturgemässe Achtung, die sie früher besessen
und wird ein fremder Körper im Organismus des Volkes, welchen
das Volk zu bekämpfen und auszurotten das instinctive Bedürfnis
hat, solange dasselbe noch gesund und politisch lebensfähig ist.
Diese Zeitperiode der Degeneration der führenden
Kaste ist daher regelmässig die Periode der Bürgerkriege und Revolutionen.

Hat aber die führende Kaste in ihrer Blütheperiode Zeit
und Gelegenheit gehabt, ihre Herrschaft auf breiter Basis aufzu-
bauen und durch kluge Gesetze fest zu fügen, so tritt ebenso, wie
die heisseste Zeit des Sommers immer erst eintritt, wenn die Sonne
schon im Zurückgehen begriffen ist, und die Früchte der harten
Arbeit des Frühjahrs und Sommers erst im Herbste reifen, die
höchste Machtperiode eines Volkes, einer Kaste gewöhnlich erst
in einer Zeitperiode auf, wo die Degeneration der führenden Kaste
schon unverkennbar ist und man eben das Bedürfnis fühlt, den
Mangel an angeborener, innerer Kraft durch äusseren Schein zu
ersetzen, ein Vorgang, wie er regelmässig bei jedem Verfalle in
Politik, Kunst und Wissenschaft beobachtet werden kann. „Wenn
jemand aufgefordert werden sollte, in der Weltgeschichte die
Periode anzugeben, während welcher die Lage des Menschengeschlechtes die scheinbar beste und glücklichste war und das
Ansehen des römischen Reiches am höchsten stand, so würde er
ohne Zögern diejenige nennen, welche zwischen dem Tode des Domi-
tian und der Thronbesteigung des Commodus verfloss."*) Und

---

*) Gibbon: „Geschichte des Verfalles des römischen Weltreiches", III. Cap.
Nach Herodot soll Aegypten unter Amasis (569—526), also in der Zeit
unmittelbar vor dem gänzlichen Zusammensturze des neuen Reiches, den grössten
Wohlstand gehabt haben; damals soll es 20.000 bewohnte Gemeinden (Städte) im
Lande gegeben haben.

doch war die führende Kaste des grossen Reiches schon längst so
degenerirt, dass sie bereits einen Nero, einen Caligula und Do-
mitian ruhig ertragen hatte, ohne im Namen der Freiheit dagegen zu
reagiren. Denn Selbsterhaltung, nicht Freiheitsliebe, waffnete die
Verschworenen gegen diese Tyrannen. Ebenso fand das Zeitalter
des Perikles die herrschende Kaste bereits im tiefsten Verfall,
sowie die französische Aristokratie unter Ludwig XIV. bereits
der grossen Rache des folgenden Jahrhundertes entgegenreifte.

In solchen Zeiten hängt dann die Machtstellung eines
Reiches weniger von der Kraft und der geistigen Arbeit der
führenden Kaste, als von dem Genie einzelner, an der Spitze derselben stehender Personen ab. Es ist die Zeit, wo der Absolutismus in seine natürlichen Rechte tritt.

Dieser glänzende Schein hält aber nie lange vor, weil die Fähigkeit des Absolutismus beschränkt und wechselnd ist, entsprechend der
Fähigkeit seiner Träger und es tritt daher bald der Zeitpunkt
ein, wo gesunde, kräftige Völker mit ebenso gesunden, führenden
Kasten in instinctiv richtiger Erkenntnis das schlecht geführte
Volk überfallen und es zu unterjochen suchen. Ist das Volk selbst
noch gesund, so wird es durch dieses nationale Unglück nicht
nur seine führende Kaste durch Zwang reformiren, d. h. es werden
frische Blutwellen in den alternden Körper der führenden Kaste
geleitet (Revolution) oder es wird im Stande sein im harten Kampfe
ums Dasein, nachdem die alte führende Kaste grösstentheils durch
die fremden Eroberer ausgerottet wurde, eine neue zu schaffen.
Auf diese Weise kann ein Volk mehrere Blüthezeiten seines
politischen und culturellen Lebens erfahren, wie wir dies häufig in der
Geschichte beobachten können. Eines der interessantesten Beispiele
bietet uns hier die Geschichte der alten Aegypter, wo wir drei
historische Blütheperioden constatiren können.

Otto Seeck hat in seiner „Geschichte des Unterganges
der antiken Welt" auf die regenerirende Wirkung solcher
Schicksalsschläge, wo die natürliche Auslese wieder in ihr
Recht tritt, das Degenerirte ausgerottet und wo Platz für frischen
Nachschub in die führenden Kasten geschaffen wird, hingewiesen.
Er sagt*): „Ganz in ähnlicher Weise lässt sich auch bei den

---

*) L. c. I. B. S. 284.

anderen Culturvölkern Europa's die Beobachtung machen, dass regelmässig in wenigen Generationen, nachdem eine gewaltige Verwüstung über sie hingegangen ist, wieder eine hohe Blüthe ihres geistigen Lebens eintritt. Deutschland verlor durch den dreissigjährigen Krieg Dreiviertel seiner Bevölkerung und ähnlich haben die Befreiungskriege in den Niederlanden, die Kämpfe der beiden Rosen in England, die Hugenottenbewegung in Frankreich gewirkt".*)

In allen diesen Kämpfen und fürchterlichen Bürgerkriegen tritt die natürliche Auslese nach langer Ausschaltung in ihr Recht und schafft Platz für frische Blutwellen, die aus dem Volke in die führenden Kasten eindringen können, wodurch dann, nachdem die degenerirtesten Familien ausgerottet und verschwunden sind, durch Blutmischung nach wenigen Generationen eine neue Blütheperiode der Cultur eines Volkes möglich ist. Noch günstiger wirkt ein solches nationales Unglück, wenn zugleich mit der Ausrottung der degenerirten Familien der führenden Kaste eine Mischung mit verschiedenem, aber in der Cultur gleichstehenden Blute stattfindet. Das war in Holland und auch in Deutschland in den führenden Kasten in jenen Zeiten der Fall. In Holland strömten zahlreiche Protestanten von ganz Deutschland als Flüchtlinge zusammen und in Deutschland kam durch die verschiedenen in- und ausländischen Heere (Schweden, Spanier und Franzosen) und lange Dauer des Krieges eine grosse Mischung verwandten und auf gleicher Höhe der Cultur stehenden Blutes zu Stande. **)

In allen diesen Fällen tritt kein nennenswerther Rückschlag durch die Vermischung ein, und darum kann die günstige

---

*) Ueber den Irrthum Otto Seeck's, betreffs der Ausrottung der „Besten" in solchen Zeiten siehe den Zusatz VIII.

**) Englands führende Kaste hat seit der angelsächsischen Eroberung mehrere solche Regenerationen durchgemacht. Die erste durch den Einfall der Normannen, wo der angelsächsische Adel fast ganz ausgerottet wurde. Die zweite Regeneration trat 400 Jahre später im 30 Jahre dauernden Krieg der Rosen ein, wo der alte normannische Adel einer solchen Auslese unterworfen war, dass zur Zeit, als die Tudors den Thron bestiegen, nur mehr 29 Lords von den alten Familien vorhanden waren. Zur Zeit Cromwell's, 200 Jahre später, fand ebenfalls eine starke Auslese statt. In den beiden letzteren Fällen regenerirte sich die englische Aristokratie aus dem aufstrebenden Mittelstand (Gentry). Siehe darüber auch Zusatz X.

Wirkung der Vermischung in wenigen Generationen, wenn dann die Inzucht wieder herrschend wird, eintreten. Dort wo Vermischung mit in der Cultur weit abstehendem Blute stattfindet, wie dies z. B. bei der Völkerwanderung der Fall war, bedarf es, wie bereits gesagt, einer längern Periode der nachfolgenden Inzucht, um wieder eine neue Blütheperiode der Cultur (Renaissance) hervorzubringen.

Da aber durch die Revolutionen die Ausmerzung der alten degenerirten, führenden Kasten selten so radical vor sich geht, als dies für die Gesundung der führenden Kaste nöthig wäre, so wird die neu sich bildende, führende Kaste, die immer bald die gleichen, abschliessenden Tendenzen verfolgt, sich mit dem inficirten Reste der alten Aristokratie vermischen und dadurch rascher wieder der Degeneration verfallen, als dies ohne diese Infection der Fall gewesen wäre. Darum sind alle diese späteren Blüthezeiten gewöhnlich von kürzerer Dauer.

Solche nationale Schicksalsschläge, wo die natürliche Auslese besonders in Bezug auf die führenden Kasten in ihr lang gehemmtes Recht tritt, sind aber nur dann von regenerirender Wirkung, wenn das eigentliche Volk noch kräftig und gesund, also ein noch zahlreicher Bauern- und Mittel-Stand vorhanden ist.

Da im Volke immer, solange die Culturstufe nicht sehr hoch ist, eine scharfe Auslese stattfindet und die körperliche Degeneration in Folge des harten Kampfes nicht stattfinden kann, so bleibt der Stamm als solcher gesund. Das Volk kann historisch zu Grunde gehen, weil seine führende Kaste degenerirt und es im Kampfe mit anderen besser geführten Völkern unterliegt; es wird sich vermischen und dadurch als historisches Volk verschwinden, oder es wird, wenn es sich nicht vermischt, auch im unterjochten Zustande weiterleben (Basken, Iren, Inder, Chinesen etc.), oder es wird ein parasitisches Volk (z. B. Zigeuner). Aber auch ins Volk kann die Degeneration dringen, freilich nur bei sehr hoher Cultur und wenn die äusseren Verhältnisse dies erlauben. Ist die Degeneration der führenden Kaste so weit vorgeschritten, dass erbliche pathologische Zustände sich in derselben eingenistet haben, so kann das gesunde Volk durch eheliche und aussereheliche Vermischungen inficirt werden. Aber auch ohne diese Vermischungen kann bei hoher Cultur die Degeneration ins Volk eindringen. Dies geschieht besonders durch humane Einrichtungen und durch die Fortschritte der medicinischen Wissenschaft in ähnlicher Weise, wie bei der führenden Kaste, nämlich durch Hinderung der natürlichen Auslese.

Die hohe Cultur, die militärische Auslese, die körperlich schädigende Fabriksarbeit, die Expropriirung des gesunden Bauernstandes und die durch alle diese Umstände unterstützte Verbreitung der erblichen Krankheiten (Tuberculose, Lues, Geisteskrankheiten, Folgen des Alkoholismus), die Erfolge der humanen Anstalten und der medicinischen Wissenschaft in Bezug auf die Erhaltung der Schwächlinge, alle diese Factoren wirken zusammen, um der natürlichen scharfen Auslese entgegenzuarbeiten und die Verbreitung des schwächlichen, unharmonischen Rassentypus auch beim Volke zu begünstigen.*)

Dass ein Volk unter solchen Verhältnissen nicht lange den scharfen Kampf ums Dasein mit anderen gesünderen Völkern bestehen kann, ist klar und kann ein solcher Zustand nur unter besonders günstigen Verhältnissen**) längere Zeit künstlich erhalten werden. Einen solchen Zustand bot durch Jahrhunderte das römische und griechische Kaiserreich***) dar, und in unserer Zeit scheint die

---

*) Hier kommt die private Hygiene mit der Rassenhygiene in Conflict, Plötz hat diesen Conflict richtig hervorgehoben. Er wird sich wenigstens, was das Volk anlangt, schwer lösen lassen und wird wohl das private Interesse dem allgemeinen weichen müssen. Siehe hierüber Haykraft: Natürliche Auslese und Rassenverbesserung. Deutsch von Dr. Kurella, Leipzig bei Wigand 1895, ferner Plötz: Die Tüchtigkeit unserer Rasse und der Schutz der Schwachen. Berlin bei Fischer 1895. Schallmayer: Die drohende physische Entartung der Culturvölker. Berlin Heiner's Verlag. Damm: Die Entartung der Menschen. Berlin 1895.

**) Dies geschieht vorzüglich durch die geistige Ausbildung der militärischen Wissenschaften. Wenn Bagehot annimmt, dass die militärische Kraft des Menschen seit den frühesten historischen Zeiten bis auf unsere neueste in stetem Wachsen war, so ist dies richtig, wenn man nicht so sehr die in derselben zum Ausdruck kommende physische, sondern mehr die geistige Kraft einbezieht. Die physische Kraft nimmt bei Culturvölker fortwährend ab, die geistige aber so zu, dass sie den Mangel der ersteren mehr als ersetzt. Das war aber auch bei den alten Culturen ceteris paribus der Fall und doch kam der Zeitpunkt, wo dieselben der stärkeren physischen Kraft barbarischer Völker unterlagen.

***) Nach Plinius und Galen werden die Römer dieser Zeit als ein Geschlecht mit blassen Gesichtern, hängenden Wangen, geschwollenen Augen, zittern-

europäische Cultur mehrere Völker in diese gefährliche Lage zu
bringen.

Ich habe früher erwähnt, dass sich der ganze Process der
Blüthe und des Verfalles der Familien der führenden Kaste durchschnittlich innerhalb 10—15 Generationen abspielt. Derselbe kann
viel schneller verlaufen und schon innerhalb 3—5 Generationen sich
abspielen*), aber unter günstigen Verhältnissen auch das gewöhnliche Mittel weit überschreiten. Die Gründe, welche die schnellere
oder langsamere Degeneration bedingen, sind folgende.

Kommt eine führende Kaste plötzlich in ganz andere, in Bezug
auf den Kampf ums Dasein günstigere Verhältnisse, so wirkt dies
in der Regel so ungünstig auf dieselbe ein, dass sie in verhältnismässig wenigen Generationen degenerirt. Dies ist z. B. bei Eroberungen der Fall, wenn das erobernde Volk aus früher ärmlichen
Verhältnissen plötzlich ein altes reiches Culturland erobert. Da hier
zum Rückschlag in Folge der Vermischung auch noch die Stammes-
verschiedenheit dazu kommt, so dass eine Regeneration aus dem
feindlich gegenüberstehenden, unterjochten Volke nicht möglich
ist, so stehen solche Reiche stets auf thönernen Füssen und ihr
Bestand ist ein kurzer; dafür gibt es zahlreiche Beispiele in der Geschichte: Das Reich der Hyksos **) in Aegypten, der Gothen in Ita-

---

den Händen und dicken Bäuchen, schwachem Verstand und ohne Gedächtnis geschildert. (Marquart cit., bei Friedländer III. S. 37.)

Seneca sagt, dass die oberen Classen so erschlafft seien, dass es ihnen zu
viel Anstrengung kostet, sich bewusst zu werden, ob sie Hunger haben oder nicht;
Nach Lukan war es bei den Vornehmen Sitte, von vorausgehenden Sklaven sich
über die Unebenheiten des Weges benachrichtigen zu lassen; sie lassen sich erinnern, dass sie gehen und wie Blinde behandeln. Friedländer III. S. 126.

*) Dass die Entwickelung geistiger Vorzüge, ebenso wie die Rückbildung
derselben, wenn die Vererbung der erworbenen Eigenschaften nicht thätig
wäre (Weissmann), viel langsamer vor sich gehen müsste, als wir es deutlich
und in zahllosen Fällen in der Geschichte constatiren können, hat schon Eimer
bemerkt. Sehr richtig hebt er hervor, in welch' raschem Wechsel nach einer geringen
Zahl von Geschlechtern die Fähigkeit und Tüchtigkeit der Familien in guten
Verhältnissen auf- und abwogt, und wie wenige Generationen fortgesetzten Protzen-
und Parasitenthumes genügen, um zu vollständiger geistiger und körperlicher
Verkommenheit zu gelangen. Eimer, Entstehung der Arten, S. 231. Siehe hierüber auch Zusatz X.

**) Ueber die Hyksos siehe Seite 151.

lien und Spanien, der Araber in Spanien, der Vandalen in
Afrika*) und Longobarden in Italien.**)

Umgekehrt je langsamer eine führende Kaste zur Macht
kommt, durch je mehr Generationen sich dieselbe hiezu anstrengen
muss, je fester und länger gewisse vorzügliche Eigenschaften durch
Inzucht in fortwährender Anstrengung des Geistes und Körpers
Zeit haben, sich in der führenden Kaste zu fixiren, desto länger
halten dieselben auch unter dem schädlichen Einflusse der Ruhe,
des Reichthums und der Macht vor. Ein schönes Beispiel bietet
hiefür die römische Aristokratie, wo selbst in den degenerirtesten
Zeiten des Kaiserreiches noch immer Rückschläge in den stramm
gezüchteten, guten Charakter der früheren Jahrhunderte nicht so
selten waren und das unausbleibliche Schicksal hinauszogen.

Aber auch das Klima hat Einfluss auf die schnellere oder
langsamere Entwickelung der Degeneration. Es ist begreiflich, dass,
wenn zu dem an und für sich schwächenden Nichtgebrauch gewisser
körperlicher und geistiger Organe noch die erschlaffende Wirkung
eines heissen Klimas kommt, die körperliche und geistige Degeneration rascher sich entwickeln und fortschreiten muss***), als dies
im Norden der Fall ist, wo das rauhere Klima auch die reichen
Menschen zu lebhafterer Bewegung und geistiger Thätigkeit mehr
anregt. Hier wirkt das üppige Leben bei mangelnder Körper-
thätigkeit doppelt so schädlich.

---

*) „Das kühne Geschlecht der Eroberer war bald ausgestorben und ihre
häufig vermischten in Afrika geborenen Söhne genossen die wonnigen, durch die
Tapferkeit ihrer Väter erworbenen Bäder und Gärten." Die Wirkungen der Rückschläge und der körperlichen Degeneration in Folge veränderter Lebensweise waren
schon in den ersten Generationen auffallend und die körperliche Kraft im Verlaufe
von kaum 3 Generationen so herabgekommen, dass es Belisar und seinem nicht
sehr tapferen Heere in kurzer Zeit gelang, das Reich der Vandalen zu zerstören.
Gibbon XXXXI. Cap.

**) Die Longobarden der 4. Generation betrachteten die Abbildungen ihrer
Ahnen mit Neugierde und Grausen. Gibbon l. c. XXXXV. C.

***) Bukle hat den materiellen Kräften bei der Entwickelung des menschlichen
Fortschrittes ein zu grosses Gewicht beigemessen und die geistigen Kräfte unter-
schätzt. Er hat ganz richtig beobachtet, dass gerade die Klimate, die den Kampf
des Menschen mit der Natur zu einem leichten machen, ungünstig für den stetigen
Fortschritt sind; aber dieser Umstand allein genügt nicht, die rasche Degeneration
der südlichen Culturvölker zu erklären; es muss dazu noch die Wirkung der Inzucht kommen.

Wir können dies aus zahlreichen Beispielen in der Geschichte sehen, und habe ich schon darauf hingewiesen, wie rasch der kräftige, deutsche Adel in den heisseren Ländern des Mittelmeeres nach der Völkerwanderung degenerirte. Aber auch in der neueren Zeit hat man in den Colonien solche Beispiele häufig vor Augen.*)

Einen bedeutenden Einfluss auf den schnelleren Verlauf der Degeneration hat auch die Grösse der Kaste, also die Zahl der Inzuchtindividuen. Je kleiner die Zahl, desto stärker kommen die schädlichen Wirkungen der Inzucht zum Vorschein.**) Dies ge-

---

*) Die Insel Bourbon gilt als ein Ort, wo kein Europäer sich acclimatisiren kann. Nimmt man die Bevölkerung der Insel im Ganzen, so steht bei ihr die Zahl der Geburten entschieden gegen die Zahl der Todesfälle zurück. Die Weissen auf Bourbon theilen sich aber in zwei Classen, man möchte fast sagen, in zwei Rassen, die in Sitte und Gewohnheit scharf verschieden sind. Zur ersten Classe gehören die Städter und die grossen Grundbesitzer, die das gewöhnliche Colonistenleben führen und von der Bearbeitung des Bodens sich ferne halten, die ja in den Augen dieser Leute nicht nur schändet, sondern auch gefahrdrohend ist. Die andere Classe umfasst die kleinen Weissen, die Nachkommen der alten Colonisten, die nicht die Mittel dazu hatten, Sklaven zu kaufen und deshalb den Boden mit eigenen Händen zu bearbeiten genöthigt waren. Die hohe Mortalitätsziffer für die Bevölkerung der Insel Bourbon rührt aber lediglich von der erstgenannten Classe her, die also hier wie überall auf das Aussterbe-état der Natur gesetzt ist. Die arbeitende Rasse breitet sich aus und hat auch körperlich unverkennbar gewonnen, namentlich zeichnen sich die Frauen durch stattliche Formen und schöne Gesichter aus. Sie leben in strenger Inzucht und vermischen sich nicht. Quatrefages I. B. 1. c. 278.

**) Wie Kraft-Ebing (Lehrbuch der Psychiatrie B. I., S. 153 ff.), Morel (Traité des Degenerat.), Ribot l. c., Kurella etc. feststellten, ist die Erblichkeit in engeren Inzuchtkreisen, also in den Aristokratien, geschlossenen kleinen Religionsgenossenschaften (Juden, Sectirer, Quäker) eine weit grössere als bei einer grösseren und nicht auf strenge Inzuchtprincipien lebenden Bevölkerung (Eimer).

Das schnelle Sinken der Dynastie der Ptolomäer ist z. B. auf diese Wirkung der engsten Inzucht zurückzuführen. Ptolomäus II. heiratete seine Tochter, dann seine Schwester; Ptolomäus IV. ebenfalls seine Schwester; Ptolomäus VI. und VII., zwei Brüder heirateten nacheinander dieselbe Schwester; Ptolomäus VIII. heiratete nacheinander seine zwei Schwestern; Ptolomäus XII. und XIII. heirateten nacheinander ihre berüchtigte Schwester, die Kleopatra. Ueber das Aussterben und die rasche, geistige und körperliche Degeneration bei sehr naher Inzucht bei regierenden und adeligen Familien lassen sich zahlreiche Beispiele beibringen. Siehe hierüber Galton, Ribot.

schieht besonders schnell, wenn erbliche Krankheiten in der Kaste
oder Familie sich eingenistet haben.

Die Bedeutung der Erblichkeit auf dem Gebiete der Geisteskrankheiten wird besonders klar, wenn man das Schicksal der
Familien, die von psychischer Krankheit heimgesucht werden,
durch Generationen verfolgt.*)

Wenn wir die hervorragendsten Symptome der körperlichen
und geistigen Degeneration einer kurzen Betrachtung unterziehen,
so sind dies Erscheinungen, die, wie ich eingangs dieses Capitels
erwähnt habe, von den Geschichtschreibern gewöhnlich als die
Ursachen des Verfalles bezeichnet werden, also vor allem der
Verfall der guten Sitten und charakteristischen Vorzüge eines
Volkes und die Zunahme und das Ueberhandnehmen des Luxus
und Reichthums.

Entsprechend den verschiedenen Anlagen und gezüchteten
Charakteren werden auch die Symptome des Verfalles verschieden
sein. Ich werde Gelegenheit haben, bei den einzelnen Völkern
diese Verschiedenheit der Symptome zu erwähnen. Doch gibt es
Symptome genug, die sich bei allen Familien, Kasten und Völkern
im Degenerationsstadium gleichen und nur diese in der einheitlichen, körperlichen und geistigen Organisation der Menschheit
begründete Gleichheit gewisser Degenerationssymptome soll hier
besprochen werden. In Einem vor allem gleichen sich alle Inzuchtvölker ebenso, wie die Inzuchtkasten, ja wie das einzelne Individuum, nämlich dass sie sich über das Stadium des Verfalles und der
Degeneration selbst regelmässig täuschen und gewöhnlich dasselbe
für eine Periode hoher Blüthe halten. Diese Meinung wird häufig
durch die äusseren Verhältnisse unterstützt, da, wie ich erwähnt
habe, diese Zeit gewöhnlich mit dem Scheine hohen Wohlstandes
und äusserer Macht verbunden ist. Doch ist der Reichthum sehr
ungleich vertheilt, es ist dies die Zeit der Latifundien und der
Ansammlung grosser Vermögen in wenigen Händen. Bezüglich
der äusseren Macht sind es gewöhnlich die Früchte der Arbeit
tüchtiger Vorfahren, die jetzt erst zur Reife kommen, und weniger
das Product der Arbeit der jetzigen Generation.

----

*) Siehe hierüber Kraft-Ebing l. c. und die interessanten Tabellen
von Bird: Allg. Zeitschrift für Psychologie. Taguet, Annal. med. psych. 1877.
Ribot etc.

Ich habe schon des öftern hervorgehoben, dass eine der wichtigsten Wirkungen der Inzucht in kleinen Kreisen die extreme Züchtung der im Volke beliebten Charaktere ist. Diese Züchtung beobachten wir in der ersten Zeit der Degeneration ganz regelmässig. Die Tapferkeit wird bis zur Tollkühnheit, die Sparsamkeit bis zum Geiz, eine stolze und noble Gesinnung wird zum Hochmuth und die Vaterlandsliebe wird zum unduldsamen Chauvinismus etc. gezüchtet. Wir machen aber als Aerzte die regelmässige Erfahrung, dass, wenn degenerative Processe in einem Individuum weiterschreiten, ein Zeitpunkt erscheint, wo eine förmliche Charakterveränderung ins Schlechtere eintritt. Was sich im einzelnen Individuum verhältnismässig schnell abspielt, dasselbe geht in der Familie oder Kaste langsamer und über mehrere Generationen vertheilt vor sich, aber der Vorgang ist der gleiche. So kommt es bei fortschreitender Degeneration nach dem Gesetze der Berührung der Extreme zu einer förmlichen Veränderung der Charaktere in das Gegentheil. Eine ehemals tapfere Kaste wird feige, der gezüchtete republikanische Freiheitsgeist macht einer sklavischen Gesinnung Platz, die sich nur unter der Sonne des Despotismus wohl fühlt, der sich für das Wohl der Allgemeinheit aufopfernde Geist weicht einem crassen Egoismus, die Sparsamkeit der Verschwendung und der berechtigte Stolz wird abgelöst von einem Grössenwahn, der mit den äusseren und inneren Verhältnissen und Leistungen der Kaste oder Familie in möglichst grossem und darum lächerlichem Widerspruch steht, und weder durch Schicksalsschläge noch durch den Zwang äusserer Verhältnisse eine Veränderung erfährt.*) Und wie wir den degenerirten Neurastheniker in sinnloser Weise Alles thun sehen, was ihm schadet und seine finanzielle und bürgerliche Stellung untergraben muss, so wüthet eine solche degenerirte Familie oder Kaste gegen sich selbst und beschleunigt dadurch, dass sie alle früheren mit Vorliebe gezüchteten und beim Volke geachteten Charaktere in das Gegentheil verkehrt, ihr unausbleibliches natürliches Ende.

Wir sehen also den Verfall der guten Sitten und Charaktere als eine nothwendige Folge der körper-

---

*) Eines der besten Beispiele aus der neueren Geschichte bietet uns die französische Aristokratie und ihr Verhalten in der Emigration.

lichen und geistigen Degeneration der führenden Kaste eintreten. Es betrifft auch dieser Verfall der Sitten und Charaktere gewöhnlich nur die führende Kaste (Adel) und jenen Theil des Volkes, der sich der scharfen natürlichen Auslese durch die Fortschritte der höheren Cultur zu entziehen vermag (Mittelstand). Das hart arbeitende Landvolk, der Bauer, der in Folge seiner Lebensweise und Beschäftigung der natürlichen Auslese unterworfen bleibt, und dessen körperliche Constitution in Folge der gleichmässigen Uebung der Musculatur nicht degeneriren kann, bleibt auch moralisch gesund.

Doch sind uns genug Beispiele aus der Geschichte bekannt, wie auch der Bauernstand finanziell ruinirt und dadurch in seiner Zahl verringert werden kann*) und wie die degenerirenden Kasten in ihrer geistigen Verblendung alles Mögliche thun, um diese Wurzel, die Quelle ihres eigenen Bestandes und der Möglichkeit ihrer fortwährenden Regeneration zu schädigen und zu verstopfen.

Es ist nöthig, noch Einiges über den Luxus und Reichthum, welcher auch als eine der gewöhnlichsten Ursachen des Verfalles angesehen wird, zu bemerken. Auch hier wird, wie so häufig, Wirkung und Ursache verwechselt. Der Luxus an und für sich ist, wenn er ein gesunder und natürlicher ist, weder schädigend, noch ist er ein Zeichen der Degeneration eines Volkes. Aber jener unsinnige, unsittliche Luxus, der mehr Lust im Zerstören, als im richtigen Geniessen hat und mehr den Luxus des Egoismus, als den Luxus der Allgemeinheit vorstellt, dieser Luxus ist immer und überall ein Symptom der Degeneration gewesen und hat wiederum beschleunigend auf die Degeneration solcher Völker und Kasten gewirkt.

Man kann aus der Geschichte aller führenden Kasten ersehen, dass in den Zeiten, wo dieselben auf der natürlichen

---

*) Wer sich über die Methoden, wie ein Bauernstand von den führenden Kasten finanziell ruinirt und mehr als decimirt werden kann, informiren will, der lese das Capitel von Otto Seeck: Geschichte des Unterganges der antiken Welt. I. C. 5. Die Entvölkerung des Reiches. Ferner Hansen: Die drei Bevölkerungsstufen IV. B. Der Kampf der drei Bevölkerungsstufen S. 235.

In neuerer Zeit kann man an England bereits deutlich die Folgen studiren, wohin ein Staat gelangt, der seinen Bauernstand ruinirt.

Siehe hierüber das lehrreiche Buch von Dr. Koenig: Die Lage der englischen Landwirthschaft. Jänner 1896 bei Fischer.

Basis ihrer Macht, also auf der Basis der höher gezüchteten Charaktere stehen, auf Luxus und Reichthum kein grosses Gewicht gelegt wird und derselbe überall nur eine secundäre Rolle spielt. Erst mit dem allmäligen Schwinden der geistigen Vorzüge fängt der Reichthum und Luxus an, die maassgebende, erste Rolle zu spielen.

Je mehr eine führende Kaste fühlt, dass ihre natürlichen Machtmittel schwinden, desto mehr wird sie das instinctive Bedürfnis haben, diesen innern Mangel durch äussere Mittel künstlich zu ersetzen. Der Reichthum und Luxus, der früher nur ein nebensächliches Mittel war, um dem natürlichen Ansehen der Kaste äusserlich einen greifbareren Ausdruck zu geben, der auch darum in diesen Zeiten mehr der A l l g e m e i n h e i t wegen und höchstens im Dienste der Kaste entfaltet wurde,*) wird nun Selbstzweck und tritt mehr in den Dienst des Egoismus, um dadurch das Volk über den Mangel der natürlichen Basis der Achtung hinwegzutäuschen und sich länger am Ruder zu erhalten, als dies ohne Reichthum möglich wäre.

Zweifellos unterstützt und beschleunigt zu allen Zeiten, also auch in den noch gesunden Verhältnissen einer führenden Kaste, der Reichthum und Luxus die beginnende körperliche Degeneration und viele Kasten haben sich im richtigen Gefühle dieses Umstandes selbst beschränkende Gesetze gegeben (Censur). Bei fortschreitender Degeneration ist aber die Kaste im eigenen Interesse gezwungen, diese beschränkenden Gesetze aufzuheben, denn nur der immer mehr anwachsende Reichthum kann ihr noch für einige Generationen ihre führende Rolle sichern und das Volk über die Hohlheit der natürlichen Machtbegründung hinwegtäuschen.

Der Mechanismus der Natur ist aber in allem und jedem, also auch in der rückschreitenden Auslese, wie die Naturforscher den Degenerationsprocess nennen, auf die fortschreitende Entwickelung eingerichtet, dass auch der Degenerationsprocess der führenden Kasten in vielen seiner Wirkungen noch an dem allgemeinen Fortschritte mitarbeiten muss.

Der für die degenerirenden Familien und Kasten so nothwendige und fast ins Pathologische gesteigerte Trieb zur Ansammlung

---

*) Erinnere hier an das gemeinschaftliche Silberservice der römischen Senatoren zur Zeit des I. pun. Krieges.

von Reichthümern muss, wenn er auch noch so sehr in den Dienst des Egoismus gestellt wird, doch für den Fortschritt befruchtend wirken. Es ist unnöthig, den Einfluss des Reichthums auf die Fortschritte in Kunst und Wissenschaft hier des nähern auszuführen, da dies besonders in neuerer Zeit von den Nationalökonomen sehr erschöpfend geschehen ist. Freilich entgeht bei fortschreitender Degeneration naturgemäss auch Kunst und Wissenschaft nicht dem Schicksale der politisch führenden Kaste, da die Degeneration früher oder später auch stets auf den Mittelstand übergreift; es geschieht dies aber langsamer und später, da hier dem fortwährenden Zuströmen frischen Blutes von Seite der gesunden Landbevölkerung weniger Hindernisse entgegengestellt sind.

Degenerationsperioden haben ferner stets eine merkwürdige Wirkung auf den Fortschritt zweier Wissenschaften ausgeübt und zwar auf die Medicin und Rechtswissenschaft.

Bei körperlich und geistig gesunden Kasten und Völkern hat die Medicin wenig zu leisten, ja bei den kriegerischen Völkern der alten Geschichte spielte selbst die Chirurgie eine kaum nennenswerthe Rolle. Die Medicin ist aber eine praktische Wissenschaft und kann auf rein theoretischem Wege keine Fortschritte von Bedeutung machen. Sie muss „Material" zum Beobachten zur Verfügung haben und das findet sie bei gesunden kräftigen Völkern mit noch gesunden, führenden Kasten nicht. In solchen Zeiten genügt das Handauflegen eines Priesters, um die ewige und kräftig wirkende Heilkünstlerin Natur in ihrer geheimnisvollen Wirksamkeit scheinbar zu unterstützen. Anders zu Zeiten beginnender körperlicher und geistiger Degeneration, wo das Heer chronischer Krankheiten und die erblichen, pathologischen Constitutionen in den Familien und in den Kasten, ja selbst in einem Theile des Volkes sich einzunisten beginnen. Jetzt wird der gebildete Arzt ein Bedürfnis und mit dem Bedürfnisse und der dadurch hervorgebrachten Uebung werden die Meister in dieser Wissenschaft regelmässig hervorgebracht. Das beweist uns die Geschichte der Medicin. Die Blüthezeit der alten medicinischen Schulen fällt regelmässig mit der Degenerationsperiode des jeweiligen Volkes zusammen; zu solchen Zeiten werden die grössten Fortschritte gemacht, und waren die Aerzte im grössten Ansehen.*)

---

*) Siehe hierüber den genaueren geschichtlichen Nachweis im Zusatz IX.

Aehnlich, wenn auch nicht in dem Grade, wie bei der Medicin, verhält es sich bei der Rechtswissenschaft. Bei allen alten Inzuchtvölkern ist die führende Kaste, solange sie gesund ist und bei dem Volke in Folge ihrer höher gezüchteten Charaktere in grossem Ansehen steht, der geborene Richter der Verbrechen und Schlichter der Streitigkeiten. Es bedarf ein Volk darum auch zu solchen Zeiten wenig geschriebener Gesetze, denn hier liegt Recht und Billigkeit mehr im Blute und die Stammes-Sitten und Stammes-Moral sind der gegebene Leitfaden für den Rechtssprecher.

Aber mit der beginnenden Degeneration der führenden Kaste ändern sich die Verhältnisse. Der besprochene Trieb Macht und Reichthum zu vermehren, muss zu Uebergriffen in der Rechtssphäre führen, der durch die Folgen der Inzucht hervorgerufene Kastengeist formt das Recht zu seinen Gunsten und die in den Händen der Kaste befindliche Gewalt wird immer mehr zur Beugung von Recht und Billigkeit verwendet. Das gesunde Volk verliert das Vertrauen in die Rechtssprechung der führenden Kaste und fordert darum geschriebene Gesetze und andere Richter. Je degenerirter eine führende Kaste wird, je mehr Egoismus und der Trieb nach Reichthum und Luxus zunehmen, desto ärger müssen diese Uebergriffe, desto stärker muss auch die Reaction des gesunden Volkes dagegen werden. Es ist darum ein merkwürdiges Symptom von dem naturgemässen Zwang dieser Verhältnisse, dass oft unter den schlechtesten Tyrannen und unter dem Regimente der degenerirtesten Kaste die besten Gesetze gegeben wurden und, wie Gibbon sagt, unter den elendsten und lasterhaftesten Herrschern die Weisheit und Unbescholtenheit eines Papinians und Ulpians den Thron der Gerechtigkeit füllte. *)

Während die praktischen Wissenschaften und handwerksmässigen Künste in Zeiten der Degeneration der führenden Kasten und des zunehmenden Reichthums einen Aufschwung nehmen, geht die wirkliche und ideale Kunst in solchen Zeiten gewöhnlich dem Verfalle entgegen. Mit dem Verlust der nationalen Charaktere nimmt auch die nationale Kunst und der nationale Glaube ab und solche Zeiten der Degeneration der führenden Kasten sind regel-

---

*) Siehe hierüber: Gibbon, XXXXIV. Capitel.

mässig auch Zeiten, wo fremde Kunst und fremde Religionen leichter Eingang finden, ja Verachtung der nationalen Religion oder Atheismus überhand nehmen. Es sind dies auch die Folgen der bereits eintretenden Vermischung der Stände, wodurch die Charakterlosigkeit gezüchtet wird. Ein interessantes Spiegelbild dieser Zustände bietet uns die römische Kaiserzeit.

Es ist begreiflich, dass in solchen Zeiten der Degeneration ein gewisser Pessimismus der genialen Menschen sich bemächtigt, der oft in ihrem disharmonischen Nervensystem begründet ist und den sie dann nach der ebenso menschlichen Neigung, alles Persönliche oder nur ihre Kaste Betreffende zu verallgemeinern, auf die ganze menschliche Cultur anwenden. Daher kommt es, dass zu solchen Zeiten immer wieder die Ideen von dem stetigen Rückschritte des Menschengeschlechtes auftauchen und die Zeiten, wo die führende Kaste noch gesund war, als das Eldorado und Paradies oder goldene Zeitalter gepriesen werden, obwohl die Kaste materiell gewöhnlich in Degenerationszeiten besser situirt ist, als zu Zeiten ihres Aufstrebens. Die Disharmonie der Verhältnisse solcher Zeiten kann auch klarer blickenden Köpfen, den Philosophen und Dichtern, nicht entgehen, und darum auch die Prophezeihung des Unterganges des Staates, die freilich unter solchen Verhältnissen nicht schwer ist, da ja die Geschichte aller Völker von jeher gelehrt hat, dass ein Volk ohne tüchtige führende Kaste dem Untergange früher oder später geweiht ist.

Das heilige Buch der Inder erzählt, dass im ersten Zeitalter die Gerechtigkeit auf vier Füssen stand, während die Wahrheit herrschte, und die Sterblichen die Glücksgüter, derer sie sich erfreuten, nicht dem Frevel verdankten. In jedem folgenden Zeitalter habe die Gerechtigkeit einen Fuss verloren und die rechtlichen Güter nehmen gleichzeitig um ein Viertel ab.

Wie sehr die degenerirten Griechen das goldene Zeitalter priesen und die Blüthezeit ihrer führenden Kasten poetisch ausschmückten, ist bekannt.

Die besonnensten Menschen des Alterthums, die Römer, verlegten in den Zeiten ihrer Degeneration das Ideal aller Weisheit auf die Vorfahren und die Senatoren aus der Zeit des Tiberius

suchten sich in ihren Verfall zu fügen, indem sie zu den Füssen
der Bilder ihrer Ahnen sitzend, mit Horaz wiederholten:

> Aetas parentum pejor avis tulit
> Nos nequiores, mox daturos
> Progeniem vitiosiorem.

So lauteten die Klagen der degenerirten Nachkommen der
führenden Kasten aller Völker und aller Zeiten, denen die Dichter
ihre Stimme liehen. Aber es sind eben nur die Klagen der noch
gesünderen Elemente der führenden Kasten.

Die grosse Menge derselben täuscht sich über den Zustand
des Verfalles und nahen Todes ebenso, wie der individuelle Mensch
sich gerne über seinen kranken Zustand und die Nähe des Todes
täuscht. Und es ist auch gut, dass es so ist, denn das Schicksal
ist unabwendbar und das Heilmittel liegt nicht in der Hand der
kranken Kaste sondern nur in der Hand der Natur. —

Das Schicksal degenerirter Familien oder Kasten ist in der
Regel der wirkliche oder geschichtliche Tod, d. h. sie sterben aus
oder werden ausgerottet. Sie können sich aber auch durch Vermischungen mit gesundem Blute des eigenen Volkes regeneriren.*)
Doch ist dies nur bei nicht zu sehr fortgeschrittener Degeneration
noch möglich. Degenerirte Familien sterben häufig zuerst in
männlicher Linie aus in Folge verminderter Reproductionsfähigkeit
oder unnatürlicher Abneigung gegen die Ehe und Nachkommenschaft. Noch häufiger ist der finanzielle Tod; die Familie verliert ihren Reichthum und die Nachkommen verschwinden unter
dem Volke.**) Degenerirte Kasten gehen in inneren Revolutionen
oder durch Unterjochung des schlecht geführten Volkes zu Grunde
und verschwinden auf diese Weise aus der Geschichte, indem sie
sich mit anderem Blute, mit anderen Charakteren vermischen.

---

*) Kraft-Ebing sagt bezüglich degenerirender Familien, dass die Regeneration
auf einer nicht zu fortgeschrittenen Stufe der Degeneration noch möglich sei
durch Kreuzung mit gesünderem Blute aus intacten Familien und durch Inter-
ferenz natürlicherer Lebensbedingungen; dahin gehört vor allem die Möglichkeit
der natürlichen Auslese im härteren Kampfe ums Dasein. Die Formen der Krankheiten werden immer milder, und wird die Kreuzung fortgesetzt, und hat durch
mehrere Generationen die natürliche Auslese Gelegenheit, sich geltend zu machen,
so kann der degenerative Keim vollständig verschwinden.

**) Siehe den Nachweis hierüber im Zusatz X.

Aber auch eine Neubildung einer führenden Kaste und eine neue Blüthezeit eines Volkes ist durch die harte Schule des Lebens und die freie Wirkung der natürlichen Auslese wieder möglich, wie ich dieses früher auseinandergesetzt habe.

Da aber gewöhnlich Reste der degenerirten führenden Familien sich auch in die neue Blüthezeit hinüberretten, so sind solche Regenerationsprocesse und neue Blütheperioden eines Volkes nie von langer Dauer und das endliche Schicksal aller Culturvölker, der geschichtliche Tod, ist früher oder später doch unausbleiblich. Stirbt aber auch ein Culturvolk für die Geschichte, so gehen doch seine gezüchteten Culturganglien nicht verloren, sondern kommen der Mischrasse zugute und bilden auf diese Weise einen wesentlichen Factor in dem fortwährenden Culturfortschritt der Menschheit.

So sehen wir also die Vermischung und ihre Folgen als nothwendiges Heilmittel der Natur gegen die schädlichen Folgen der Inzucht in ihre Rechte treten und indem dieselbe immer unter geschichtlichen Katastrophen, mit allen daran hängenden Consequenzen (Krieg, Zerstörung, Seuchen) vor sich geht, so kann auch die natürliche Auslese in ihrer schärfsten Form wieder zur Geltung kommen.

In diesen, für die einzelnen Völker fürchterlichen, aber für das Wohl und den stetigen Fortschritt der Menschheit im Allgemeinen gesunden Katastrophen muss im Verlaufe der Generationen alles Degenerirte nicht Anpassungsfähige zu Grunde gehen. Die noch regenerationsfähigen Culturganglien werden aber durch Vermischungen, durch den Einfluss des harten Kampfes ums Dasein und der wieder zu Ehre kommenden körperlichen und geistigen Anstrengung somatisch gestählt und gekräftigt, wenn auch ihre geistige Fähigkeit in dieser Zeit einen Rückschlag erleidet und sie scheinbar einem tiefen Schlafe unterworfen ist. Soll sich dann aus diesen nationalen Katastrophen und den nothwendigen Vermischungen wieder eine neue Culturblüthe entwickeln, so ist wieder eine Inzuchtperiode von mehreren Generationen nöthig.

Aber nicht jede Vermischung, selbst mit nachfolgender Inzuchtperiode, bringt eine neue Blütheperiode der Cultur hervor. Es hängt dies auch von den natürlichen Anlagen der Völker, die sich vermischen, ab und nicht zum geringen Theil auch von der Umgebung, in der die Nachkommen dieser Mischung ihren Kampf ums Dasein auszukämpfen haben.

So ist z. B. die Vermischung eines Volkes, welches schon seit sehr vielen Generationen zum Ackerbau und den mit demselben verbundenen Sitten gekommen ist, mit einem Nomadenvolke eine ungünstige. Wenn auch die körperlichen Charaktere durch solche Vermischungen regelmässig gewinnen, so tritt doch stets für viele Generationen ein starker Rückschlag in der Cultur ein und besonders die feineren und höheren Culturblüthen können in einem solchen Mischvolk trotz Inzucht lange Zeit nicht zum Vorschein kommen, weil die der Cultur so feindlichen nomadischen Charaktere ebenfalls sehr fest durch die unzähligen Generationen fixirt sind und eine sehr lange Periode der Inzucht nothwendig wäre, um sie durch die conservativen Charaktere des ackerbautreibenden Volkes allmälig umzubilden und auszumerzen. Solche lange Inzuchtperioden sind aber bei der starken Besiedelung der Erde schon lange nicht mehr möglich.*)

Nur Mischungen von in den Rassencharakteren und der Culturhöhe nahe stehenden Völkern sind geeignet, bei nachfolgender Inzucht und günstigen äusseren Verhältnissen in wenigen Generationen wieder eine neue Culturblüthe hervorzubringen.

---

*) Dies beweist das Schicksal des alten Culturblutes in den Ländern des heutigen türkischen Reiches. Auch die Bevölkerung der westlichen Hälfte der Insel Sicilien ist ein Beleg hiefür. Siehe die Bemerkung Victor Hehn's: Italien S. 163.

Schlusssätze.

1. Die natürliche Zuchtwahl in Verbindung mit Inzucht, wie sie in der Horde herrscht, vermag den Menschen nur sehr wenig und äusserst langsam über seinen rohen Urzustand zu erheben. Die Stufe der Cultur, die wir Civilisation nennen, kann der Mensch nur durch engere Inzucht (Arbeitstheilung) unter Hemmung der natürlichen Auslese erreichen.

2. Um das Inzuchtprincip in den ersten Zeiten des Culturlebens der Menschheit strenge durchzuführen und eine Inzuchtkaste züchten zu können, war ein von der Natur gegebener Schutz vor Vermischung nöthig. Inzuchtkasten bildeten sich daher zuerst nur dort, wo das Volk zur Sesshaftigkeit gelangen konnte und vor Vermischung durch natürliche Schutzwälle besser geschützt war.

3. Der Eintritt des Volkes in das Culturleben und die Blüthezeit der Cultur des betreffenden Volkes hängt immer mit der Bildung der Inzuchtkasten und mit der Blüthezeit derselben zusammen.

4. Der Culturfortschritt hat regelmässig im Verlaufe der Generationen eine Einschränkung der natürlichen Auslese in der Inzuchtkaste zur Folge, womit die Degeneration der Kaste beginnt, welche durch die Inzucht verstärkt und verbreitet wird.

5. In Folge der Degeneration der führenden Kasten gehen die Culturvölker historisch zu Grunde.

6. Das Heilmittel der Natur gegen die Degeneration einer Kaste, eines Volkes ist die Vermischung mit einem körperlich gesunden, aber culturell meist niedriger stehenden Volke.

7. Durch eine solche Vermischung wird stets ein Rückschritt in der Cultur herbeigeführt. Unter günstigen Verhältnissen wird der Rückschlag von der Mischrasse bald überwunden und es kommt unter dem Einflusse einer nachfolgenden Inzuchtperiode zu einem neuen Culturfortschritt.

8. Unterliegen auch alle hervorragenden Culturvölker und Culturblüthen früher oder später dem historischen Tode, so schreitet im Allgemeinen doch die Menschheit durch die stattfindenden Vermischungen, wenn auch langsam aber stetig auf dem Wege der Cultur fort.

9. Das Wesen des Culturfortschrittes der Menschheit beruht daher in seiner Hauptursache auf dem regelmässigen Wechsel von Inzucht und Vermischung der einzelnen Völker und Rassen.

Geschichtliche Belege.

———

Geniale Völker.

Die Frage, auf welche Weise die Natur die höchste Blüthe der menschlichen Cultur, das Genie hervorbringt, hat schon oft den Forschungstrieb der Menschen beschäftigt. Auch hier hat die naturwissenschaftliche Forschung der letzten Jahrzehnte aufklärend gewirkt und Arbeiten, wie die Galton's, haben dieses Thema in ein helleres Licht gerückt. Zweifellos ist das Erscheinen eines Genie's kein blinder Zufall, im Gegentheil, die Gesetze des Werdens und Gedeihens eines Genie's sind so complicirt, dass eben schon aus dem Umstande, dass so viele günstige Verhältnisse zusammenwirken müssen, um den Samen des Genie's hervorzubringen und dass auch die weiteren äusseren Bedingungen günstig sein müssen, um das Gedeihen dieser merkwürdigen Blüthe zu ermöglichen, sich die Seltenheit des Genie's von selbst ergibt.

So viel ist nach den statistischen Untersuchungen Galton's (Hereditary Genius) und de Candolle's (Histoire de la science etc.) sicher, dass das Genie als ein intellectuelles Züchtungsproduct mehrerer Generationen zu betrachten ist. Aber nicht nur die äusserst complicirten Verhältnisse der zweielterlichen Vererbung müssen günstig liegen, um ein genial angelegtes Gehirn zu erzeugen, nicht minder wichtig für die Entwickelung dieses so empfindlichen seltenen Samens sind der Boden und die anderen das Wachsthum befördernden äusseren Verhältnisse, die Umgebung, die Erziehung etc. Erst, wenn alle diese complicirten Verhältnisse harmonisch zusammenstimmen, dann kann ein echtes Genie sich entwickeln. Es heisst die Wichtigkeit der äusseren Verhältnisse für die Entwickelung des Genie's ganz verkennen, wenn man annimmt, dass ein Rafael oder ein Mozart sich unter a l l e n Verhältnissen zu der Höhe des Genie's entwickelt hätten, wie es unter den gegebenen Verhältnissen wirklich der Fall war.

Die verkommenen Genie sind nicht immer auf einen Fehler der Anlage zurückzuführen, sondern viel häufiger auf einen Fehler in der Entwickelung; denn der beste Samen kann nicht gedeihen und sich harmonisch entwickeln, wenn er auf einen Boden fällt, der nicht die seiner Natur entsprechenden Nahrungsbedingungen enthält und wo nicht das entsprechende Klima vorhanden ist.

Ist es nach heutigen Begriffen der Erblichkeit schon absurd zu behaupten, dass zwei ganz unmusikalische Eltern das musikalische Talent eines Bach hervorbringen können, so ist es ebenso unmöglich, dass ein solches Talent sich mitten unter einer unmusikalischen Umgebung entwickeln kann.

So wie wir sehen, dass die Natur zahlreiche individuelle Talente zur Welt bringt, dass es aber ganz besonderer äusserer Verhältnisse bedarf, um aus der grossen Menge ausgestreuter Talente das hervorzubringen, was wir ein „Genie" nennen, ebenso verhält es sich auch bei den Völkern.

Zahlreiche Stämme mit guten körperlichen und geistigen Anlagen haben sich auf der verfügbaren Erde zerstreut angesiedelt, aber die weitere Entwickelung zu dem, was ich ein geniales Volk*) nennen möchte, hing von ganz bestimmten äusseren Verhältnissen ab, vom Klima, von der Umgebung u n d v o r a l l e m v o n d e r M ö g l i c h k e i t, s t r e n g e I n z u c h t z u halten.

Zweifellos ist auch bei einem genialen Volk ähnlich, wie beim genialen Individuum die angeborene geistige Beanlagung die Hauptsache. Und wie wir in Familien beobachten können, dass die geniale Anlage erblich, und in mehreren Individuen zu gleicher Zeit oder in mehreren Generationen nach einander zur Erscheinung kommt, so ist dies auch bei Völkern der Fall. Als eine solche, geistig hervorragend beanlagte Rasse m ü s s e n w i r

---

*) Man missverstehe mich nicht. Ich möchte hier nur mit demselben Rechte von einem genialen Volke sprechen, wie man von einer genialen Familie z. B. von der Familie B a c h spricht. Bringt eine Familie eine unverhältnismässig grosse Anzahl genialer Individuen hervor, so wird man mit Recht von einer genialen Familie sprechen, obwohl zahlreiche Mitglieder derselben über das Mittelmaass nicht hervorragen. Ebenso kann man bei einem Volke, welches im Verhältnis zu anderen eine grössere Zahl genialer Individuen hervorbringt, von einem genialen Volke sprechen.

die mittelländische Rasse ansehen, aus welcher entsprechend ihrer klimatisch und geographisch günstigen Siedelung die genialsten Völker hervorgingen.

Diese genialen Völker sind ebenso die Erzieher und Lehrmeister anderer Völker geworden, wie die einzelnen Genies eines Volksstammes stets die Lehrmeister und Erzieher ihres eigenen Volkes gewesen sind. Niemals kann aber ein höheres Culturvolk seine errungene Bildung auf ein anderes Volk einfach übertragen, ebensowenig wie dies ein Lehrer auf seine Schüler thun kann, sondern jede Cultur muss selbst erarbeitet werden und darum erfährt auch jede Culturblüthe in einem anderen Volke eine Umarbeitung und Veränderung entsprechend seiner angeborenen Individualität und geistigen Befähigung.

Dieser Process geht rascher vor sich, wenn die von dem einen Volk bereits gezüchteten Culturganglien im Wege der geschlechtlichen Vermischung übertragen werden. Aber auch auf diesem Wege erfahren die Culturganglien eine Veränderung, so dass alle Culturblüthen, so ähnlich sich dieselben scheinbar sein mögen, doch stets Varietäten darstellen. Wie aber geniale Menschen nicht nothwendigerweise geniale Nachkommen haben, ja dies aus früher erwähntem Grunde geradezu selten vorkommt, ebensowenig brauchen die gemischten Nachkommen genialer Völker ihren Eltern zu gleichen, ja sie taugen in der Mehrzahl der Fälle, wenigstens in den ersten Generationen ebensowenig, wie es schon die alten Griechen von den Nachkommen ihrer Helden beobachteten.

Aber auf Umwegen und nach Verlauf des nothwendigen Rückschlages kommt doch stets altes Culturblut immer wieder zur Geltung und geht die Züchtungsarbeit von Generationen selten spurlos verloren, wenn einigermaassen die äusseren Verhältnisse günstig und eine längere Inzuchtperiode auf die Vermischung folgt.

So zahlreich auch die gut beanlagten Völkerstämme sind, so sind doch die Stämme, bei denen alle äusseren und inneren Verhältnisse zur Entwickelung der genialen Anlagen günstig sind, nur sehr wenige. Die äusseren Verhältnisse, die für die Entwickelung einer genialen Anlage eines Volkes maassgebend sind, sind äusserst complicirt und lassen sich, wie beim individuellen Genie nur die extremen Gesichtspunkte hervorheben. Ebenso wie grosse Armuth und grosser Reichthum für das individuelle Genie ein ungünstiger Boden ist. ebenso verhält es sich beim Volksgenie. Im Kampfe mit der harten Natur der Polarländer und unter der erschlafenden Glühhitze der Tropen mit dem geringen Zwange, den die üppige Natur dem Nahrungsbedürfnisse der Menschen auferlegt, können selbst geniale Anlagen eines Volkes entweder gar nicht zur Blüthe kommen oder müssen nach schneller Blüthe rasch verkommen.

Ein weiterer wichtiger Factor für die Entwickelung des Genie's ist die Umgebung und der intellectuelle Concurrenzkampf, der mehr oder weniger befruchtend auf das Genie einwirkt. So war es wichtig, dass der römische Volksstamm seine Lehrjahre mitten unter einer Menge von tapferen und kriegerischen Volksstämmen durchmachen musste und für das religiöse Talent der alten Juden war ihr Aufenthalt in Aegypten und Babylonien und ihr Wohnort mitten zwischen einer grossen Zahl von Völkern mit den verschiedensten religiösen Anschauungen von ausschlaggebender Bedeutung.

Der wichtigste Factor neben diesen äusserlichen Bedingungen ist der durch geographische Lage bedingte Schutz vor häufiger und ausgiebiger Vermischung, also die Möglichkeit langdauernder Inzucht und die Bildung einer intellectuell führenden Kaste. Denn, wie bei der Züchtung hervorragender Eigenschaften unserer domesticirten Thiere, ist beim Menschen strenge Abschliessung und nahe Inzucht durch mehrere Generationen für die Hervorbringung höherer intellectueller Fähigkeiten eine unbedingte Nothwendigkeit. Das war auch bei allen genialen Völkern des Alterthums in hohem Grade der Fall, und waren es nicht geographische, natürliche Schutzwehren, wie Meere, hohe Gebirge und tiefe Flüsse oder Wüsten, so waren es feste Mauern, die der Inzucht Schutz boten; ja das Muster-Inzuchtvolk, die alten Juden, errichtete sich in seinem Gesetze einen Wall, der es in Ermangelung natürlicher geographischer Schutzwehren besser schützte, als es durch diese hätte geschehen können.

Ferner ist die Grösse eines Volkes von wichtiger Bedeutung. Auch hier sind die Extreme der Züchtung hervorragender, geistiger Fähigkeiten nicht günstig. Ein sehr kleiner Volksstamm ist zu sehr mit dem Kampfe ums Dasein beschäftigt, als dass er Musse hätte, der Ausbildung seiner geistigen Fähigkeiten viel Zeit zu

widmen; bei einem grossen Volksstamme ist aber wegen der aus-
gedehnten Vermischung im Volke selbst die Gefahr der fortwährend Rückschläge gross und werden auch der führenden
Kaste fortwährend zu verschiedene Charaktere zugeführt, als
dass es oft zur Züchtung hervorragender genialer Charaktere
kommen könnte.*)

Darum sind diejenigen Völker, die sich zu Lehrmeistern der
übrigen Völker aufgeschwungen haben, nie grosse, sondern an
Zahl mittlere Volksstämme gewesen, wie die Griechen, Phönicier,
Juden. Auch die Römer waren, solange sie den Begriff „civis
romanus" strenge auffassten und die staatlichen Consequenzen
daraus zogen, ein verhältnismässig kleines Volk und ihre Glanzperiode hängt mit dieser Zeit zusammen. Mit der stärkeren
Vermischung, wie sie das Wachsthum des Staates und die
Aufnahme heterogener Elemente in denselben mit sich bringt,
treten regelmässige Vermischungen und starke Rückschläge in
Bezug auf die gezüchteten Charaktere auf, das Volk verliert
in Folge dessen seine hervorragende Führerstellung in der Kunst,
in der es sich früher auszeichnete und sinkt unter im Meere der
Mittelmässigkeit.

Welche charakteristischen Eigenschaften nun zur Züchtung
kamen, das hing neben der vorhandenen erblichen Anlage sehr
von den äusseren Verhältnissen ab, in die ein Volksstamm durch
seine Wanderung gelangte.

Sowie die Naturvölker im Kampfe um das Dasein mit den
verschiedenen Klimaten und anderen Naturmächten und Feinden
sich die verschiedensten körperlichen Vorzüge gezüchtet haben, so
haben sie sich bei fortschreitender Cultur durch eben diesen
Kampf geistige Vorzüge gezüchtet. So haben z. B. die Phönicier
die gewerblichen Künste, die Griechen die schönen Künste, die Römer
die Kriegskunst und Politik besonders cultivirt und ausgebildet und
sind darum in diesen Künsten die Lehrmeister der übrigen Völker
geworden. Die höchste Blüthe aller menschlicher Kunst ist und
bleibt aber die Religion. Diesen Zweig haben besonders die

---

*) In grossen Völkern kann es nur zur Zeit, wo das ganze Volk schon eine
bedeutende Culturstufe erstiegen hat, häufiger zur Züchtung genialer Naturen
kommen.

Aegypter, Juden und Hindus cultivirt und dieselben sind daher in dieser Kunst die Lehrmeister vieler Völker geworden.

Wie die Griechen ihre ganze geistige Kraft durch Generationen auf die Ausbildung der schönen Künste concentrirt haben, ebenso haben die alten Juden durch Generationen ihre geistigen Kräfte darauf concentrirt, die religiöse Kunst auszubilden. Ja sie haben dies selbst mit Hintansetzung der für jedes Volk wichtigsten Angelegenheit, des staatlichen Principes gethan und haben auch wie kein anderes Volk in dieser Richtung das Höchste geleistet. Damit aber eine solche Kunstblüthe sich bilden konnte, mussten Generationen in strengster Inzucht in der Lage sein, ihre geistige Fähigkeit auf diesen Punkt zu concentriren und durften nicht durch Mischung mit in dieser Richtung noch gar nicht oder wenigstens viel weniger fähigen Blute häufige Rückschläge hervorgerufen werden. Eine religiöse Weisheit, wie sie uns im alten Testamente bei den Propheten, in den Sprüchen Salomons*) und Jesus Sirach's entgegentritt, bedurfte, um entstehen zu können, einer ungestörten Arbeit und Concentration einer grossen Reihe von Generationen. Aber nicht nur das Talent musste ungestört durch Generationen vererbt werden, die ganze geistige Atmosphäre, das sogenannte Milieu, in dem das Talent aufwuchs, musste eigens beschaffen sein, damit solche herrliche Blüthen sich entwickeln könnten.

Ebenso wie es hoch interessant ist, die geistige Entwickelung eines bildenden Künstlers zu verfolgen und das Werden und Entstehen seiner Werke an der Hand von Skizzen und Studien oft viel lehrreicher ist, als die Betrachtung fertiger Kunstwerke, so ist es auch bei dem Studium der Entwickelung genialer Völker. Leider haben die Geschichtsforscher früherer Zeiten auf ganz andere, meist materielle Erfolge, das grössere Gewicht gelegt und sind gerade die so wichtigen culturhistorischen Notizen, welche für die Erforschung dieser Frage von hoher Bedeutung wären, verloren gegangen oder sind nur in kümmerlichen Resten vorhanden. Es kann daher eine wirkliche culturhistorische Biographie dieser

---

*) Die Sprüche Salomons sind erst in der nachexilischen Zeit entstanden und haben mit dem Könige Salomon nur den Namen gemeinschaftlich. Ueber die Zeit der endgiltigen Redaction des Pentateuch's siehe Stade: Geschichte des Volkes Israel.

genialen Lehrmeister der Menschheit immer nur eine sehr lücken-
hafte sein, weil wir dabei auf ganz andere Daten ein grosses Gewicht legen müssen, als die Geschichte der Kriege und Eroberungen bietet, die uns leider viel ausführlicher erhalten ist.
Ich werde in den folgenden Blättern versuchen, eine solche Künstler-
Biographie dieser genialen Völker und damit auch die historischen Belege für die in den vorausgegangenen Capiteln ausgesprochenen Ansichten zu bieten.

Inzucht und Vermischung bei den Aegyptern.

Es ist eine der interessantesten Fragen, warum wir gerade in Aegypten auf Spuren einer so frühzeitigen und bereits hochentwickelten Cultur stossen. Die historische Forschung rückt uns hier den Culturmenschen schon in das fünfte Jahrtausend vor unserer Zeitrechnung hinauf und dabei erscheint uns der historische Aegypter bereits mit einer so eigenthümlichen und charakteristischen Cultur begabt,*) zu deren Entstehung wir eine lange Reihe von Generationen, die in strengster Inzucht und unter wenig veränderten äusseren Verhältnissen lebten, anzunehmen gezwungen sind.**) Es gab aber auch kein zweites Land, welches diesen Bedingungen so gerecht werden konnte. Nirgends war ein Inzuchtvolk so von der Natur geschützt, wie dies in Aegypten zu jenen Zeiten der Fall war.

Ein lang gestrecktes Thal von zwei Seiten, Norden und Osten durch das Meer, im Westen von der Wüste geschützt, hat es nur

---

*) Die ältesten Völker treten bezüglich ihrer Cultur uns bereits als ausgewachsene Männer entgegen und wir haben aus ihrer Kindheit und Jünglingszeit, also vor ihren eigentlichen Entwickelungs- und Lernjahren keine sichere Kunde. Den Grund davon hat E. Meyer sehr richtig angegeben, dass nämlich ein Volk eine gewaltige Culturhöhe schon erreicht haben muss, um Denkmäler zu schaffen, welche dem Ansturm der Jahrtausende Widerstand zu leisten vermögen und um aus sich selbst heraus eine Literatur zu entwickeln, die uns Kunde von seiner Vergangenheit gibt. Meyer: Geschichte der alten Aegypter. S. 2.

**) Ueber das von Horner in 11·84 Meter Tiefe gefundene Thonscherbenstück und das darauf berechnete Alter dieses Culturgegenstandes auf 12.000 Jahre v. Chr. siehe Peschel's Völkerkunde S. 44. Ich bin überzeugt, dass über das weite Hinaufreichen der Cultur in Aegypten die Forschungen und Ausgrabungen noch wichtige Anhaltspunkte ergeben werden. Sind wir ja diesbezüglich noch erst auf der Oberfläche geblieben und sind die Nilschlammablagerungen selbst noch nicht annähernd durchforscht. Wenn der Mensch schon in der interglacialen Zeit und letzten Eisperiode Europa bewohnte, so ist gar kein Grund vorhanden, anzunehmen, dass er nicht auch das klimatisch günstigere Nilthal in jener Zeit besiedelt hatte.

zwei Einbruchsstellen im Süden und Norden, die leicht zu vertheidigen waren. Was aber für die Entwickelung einer so hohen
Cultur wichtig war, die letzte Eisperiode, die so viele Völker
zwang, ihren Wohnsitz zu verändern, beginnende, höhere Cultur-
keime unterbrach und ungünstig beeinflusste, hat in Aegypten
das Klima eher günstig beeinflusst. Jedenfalls wird für die alte
ägyptische Culturrasse die letzte Eisperiode kein Grund gewesen
sein, ihren Wohnsitz zu verlassen.*)

Haben auch zu Zeiten solcher grosser Völkerwanderungen
wahrscheinlich Einbrüche körperlich stärkerer, aber in der Cultur
tiefer stehender Völker stattgefunden, wie das ja noch in der
historischen Zeit vorgekommen ist, so wird es bei jenen Vermischungen sich ebenso verhalten haben, wie später bei den Hyksos, wo
das höhere Culturblut sich wohl vermischt, aber aus der Vermischung schliesslich nach einer Periode des Rückschlages als
Sieger hervorgegangen ist. Sicher ist aber nur, dass die historische
Zeit uns den Aegypter als eine Mischrasse von bereits hoher
Cultur entgegentreten lässt in einer Zeit, wo noch überall culturelle
Finsternis herrscht.

Ich habe im allgemeinen Theile hervorgehoben, dass wir gerade für die schwierigsten Anfangsstudien der Cultur eine strenge
Inzucht durch viele Generationen als conditio sine qua non annehmen müssen. In jenen Zeiten konnte sich aber ein Volk nur
dann vor Vermischung schützen, wenn es ein Land bewohnte,
welches die Natur selbst schwer zugänglich und mit natürlichen
Bollwerken umgab, da es die Menschen noch nicht verstanden,
künstlich sich ausgiebig zu schützen. Das war bei Aegypten in
hohem Grade der Fall.

Die dem Seeverkehre zugängliche nördliche Landungsküste
kam in jenen Zeiten, wo die Menschen sich noch nicht auf die
See wagten, nicht in Betracht und blieb auch für die ersten historischen Zeiten wegen wechselnder Sandbänke schwer zugänglich. Die natürlichen Einbruchsstellen nach Osten und Westen

---

*) Nach Richard Lepsius (Cultur und Eiszeit, Vortrag in der Natur-
forscher Versammlung zu Frankfurt 1896) hat während der Eiszeit in Nord-
afrika ein sehr gemässigtes Klima mit Sommerregen geherrscht. Oscar Fraas
(Geologisches aus dem Orient) hat sogar die Wirkungen der letzten Eisperiode in
dem ganzen Sinaigebirge nachgewiesen.

waren durch vorgelagerte Wüsten geschützt und leicht zu vertheidigen, die beiden langgestreckten Seiten des Landes waren ganz unzugänglich und nur der Süden bot eine etwas bequemere Berührungsfläche mit andern Völkern, die aber zu Wasser durch die Katarakte beschränkt war und also nur einen leicht abzuschliessenden, ein paar Meilen breiten Landverkehr ermöglichte. Welche Schwierigkeiten dem Zuge eines grösseren Volksstammes oder Heeres südlich von den Katarakten theils durch die grosse Hitze, theils durch die Sandwüsten sich entgegenstellten, davon liegt uns vom Zug des Kambyses nach Aethiopien von Herodot ein anschaulicher Bericht vor[*]).

Von dieser Seite hat auch in der ganzen historischen Zeit des Aegyptisches Reiches, also durch den Zeitraum von 3000—4000 Jahren nie ein Einfall stattgefunden. Die kurze Periode der Herrschaft der äthiopischen Könige am Ausgang des neuen Reiches war nicht ein Einbruch oder eine Herrschaft eines fremden Volkes über Aegypten, sondern der Sieg einer noch körperlich und geistig frischeren ägyptischen Colonie über das bereits degenerirte Mutterland. Auch von der Nordküste Afrikas her haben aus den gleichen Gründen in der ganzen historischen Zeit nur unbedeutende Einfälle stattgefunden.

Es bleibt also nur die wichtige Einbruchsstelle bei Pelusium. Von dieser Seite her hat auch der grosse historische Einfall der Hyksos stattgefunden und wurde Aegypten später immer von dieser Seite her erobert. Aber auch diese Einbruchsstelle war für die ältesten historischen Zeiten durch fast unüberwindliche Schwierigkeiten geschützt. Die Strecke zwischen der Stadt Jenysos und dem Serbonischen See, ein Weg von 3 Tagen ist ganz ohne Wasser. Diese Strecke wurde von kleineren Horden und Karawannenzügen wohl auch in jenen Zeiten schon ohne besondere Schwierigkeiten über-

---

*) Wie langwierig und beschwerlich hier die Verbindung noch heute ist, welche Gefahren die tropische Sonnengluth selbst einem kleinen Heere bereiten kann, ist uns wieder durch den Feldzug der Engländer gegen den Mahdi drastisch vor Augen geführt worden.

Da die Katarakte in der alten Zeit um 9 Meter höher waren, dürften auch die Ueberschwemmungen südlich grösser gewesen sein, da ja die Schwelle höher war. Unter Amenemha III. aus der zwölften Dynastie floss der Strom noch in einem nahezu um so viel höheren Bette. Lauth: Aegyptische Reisebriefe, Allgem. Zeitung 1873, S. 1334.

wunden, grössere Völkerstämme und Heere fanden aber hier eine
kaum überwindliche Schranke. Aus der historischen Zeit ist uns ein
Bericht erhalten, dass hier ein assyrisches Heer aus Mangel an
Wasser fast zu Grunde gegangen wäre*), und welche Vorbereitungen
Kambyses treffen musste, um über diese Schranke zu kommen,
darüber berichtet uns Herodot ausführlich; nur mit Hilfe der
arabischen Häuptlinge gelang es ihm. Wir werden daher be-
greifen, dass von dieser Seite her in der ganzen langen Zeit von
3000 Jahren nur ein einziger, historisch constatirter Einfall von
einem grösseren Volksstamm mit Erfolg stattgefunden hat.

Nur arabische Stämme, die mit den Schwierigkeiten dieses
Weges vertraut waren, und denen Kameele mit Wasserschläuchen
zur Verfügung standen (Herodot), oder Heere, denen diese
Stämme behilflich waren, konnten in jenen Zeiten über diese
Schwierigkeiten hinwegkommen. Auch der Auszug des kleinen
Judenvolkes**) aus Aegypten und seine Leiden in den vorgelagerten
Wüstengegenden geben uns ein anschauliches Bild von den
Schwierigkeiten, mit denen ein grösserer Volksstamm, der mit
Weib und Kind und zahlreichen Herden zu ziehen gewohnt war,
hier zu kämpfen hatte.

Aber selbst wenn diese fast unüberwindliche Schranke
glücklich überschritten und auch die sicher sehr frühzeitig er-

---

*) Selbst für einen Einbruch durch ein mit Allem gut ausgerüstetes Heer
der späteren Zeit gab es viele Schwierigkeiten zu überwinden. Folgte auch eine
Flotte dem Heere längs der Küste, sie fand hier nur sehr schwierige Landungs-
plätze; für die tiefer gehenden Schiffe unserer Tage gibt es dort gar keine. Dunker:
Geschichte des Alterthums 4. B. S. 407. Auch die Zeit des Einbruches war eine
beschränkte. Sie muss so früh gewählt werden, um vor Beginn der heissesten
Zeit die Wüste zu durchziehen und früh genug, um vor Eintritt der Ueberschwemmung in Aegypten zu sein.

**) Die im Pentateuch angegebene Zahl ist sicher stark übertrieben. Der
Zugang von der asiatischen Seite war zur letzten Eiszeit wahrscheinlich leichter
als in der jetzigen Epoche, da nach den Forschungen von Fraas und Blanken-
horn diese Gegend ein gemässigteres feuchteres Klima hatte. Noch während des
alten Reiches, ja selbst zur Zeit des Auszuges der Israeliten muss das Klima auf
der Halbinsel Sinai etwas günstiger gewesen sein, als heute; es wäre sonst der
längere Aufenthalt von einer Menschenmenge von 60,000 in einer Gegend, die
heute kaum 4000 zu ernähren vermag, ganz unbegreiflich, ganz abgesehen von
der Zahl von 600,000 Menschen, wie der Pentateuch angibt. Richard Lepsius:
Cultur- und Eiszeit.

richtete Befestigung bei Pelusium*) genommen war, so begannen für den eingedrungenen Feind erst die Schwierigkeiten. Auf der langgedehnten Strecke, wo es kein Ausweichen nach den Seiten gab, musste, je weiter der Feind vordrang, sich der Widerstand immer mehr verstärken, während der Feind immer durch Verluste schwächer wurde. Dazu kam, dass zu den Zeiten der Ueberschwemmung die Vertheidigung des Landes geradezu der Fluss selbst übernahm.

Vor Einbrüchen grösserer Völkerstämme war also Aegypten in jenen entfernten Zeiten so geschützt wie kein anderes Land, selbst das glückliche Arabien nicht ausgenommen. Kleineren Horden wird es aber von jeher, sowohl von der Ost- als der Westseite her, geglückt sein, die vorgelagerten Schwierigkeiten zu überwinden und sich im Delta, wo ihnen natürliche Schutzwehren in den Sümpfen und zahlreichen Flussarmen zur Seite standen, zu behaupten. Dadurch entstand seit den ältesten Zeiten eine Verschiedenheit der Bewohner des Landes.

Die Zweiheit der Bestandtheile des Landes, geht durch die ganze Geschichte Aegyptens hindurch.**) Schon die ältesten Denkmäler, welche uns erhalten sind, nennen die Könige Aegyptens stets Herren des oberen und unteren Landes, Herren der beiden Kronen, der weissen hohen Krone von Oberägypten, der rothen niederen Krone von Unterägypten. Höchstwahrscheinlich beruht diese Theilung des Landes, die in der geographischen Gestaltung keine Begründung findet und doch mit solcher Zähigkeit aufrecht erhalten wird, auf verschiedener Blutmischung.

Alle kleineren und grösseren Völkerwellen brachen sich schon in Unterägypten, und von jeher war der Haupttummelplatz aller dieser fremden Horden und Völkerstämme hauptsächlich das Delta und die angrenzenden Provinzen. Das obere Aegypten wird daher stets Ursache gehabt haben, auf sein reineres Blut stolz

---

*) Den Kern der Grenzwehr bildete ein Canal, der sich vom Mensalessee nach Süden abzweigte und den schmalen Landrücken zwischen diesem und dem Ballahsee durchschnitt. Zu beiden Seiten war der Canal und die einzige darüber führende Brücke durch eine starke Befestigung, im Osten durch das Bollwerk von Zaru befestigt. Meyer, l. c. S. 280.

**) Dunker, Geschichte des Alterthums, I. Bd., S. 14.

zu sein, während im Delta und Unterägypten immer mehr Mischblut vorhanden gewesen sein muss. Dieser Gegensatz blieb durch die ganze Geschichte, ja er musste sich eher verstärken, je mehr die Isolirtheit Aegyptens im Verlaufe der historischen Zeiten aufgegeben wurde, je mehr der Verkehr im Delta zunahm, und je häufiger dort kleinere Einbrüche stattfanden. Noch in den Römerzeiten spielte das reinere, oberägyptische Blut und sein Gegensatz zu der gemischten Bevölkerung des Deltas eine wichtige Rolle, und heute noch findet man die echten Typen, die so grosse Aehnlichkeit mit dem alten Typus aufweisen, hauptsächlich in Oberägypten. War also Oberägypten besonders seit dem Ende des alten Reiches der Stützpunkt des reinen Inzuchtblutes, so war dagegen das Delta stets der Stützpunkt der Fremdherrschaft der Hirten und späteren Eroberer. Da lag ihre Hauptstadt und ihr nationales Heiligthum. Ausländische Stämme, die man isoliren wollte, wurden im Delta angesiedelt, so die Juden, der Rest der Hyksos und Lybische Stämme. Das nationale Regiment hat sich niemals auf das Delta gestützt, ausser in den Zeiten des tiefsten Verfalles am Ausgang des neuen Reiches, wo sich die Könige bereits fremde Söldnerschaaren halten mussten.

Aegypten ist eigentlich ein Kleinstaat, denn trotz der 120 deutschen Meilen, die es in der Länge zählt, hat es nur eine Grösse von 554 ☐Meilen, es ist also etwas kleiner als Belgien. Wo die Bewohner eines kleinen Landes so dicht wohnen und wo durch die geographische Lage eine solche Abschliessung und Inzucht bedingt ist, sollte man erwarten, dass sie ein wesentlich noch gleichartigeres Volk bilden, als dies eigentlich der Fall war. Aber die langgestreckte Gestalt Aegyptens ist auch einer intensiveren Inzucht der einzelnen Gaue zuträglich, und ist einer intensiveren Vermischung im Frieden hinderlich, da ja die Einwohner eines Gaues immer nur auf zwei Seiten Nachbarn hatten, mit denen sie sich vermischen konnten. Die Bevölkerung des Deltas konnte mit der Oberägyptens nur durch eine langwierige Reise zusammentreffen. Dazu kommt, dass von den etwa zwanzig Gauen, in die Aegypten seit alter Zeit zerfällt, fast jeder Gau seinen besonderen Cult hatte, was ebenfalls, wie erwähnt, ein starkes Hemmnis für eine intensivere Vermischung bildete. So hat sich denn in Aegypten ein Particularismus der einzelnen Gaue entwickelt, der ohne diese hervorgehobenen Hindernisse einer allgemeinen Vermischung in dem sonst geographisch einheitlichen Lande sich nicht erklären liesse. Jeder Gau hat seinen eigenen Hauptgott und seine eigenen Traditionen; mit seinen Nachbarn lebte er oft in Streit und Hader, und wenn einmal die Centralgewalt, die immer wieder für eine verhältnismässige Vermischung sorgte, schwach wurde, so zerfiel das Königreich wieder in einzelne kleine Fürstenthümer.*)

Wir treffen hier auf ähnliche Verhältnisse, wie wir sie bei den Griechen, Latinern und Germanen finden, nämlich einen grossen Inzuchtkörper, der wieder in zahlreiche kleinere Inzuchtherde zerfällt, die sich abwechselnd in Folge nationalen Haders und verschiedenen religiösen Cultus abschliessen, sich aber wieder in Folge der erlangten Oberherrschaft eines Stammes zu einem einheitlichen Staat zusammenschliessen und sich dann mehr vermischen. Wie wir gesehen haben, sind solche Verhältnisse für den Culturfortschritt sehr günstig und wirken besonders der Degeneration der führenden Kasten entgegen, wenn sie dieselbe auch nicht verhüten können, da dadurch die führenden Kasten immer wieder durch Blutmischung von gleicher oder wenig verschiedener Culturhöhe aufgefrischt werden.

Ausserdem brachte das Land, wenn man von den Metallen absieht,**) Alles hervor, was ein Volk bedarf, um unabhängig von seinen Nachbarn zu sein. Sie kamen sich selbst auch stets sehr reich vor und hiessen die anderen Völker die „Elenden“, denn sie hatten, wenn der Nil seine Pflicht that,***) Alles in Hülle und Fülle.

---

*) „Immer aufs neue tritt uns in der ägyptischen Geschichte die Sonderstellung und der Gegensatz der einzelnen Gaue entgegen; sobald die Reichsgewalt erlahmt, fällt der Staat in seine einzelnen Elemente auseinander.“ Meyer, l. c. S. 30.

**) Da Aegypten selbst keine Metalle erzeugt, wir aber in den ältesten Gräbern schon die Aegypter mit den Metallen bekannt sehen, so ist es wahrscheinlich, dass die Metallurgie von dem letzten, vorhistorisch eingewanderten Volke aus Asien mitgebracht wurde.

Dieser Mangel an Metallen zwang schon die ersten Dynastien, um in dieser Beziehung unabhängig von anderen Völkern zu sein, die Kupferbergwerke auf der Halbinsel Sinai zu annectiren, der einzige Versuch des alten Reiches, seine natürlichen Grenzen zu überschreiten.

***) Bekanntermaassen hängt der Ertrag der „schwarzen Erde“, eines schmalen Doppelstreifens zu beiden Seiten des Stromes, Jahr für Jahr von den sechszehn Ellen seiner Schwelle ab, und mit gutem Rechte nennen die Araber die niedrigen Ellen mit dem Namen „die Engel des Todes“, denn erreicht der Fluss die

Bald lernten auch die Aegypter den Ueberfluss reicher Jahre für die Zeiten, wo der Nil nicht so segenspendend war, aufzuspeichern, und durch Regulirung des Flusses denselben mehr auszunützen. So waren sie nicht nur ein von Natur abgeschlossenes, sondern auch ein von den umwohnenden Völkern vollkommen unabhängiges Volk.

Die Natur des Landes hatte die Bewohner frühzeitig zu sesshafter Lebensweise gezwungen. Ein Volk, das hier wohnen wollte, musste *) zunächst das Land urbar machen, den Fluss bezwingen und die Ueberschwemmung reguliren**). Diese schwierigen Verhältnisse zwangen eine Bevölkerung von vorne herein zur Arbeitstheilung und boten Aufgaben genug für die geistige Arbeit einer führenden Kaste.

Wenn wir berücksichtigen, dass auch die am weitesten zurückreichende historische Zeit des ägyptischen Volkes eine kurze Spanne der Zeit darstellt, die seit dem ersten Auftreten des Menschen verlaufen ist, wenn wir weiter bedenken, dass die drei zusammenhängenden Continente gewiss schon lange vor dem Beginn der historischen Zeit besiedelt waren, und grosse klimatische Umwälzungen und Katastrophen die Völker bereits stark durch-

---

volle Höhe nicht, so trifft das ganze ägyptische Land Hunger und Verderben. (Mommsen V., S. 572.)

Schon im alten Reiche, im Heimatlande der Messschnur und des Kunstbaues war viel für die Regulirung der Ueberschwemmung geschehen, und im mittleren Reiche wurde der See Möris zu diesem Zwecke angelegt. Wenn ohne diese Regulirung bei acht Ellen Höhe schon Missernte und deren Folgen eintraten, so genügten nach Herstellung der Canäle schon zwölf Ellen für eine volle Ernte und gaben acht Ellen noch einen genügenden Ertrag. (Mommsen V., S. 573.) Eine solche Leistung einer führenden Kaste musste auch dem beschränktesten Verstande auffallend sein, und eine führende Kaste, die solche Leistungen aufzuweisen hatte, musste beim Volk in hohem Ansehen stehen und werden ihr dieselben höher angerechnet worden sein als Siege und Eroberungen.

*) Herodot hat schon hervorgehoben, dass nirgends als in Aegypten die Erde um so wenige Mühe so reichen Ackersegen gewähre. Noch heute wirft der Fellah vom Boot aus, ohne vorherige Arbeit, die Saat in den nassen Schlamm, wenn das Wasser sich streifenweise von seinen Fluren zurückzieht. (v. Kremer: Aegypten, Bd. I, S. 180.) Gedüngt wurde im alten Aegypten nicht, wohl kannte man aber den Pflug und die Hacke zur Lockerung des Bodens. (Peschel: Völkerkunde, S. 529.) Der Ackerbau ergab sich hier fast von selbst und der reichliche Ertrag ohne grosse Mühe musste auch denselben ganz roben Stämmen plausibel machen.

**) (Meyer, l. c. S. 25).

einander gewirbelt haben, so müssen wir zu dem bereits erwähnten
Schlusse kommen, dass zu Beginn der historischen Zeit keine
reine Rasse mehr existirt hat, und dass alle historischen Völker
bereits gemischte Völker waren. Man wird nur von mehr oder
weniger gemischten Völkern sprechen können. Sicher waren daher
auch die alten Aegypter schon ein gemischtes Volk, wobei wir
natürlich, wie bei den späteren Vermischungen, vorwiegend an eine
Einwanderung von Asien her denken müssen.

Diese Einwanderer fanden bereits eine Bevölkerung im Nil-
thale vor, die unterjocht wurde und aus der dann*) die grosse
Menge der Hörigen hervorgegangen ist, während die Einwanderer
den Herren- und Adelsstand gebildet haben werden. Die alten
Aegypter wissen zwar nichts davon und betrachten sich als
Autochthonen. Doch ist die Erinnerung an die Vermischung
allen den Völkern, die auf reines Blut hielten, bald abhanden
gekommen. Wir müssen daher annehmen, dass diese Einwanderung
und Vermischung viele Generationen vor dem Eintritt der Aegypter
in die Geschichte vor sich gegangen ist, und dass innerhalb der
darauf folgenden Periode die Inzucht Zeit hatte, die auffallenden
Unterschiede der gemischten Völker zu verwischen und einen
einheitlichen Typus zu züchten.

Dass diese Inzuchtperiode, in der eben die Cultur, mit der
die Aegypter in die Geschichte eintreten, sich entwickelt hat, eine
sehr lange und ungestörte gewesen sein muss, müssen wir nicht
nur aus theoretischen Gründen annehmen, sondern wir haben dafür
auch einen praktischen Beweis von hoher Wichtigkeit. K e i n
V o l k d e r a l t e n Z e i t w a r s o u n k r i e g e r i s c h w i e d i e
A e g y p t e r d e s a l t e n R e i c h e s. Aber auch kein Volk ist
innerhalb der historischen Zeiten, innerhalb des Verlaufes von 3000
Jahren so wenig von fremden Völkern belästigt worden, wie das
ägyptische. Wir wissen innerhalb dieser langen Zeit nur von
einem bedeutenden Einfall, dem der Hyksos am Ende des
mittleren Reiches; den die Einbrüche von Seite der Nordküste
Afrikas waren nie von Bedeutung und wurden darum meist leicht

---

*) L e p s i u s, der Nestor der Aegyptologie, versicherte durch nichts so sehr
als durch die Barâbra, an den Typus der alten Aegypter gemahnt worden zu
sein, und fügte hinzu, dass die alten Aegypter ja von Anfang an einer Mischung
mit urafrikanischen Völkern unterworfen waren. Osk. P e s c h e l: Völkerkunde,
VI. Aufl., S. 518.

zurückgewiesen. Viele Jahrhunderte hindurch weiss die ägyptische Geschichte von keinem einzigen Kriege zu berichten. Dieses Volk führte also in jenen wilden Zeiten im Vergleiche zu dem harten Kampfe ums Dasein, den andere Völker, deren Wohnorte weniger von Natur geschützt waren, zu kämpfen hatten, ein geradezu idyllisches Leben der ungestörten Ruhe und Entwickelung. Alle Charaktere aber, die nicht geübt werden, verkümmern, und darum ist es ganz selbstverständlich, wenn der Charakter der Aegypter des alten Reiches ein ganz unkriegerischer war.*)

Dieser auffallend unkriegerische Charakter der Aegypter des alten Reiches zwingt uns also anzunehmen, dass das Volk, abgesehen von kleinen Einbrüchen im Norden, die leicht von den Grenzgauen aufgehalten wurden, selten in der Lage war, sich gegen gefährliche Nachbarn zu wehren, und dass daher in Aegypten gewiss schon durch längere Zeit vor dem historischen Beginn des alten Reiches eine ungestörte Inzuchtperiode herrschte. Dadurch ist auch der fast einheitliche Typus der Aegypter, wie er sich bereits auf den Kunstwerken des alten Reiches zeigt, erklärt.

Das alte Reich tritt uns gleich im Beginn der Geschichte als wohlgeordneter centralisirter Beamtenstaat entgegen.**) Die führende Kaste war nicht nur durch Besitz ausgezeichnet, sondern sie besass auch einen geistigen Vorzug, den sie eifersüchtig hütete, und der eine gewaltige Stütze der herrschenden Stellung bildete, nämlich die Kenntnis der Schrift.***)

Die grosse politische Leistung der Schrift liegt nun darin, dass durch sie eine gewaltige und schwer überbrückbare Kluft zwischen der Masse des Volkes und den Gebildeten der führenden Kaste geschaffen ist.

Die höchste Blüthe erreichte das alte Reich unter der IV. Dynastie. Aber gerade die erhaltenen Baudenkmäler der Pharaonen dieser Dynastie zeigen, dass die geistige Entwickelung schon das harmonische, gesunde Maass zu überschreiten begann und bereits ins Extreme gezüchtet wurde und wir haben an der immer

---

*) Ueber den unkriegerischen Charakter des alten Reiches siehe auch Meyer l. c. S. 62. Er hebt hervor, dass auch die heutigen Fellahen ebenso schlechte Soldaten sind, wie die Hörigen der Pharaonenzeit.

**) Meyer l. c. S. 67.

***) Königlicher Schreiber ist ein Ehrentitel in Aegypten, den der höchste Beamte nicht verschmäht. Meyer l. c. S. 55.

wachsenden Grösse der Pyramiden heute noch einen Pegel für diesen wachsenden Grössenwahn. Die Degeneration des Königthums und der führenden Kaste war in der Zeit der VI. Dynastie schon so weit fortgeschritten,*) dass eine Katastrophe eintreten musste.

Die Katastrophe muss eine fürchterliche gewesen sein, und ihre lange Dauer**) lässt mit Sicherheit annehmen, dass während derselben die natürliche Auslese Zeit hatte, alles Degenerirte auszumerzen. Wir sind über den Verlauf dieser geschichtlichen Katastrophe vollständig im Dunklen und nur auf Vermuthungen angewiesen. Doch ist nicht anzunehmen, dass ein solcher langdauernder, anarchistischer Zustand mit einem derartigen Rückschlage in der Cultur nur durch innere Bürgerkriege allein hervorgerufen worden wäre und die Regeneration dann eine so lange Zeit in Anspruch genommen hätte. Zweifellos kann ein Bürgerkrieg, wie ja die Geschichte des 30jährigen Krieges zeigt, ein Land auf lange Zeit hinaus in seiner Cultur schädigen; eine solche langdauernde Katastrophe und ein solcher Rückschritt in der Cultur wie hier, tritt aber gewöhnlich nur ein, wenn zugleich auch eine Blutmischung mit einem in der Cultur tiefer stehenden Volke stattgefunden hat.

Es herrscht culturell über diese Zeitperiode von vielen Hundert Jahren zwischen dem Ende des alten Reiches und dem Beginn des mittleren Reiches eine derartige Finsternis, wie wir ein Analagon nur im sogenannten finsteren Mittelalter in den ehemals hoch cultivirten, romanischen Ländern nach der grossen Völkervermischung vor uns haben. Kein einziges Denkmal von Bedeutung tritt uns entgegen. Die ägyptische Cultur scheint vom

---

*) Den Beginn der Revolution in den führenden Kasten können wir heute noch aus den Denkmälern aus der Zeit der VI. Dynastie erkennen. „Die Grossen des Südens sind mit einem Schlage verschwunden, der Titel Richter und Districtschef kommt nicht mehr vor." Meyer l. c S. 134. „Die Grabbauten der Herrscher und Magnaten verschwinden." Meyer l. c. S. 146. „Es ist nicht zu zweifeln, dass an dieser Revolution das Königthum die Hauptschuld trägt, und die Dynastien der Pyramidenerbauer nach kräftigem Anfang in Schlaffheit, Lüste und Gewaltsamkeiten versunken waren." Meyer l. c. 136. Mit Pepi II. erlischt der Glanz des alten Reiches.

**) Die anarchistischen Zustände dauerten nach Meyer 400 Jahre, nach Manetho 980 Jahre.

Schauplatze der Geschichte verschwunden zu sein und als sie aus diesem langen Traume erwacht, fängt sie ihren Weg wieder von vorne an. Mariette selbt ist geneigt, um diese Unterbrechung der ägyptischen Cultur zu erklären, anzunehmen, dass Aegypten um diese Zeit von Barbaren überschwemmt wurde, deren Namen und Andenken die Geschichte nicht aufbewahrt hat. *)

Wir sehen, wie unter der XI. Dynastie das Land seine Cultur-Laufbahn wieder von vorne an zu durchlaufen beginnt und zeigt sich dies besonders in der Kunst, die eine neue Kindheit durchzumachen scheint. Diese ägyptische Kunstperiode hat eine gewisse Aehnlichkeit mit jener in Italien, die auch nach der grossen Blutmischung und nachdem der grosse Rückschlag überwunden war, eine Periode der Kindheit wieder durchmachen musste, um dann in Quatro- und Quinque-Cento die alte Schule einigermaassen zu erreichen und in gewisser Hinsicht zu übertreffen.

Aber nicht nur in der Kunst trat um diese Zeit die auffallende Veränderung ein, auch körperlich scheinen sich die Aegypter verändert zu haben. Denn die Sammlung der altägyptischen Schädel, die Mariette für das naturhistorische Museum in Paris aus den verschiedenen Zeitperioden gesammelt hat, lassen constatiren, dass die Aegypter, welche vor der VI. Dynastie lebten — die man übrigens im skeletirten Zustande in ihren Sarkophagen findet und die nicht einbalsamirt worden zu sein scheinen — zu einem anderen ethnographischen Typus gehören, als diejenigen Aegypter, welche einer Zeit nach der XI. Dynastie entstammen. Die ersteren sind mehr dolichocephal, während die letzteren brachycephal oder mesocephal sind.

---

*) Diese Meinung wird in jüngster Zeit sehr wahrscheinlich gemacht durch die Entdeckungen Prof. Flinders Petrié. (Siehe Bericht hierüber Globus B. LXVII. Nr. 20, 1894). Zwischen Ballas und Negadeh, etwa 48 km nördlich von Theben wurde eine Niederlassung paläolithischer Menschen gefunden. In diesen Fundstätten wurde nicht ein einziger ägyptischer Gegenstand gefunden. Die Rasse scheint weit verbreitet gewesen zu sein. Prof. Flinders Petrié nimmt selbst an, dass das Volk dort zwischen der VII. und IX. Dynastie lebte und und die Cultur des alten Reiches zerstörte. Die Physiognomie der neuen Rasse war fein aber kräftig, ohne jede Spur von negerartigem Prognatismus, ihre Statur ansehnlich bis zu 6 Fuss. Die grosse Entwickelung der Beine lässt auf eine Bergbevölkerung schliessen. Eine stark vorspringende Nase und ein langer spitzer Bart gibt ihnen grosse Aehnlichkeit mit dem lybischen und amoritischen Typus.

Die mehrere Jahrhunderte andauernde Periode, welche
zwischen dem alten und dem mittleren Reiche liegt und für uns
noch in tiefe geschichtliche Finsternis gehüllt ist, hat, wie
eben constatirt, eine beträchtliche Veränderung in geistiger und
körperlicher Beziehung, wenigstens der oberen Kasten, eintreten
lassen. Ein neues Blutelement scheint hinzugekommen zu sein, dessen
charakteristische Eigenschaften wahrscheinlich verschieden von
denen der ersten Bevölkerung waren, dessen Ursprung auch nicht
derselbe sein konnte (Lenormant). Und die Vereinigung beider
Elemente, die Vermischung dieser verschiedenen Charaktere dürfte
die Ursache gewesen sein, welche diesen geschichtlich constatirten
starken Rückschritt in der Cultur hervorbrachte.

Die Völkerwelle, die wahrscheinlich von Asien her*) einbrach,
wird auch am Ausgang des alten Reiches, wie später beim Ausgang
des mittleren Reiches vorwiegend die Deltagegend und Mittelägypten
überflutet haben und wird sich wie beim Einfalle der Hirten in
Folge des langgestreckten Landes, wo sich der Widerstand
mehr concentriren kann, an Unterägypten gebrochen haben. Die
stärkste Vermischung wird in beiden Fällen hauptsächlich im
Delta und in Mittelägypten stattgefunden haben, während Oberägypten diese Blutwelle schon filtrirt und im schwächeren Grade
erhielt. Hier konnte also das alte Culturblut am frühesten
wieder die Oberhand bekommen, wie es thatsächlich nach dem
Einfalle der Hirten und der Regeneration des Staates nach Vertreibung derselben der Fall war. Die Kämpfe, die das noch
am wenigsten gemischte gesunde Volk in Oberägypten bei Gelegenheit der ersten und zweiten Vermischung mit dem fremden Elemente führen musste, mussten zur Bildung einer neuen
gesunden, führenden Kaste führen, wobei die Blutmischung, die
anfangs wohl einen Rückschlag in geistiger Beziehung, aber auch
späterhin eine Regeneration in körperlicher und damit in Correlation in geistiger Beziehung bedingte, und die immer vorwiegend bei Eroberungen die oberen Kasten betrifft, auch dazu

---

*) Die Errichtung der Fürstenmauer bei Pelusium zur Abwehr der 'Amu,
die in einem Literaturwerke aus der XII. Dynastie erwähnt wird, spricht
für Invasionen während der Zeit der Schwäche des Reiches von dieser Seite.
Auch eine Inschrift im Tempel von Dendera lässt sich möglicherweise auf eine
Invasion in der Zeit der VIII Dynastie deuten. Meyer l. c. 142.

beigetragen haben wird, dass eine neue mehr kriegerische und mit energischen Charaktereigenschaften versehene, führende Kaste in Oberägypten sich bildete. Daraus wird es verständlich, dass im mittleren Reiche die neue führende Kaste hauptsächlich in Oberägypten entsteht und dorthin die Hauptstadt des Reiches verlegt wird *); von Theben aus ging, wie viele Jahrhunderte später, die Wiederaufrichtung des geeinigten Reiches vor sich.

Auf diese Vermischung, sei dieselbe nun eine innere der Kasten oder eine mit einem von aussen eingedrungenen Volke gewesen, folgte wieder eine Periode der Ruhe und Inzucht, die bis zum Einfalle der Hyksos dauerte und die Blüthezeit des mittleren Reiches darstellte.

Mit Beginn der XI. Dynastie sind die durch die Vermischung nothwendigerweise bedingten Rückschläge in Folge der bereits wieder in Wirksamkeit getretenen Inzuchtperiode überwunden und es beginnen sich die guten Folgen der Blutmischungen, deutlich zu zeigen.

Wie mit dem Ende der XI. Dynastie das Dunkel sich lichtet, welches die Epoche Pepi's von der Thronbesteigung Amenemha'ts trennt, finden wir das Königthum in erniedrigender Abhängigkeit von den hohen Kronbeamten.

Ein neues, kräftiges Adelsgeschlecht mit Namen, die der Pyramidenzeit unbekannt sind, hat sich in den dunklen Jahrhunderten gebildet, ähnlich dem kräftigen Adel im Mittelalter in den romanischen Ländern, kurz wir haben eine vollständige Regeneration der führenden Kaste vor uns.**)

Wir sehen also hier, wie auf die Vermischungsperiode wieder eine Inzuchtperiode folgt und dass die Folge davon eine neue Blüthezeit der Cultur ist. Nur stehen die neuen Culturträger nicht, wie es bei ununterbrochener Inzucht der Fall ist, auf den Schultern der Vorgänger, sondern sie müssen,

---

*) Lenormant (Die Anfänge der Cultur) meint, dass die Völkerwelle von Aethiopien her gekommen. Dann wäre aber die Vermischung am stärksten in Oberägypten gewesen und die ersten Zeichen der Regeneration hätten sich zuerst dort zeigen müssen, wo die neue Völkerwelle am wenigsten intensiv gewirkt hat, also in Unterägypten.

**) Meyer, l. c. S. 156. Dabei ist es nicht ausgeschlossen, dass einige Geschlechter der alten Zeit sich noch in die neue herübergerettet haben,

da sie nicht mehr die alten, reinen Culturganglien, sondern gemischte erben, von vorne anfangen. Doch immerhin ist das neue gemischte Nervensystem, da es ja doch vorwiegend der alten höheren Cultur zuneigt, im Stande unter dem Einfluss der noch vorhandenen Reste der alten Cultur, die Kinderjahre der neuen Culturblüthe rascher, d. h. in wenigeren Generationen, durchzumachen, und was das Wichtigste ist, es bewegt sich in Folge des überwiegenden Einflusses des alten Culturblutes die neue Culturblüthe stets wieder in den alten ausgefahrenen Culturbahnen, wenn auch mit deutlichen Veränderungen, weiter. Das war auch im Anfang des mittleren Reiches der Fall.

Mariette sagt: „Als man mit der XI. Dynastie Aegypten sich wieder aus seinem Schlafe erheben sieht, sind die alten Traditionen fast vergessen. *) Die in den alten Familien gebräuchlichen Eigennamen, die Titel, welche man hohen Staatsbeamten gibt, die Schrift und selbst die Religion, Alles erscheint, wenn auch ähnlich, so doch verändert.

Thinis, Elephantine und Memphis sind nicht mehr die auserwählten Hauptstädte, Theben ist es, welches nun zum Sitze der höchsten Staatsgewalt wird. Aegypten hat ausserdem einen beträchtlichen Theil seines Territoriums verloren **) und die Autorität seiner legitimen Könige erstreckt sich nicht über den thebanischen Bezirk. Das Studium der Denkmäler bestätigt diese allgemeinen Bemerkungen. Diese sind roh, primitiver Art, bisweilen ganz plump und bei ihrem Anblick möchte man glauben, dass Aegypten unter der XI. Dynastie wieder in jenem Zustand der Kindheit läge, den es bereits mit der dritten verlassen hat.“

Unter den nächsten Dynastien, die wieder eine Fortsetzung der Inzuchtperiode darstellen, kommt Aegypten neuerdings zu hoher Blüthe, ja es tritt, ebenso wie später nach der Vermischung, mit den kriegerischen Hyksos nach aussen offensiver auf und ebenso grossartige Arbeiten, wie unter den Königen der IV.

---

*) Ein unvermischtes Volk vergisst niemals seine alten Traditionen, es müsste denn vollständig körperlich und geistig degenerirt sein, dann ist aber eine politische Wiedergeburt unmöglich.

**) Das heisst, Mittel- und Unterägypten dürfte sich noch längere Zeit des stärkeren Mischblutes wegen der centralisirenden Gewalt der oberägyptischen Könige widerstrebt haben.

Dynastie werden ausgeführt (Labyrinth und See Möris). Wir können die Zeit der XII. Dynastie fast als eine der glanzvollsten Epochen der ägyptischen Geschichte bezeichnen.

Die Plastik des mittleren Reiches zeigt späterhin durchwegs eine sichere und bewunderungswürdige Beherrschung der Technik, aber es fehlt das individuelle und charakteristische, das wirkliche Leben. Es herrscht die Routine, das Schablonenhafte. Doch hat sich der Kanon der Proportionen geändert, die Figuren sind schlanker geworden, als im alten Reich,*) jedenfalls eine Folge der auf kleinerer Zahl und engerer Inzucht basirten Züchtung dieses Typus von Seite der führenden Kaste.

Die Folgen der durch die Revolutionen und Invasionen in den dunklen Jahrhunderten stattgefundenen Blutvermischungen innerhalb des Staatskörpers zeigen sich im mittleren Reiche auch in einer grösseren Mannigfaltigkeit und Beweglichkeit, die im Volkskörper Platz gegriffen hat**). Auch im socialen Leben tritt eine grössere Vielseitigkeit uns entgegen. Wir finden den Mittelstand auf breiterer Basis aufgebaut, ja selbst freie Bauern als Grundbesitzer, wenn auch die grosse Menge noch hörig ist.

Wir sehen aber die Erblichkeit der hohen Stellen schon wegen der grösseren Abhängigkeit des Königthums von dem Feudaladel in noch höherem Grade durchgeführt, als im alten Reiche. Es erscheint als selbstverständlich, dass der König nur Adelige mit den höchsten Würden belehnt.***)

Die Tendenz der Abschliessung der führenden Kaste im mittleren Reiche ist schärfer ausgeprägt, als im alten Reiche, und die Folgen treten darum auch schneller ein. ****)

Naturgemäss musste sich die Degeneration in einer reicheren, mächtigeren und auf verhältnismässig kleinere Zahl beschränkten führenden Adelskaste, die sich noch dazu strenger als Kaste vom Volke abschloss, als dies beim Beamtenstaat des alten Reiches der Fall war, schneller einstellen, als dies im alten Reiche der Fall war.

---

*) Meyer, l. c. S. 189.

**) Meyer, l. c. S. 166.

***) Meyer, l. c. S. 158.

****) „Ich bin ein Adeliger von Geburt, denn meine Mutter war eine Fürstin als Tochter eines Nomarchen“, sagt der Gouverneur des östlichen Wüstenlandes, Chnemhotep. Lepsius Denkm. III. 13. a.

Die Blüthezeit des mittleren Reiches dauerte darum nur wenige Jahrhunderte. „Während der Herrschaft der XIII. Dynastie müssen" sagt Meyer „in Aegypten Zustände der entsetzlichsten Art geherrscht haben, ähnlich etwa wie im römischen Reiche im dritten Jahrhundert. Es war eine Zeit der furchtbarsten, inneren Revolutionen. Dabei blieb auch hier, wie im römischen Reich, die äussere Gestalt des Staates, im Wesentlichen unverändert. Der alte Bau steht noch ein bis zwei Jahrhunderte aufrecht, wenn auch morsch bis in seine Grundfesten".[#])

Immer kürzer werden die Regierungen, immer regelloser waren offenbar die Thronwechsel. Die ganze Ordnung und der Wohlstand muss darnieder gelegen sein.

Die körperliche und geistige Degeneration der führenden Kaste muss eine sehr intensive gewesen sein, denn das Volk war zur Zeit des Einfalles der Hyksos fast wehrlos in Folge des Mangels tüchtiger Führer und ergab sich ohne Widerstand.[**])

Doch auch diesmal verlor die Völkerwelle in dem langgestreckten Thale ihre Kraft; der thebaische Bezirk wurde wohl tributpflichtig, es blieb aber, da die Hauptkraft des Hirtenvolkes im Delta und Mittelägypten blieb, von der Vermischung mit der neuern Blutwelle auch diesmal verhältnismässig am freiesten und erhielt dieselbe schon durch die Scheidewand des untern und mittleren Landes filtrirt und abgeschwächt, immerhin aber stark genug, um regenerirend zu wirken.

Die Occupation dauerte 400—600 Jahre und wird innerhalb dieser Zeit in Unter- und Mittelägypten eine ziemlich intensive Vermischung wenigstens der oberen Kasten stattgefunden haben. Doch wie immer, wenn ein niederes Culturvolk, wie es die Hyksos sicher waren, mit einer schon hoch civilisirten Nation in Blutvermischung geräth, siegt in wenigen Generationen das alte Culturblut. Es liegt im Wesen der politischen Verhältnisse, dass immer zuerst die führenden Kasten sich vermischen; das ist aber, wie ich

*) Meyer. l. c. S. 202.
**) Siehe Dunker: „Geschichte des Alterthums", I. B., S. 710 und Meyer l. c. S. 204. ... nahmen es leicht ohne Kampf in Besitz. Und nachdem sie die Führer des Landes bewältigt haben, steckten sie die Städte grausam in Brand und zerstörten die Tempel. Die Einheimischen behandelten sie auf das Feindlichste Manetho, zweites Buch, ägyptische Merkw. citirt bei Meyer c. S. 204.

früher erwähnt, nur dann der Fall, wenn das erobernde Volk ein in der Cultur tiefer stehendes ist.

Die Hyksos waren jedenfalls im Vergleich zu den Aegyptern ein in der Cultur sehr tief stehendes Volk und wird daher ihre führende Kaste nicht nur die Vermischung mit den weiblichen Mitgliedern der führenden Kaste in Aegypten gewünscht haben, sondern sie waren auch in der Lage, sich diese Vermischung zu erzwingen. Die Folgen blieben nicht aus. In körperlicher Beziehung trat bei den Hyksos in kurzer Zeit ein Rückschlag ein, wie die Denkmäler ihrer Könige beweisen. Ihr König Apophis zeigt schon ganz den schmächtigen ägyptischen Typus.

Wie die Tartaren in China, so unterliegen die Nomadenstämme in Aegypten, nachdem sie kurze Zeit hindurch ihre zerstörende Wuth ausgelassen haben, der überlegenen Cultur ihrer Besiegten, sie constituiren eine regelmässige Dynastie mit allen den Sitten und Gebräuchen der alten Pharaonen. Nach kurzem Rückschlag sehen wir, wie sich das verhältnismässig weniger vermischte nationale Element in Oberägypten gegen die Fremden empört. Das Reich ist in zwei Königreiche getheilt, in das südliche Reich, wo das nationale, regenerirte Inzuchtblut wieder ganz die Oberhand erhält, und in das nördliche, wo noch durch einige Jahrhunderte das fremde Volk unter der gemischten, führenden Kaste die Herrschaft in ihrer Hauptstadt Avaris im Delta behält, bis nach fortwährenden, fürchterlichen Kämpfen endlich unter dem Könige Ahmes oder Amosis der XVIII. Dynastie die Vertreibung der noch ungemischten Theile der Hyksos gelingt.*)

Die Vermischung im Volkskörper scheint eine geringere gewesen zu sein,**) als während des nach der VI. Dynastie supponirten Einfalles, wahrscheinlich weil die Hyksos ein viel rassen-

---

*) Dieselben sollen in der Stärke 200.000 Menschen über den Isthmus nach Asien geflohen sein. Einem Rest liess Amosis, um sie zu civilisiren, einen Theil des Landes, das ihre Vorfahren besassen. Sie bilden, sagt Mariette, im Osten von Unter-Aegypten eine fremde Colonie unter demselben Namen, den man den Israeliten beilegte. Sie allein sind dort zurückgeblieben und merkwürdiger Weise finden wir sie in jenen robusten gebauten Fremdlingen mit ernstem langezogenen Gesichte wieder, welche heutzutage noch die Ufer des Mensales-Sees bewohnen.

**) „Vermuthlich bildeten die Eroberer ausschliesslich die herrschende Kaste, die sich ähnlich wie die Osmanen mit dem Volke wenig vermischte." Meyer l. c. S. 207.

verschiedeneres Volk waren, als dies bei dem früheren Einfalle der Fall war.

Die verschiedenen Sculpturarbeiten aus der Zeit der Hirtenkönige deuten auf eine Rasse hin, deren Typus von dem der Aegypter total verschieden war, eine Rasse mit winkligen, ernsten und tief eingeschnittenen Zügen und weit vorspringenden Backenknochen.

Dass die Vermischung im Volke keine hochgradige war, beweisen die erhaltenen Kunstdenkmäler aus der Zeit der Hirtenkönige.

Die Sculptur hat nicht viel gelitten und man kann hier keine solche Unterbrechung der Kunst constatiren, wie dies nach der VI. Dynastie der Fall war. In der erblichen Künstlerkaste gingen die Ganglien nicht verloren und darum war auch die Kunst unter den Hirtenkönigen verhältnismässig in hoher Blüthe und musste dieselbe nach der Verbreitung der Hirten nicht von vorne anfangen.

Die Architektur freilich lag ganz darnieder, da ihre leitenden Gedanken doch mehr Sache der herrschenden Könige waren.

Bei den oberen Kasten, die sich sicher stärker vermischten, lassen sich aber die Folgen der Vermischung deutlicher nachweisen. Die Hirtenkönige waren wahre Pharaonen geworden. Sie nahmen dieselben Titel wie die alten Dynastien an, sie traten zum Glauben der Aegypter über. Ihr Nationalgott Set, den sie mit Gewalt in Aegypten einführten, blieb nach der Vertreibung allerdings hier, verlor aber den Rang, welchen sie ihm gegeben hatten (Lenormant). Ihre eigenen Sitten und die der oberen Kasten waren die der Aegypter. Andererseits wurde die führende Kaste der Aegypter theils durch die frische, kriegerische Blutwelle, die in sie eindrang, theils durch den harten Kampf ums Dasein, den sie durch mehrere Generationen zu kämpfen hatte, körperlich und geistig regenerirt, was zunächst zur Folge hatte, dass sie schliesslich über die körperlich degenerirte und geistig noch lange nicht auf der gleichen Höhe stehende, fremde, führende Kaste siegte. Aber auch später machten sich die Folgen dieser Vermischung der oberen Kasten geltend.

Es ist interessant, dass die neue, führende Kaste viel kriegerischer wurde, als sie früher besonders im alten Reiche und vor der Vermischung mit den Hyksos gewesen war,*) denn von keinem der vielen Hunderte der früheren Könige wird der tapfere Charakter so hervorgehoben, wie dies bei den Königen der XIX. Dynastie der Fall ist.**)

Wie immer wird durch eine intensivere Vermischung der Inzuchtstolz eines Volkes etwas herabgesetzt und dadurch dringt besonders in den oberen Ständen fremdes Blut häufig noch längere Zeit ein. So war auch die Gemahlin des Sethosis, die Tua, höchst wahrscheinlich eine Semitin und der berühmteste Pharao dieser Dynastie der Sohn der Tua.

Ramses II., der Sesostris der Griechen, unterscheidet sich in seinem Bildnis auffallend von seinem Vater durch die stark gebogene Nase. Auch dieser Pharao heiratete eine Ausländerin, die Tochter des Chetusar, des Fürsten der Syrer, wie ja überhaupt unter Sesostris die strenge Abschliessung der Aegypter in mancher Beziehung gemildert wurde.

Das Reich erlebte nun unter der regenerirten führenden Kaste die letzte, hohe Blüthe. Das kriegerische Hirtenblut wirkte noch durch mehrere Generationen nach und führte zu einer Eroberungspolitik, wie sie den früheren Königen nur selten eigen war und die auch, wie die Denkmäler des Adels beweisen, von einem ebenso kriegerischen Adel unterstützt wurde.

Diese kriegerische Politik der führenden Kaste brachte aber das Reich in grosse Gefahr, da das Volk selbst nie ein sehr kriegerisches Volk war und der seit Jahrtausenden gezüchtete unkriegerische Charakter des Volkes, für dessen Masse die Vermischung doch zu schwach war, um ihn gründlich zu verändern, diese Politik nicht kräftig genug unterstützte. Der letzte kriegerische König war Ramses III. und seine Kriege waren schon ähnlich, wie die des

---

*) Meyer sagt l. c. S. 220. „In der That ist ein anderer Geist über Aegypten gekommen. Der langjährige Kampf gegen die Hyksos hat das Volk und seine Fürsten zu Siegern erzogen... Die Ordnung des mittleren Reiches ist zu Grunde gegangen, der Feudaladel mit seinem grossen Grundbesitz verschwunden, nur ganz im Süden haben sich noch Reste dieses alten Zustandes erhalten, die aber zu Ende der XVIII. Dynastie verschwinden. Es kommt wieder ein neuer Kriegs-, Beamten- und Priester-Adel zur Herrschaft.

**) „Des Königs (Sethosis I.) Lust war es, den Kampf aufzunehmen und seine Wonne, sich in die Schlacht zu stürzen. Befriedigt war sein Herz beim Anblick des Blutes, beim Abschlagen der Köpfe des Feindes."

Trajan und Mark Aurel, defensive. Von nun an folgen, da die oberen Kasten wieder der Degeneration anheimfielen, Thron-Revolutionen und innere Kriege.

Mit König Ramses III. beginnt auch nachweisbar der Verfall dieser dritten Blütheperiode. Er erzählt auf einem Denkmal selbst, dass das Land Aegypten in Verwirrung gerathen sei; jeder that nach seinem Belieben und es gab keinen Oberherrn.

Auch der kriegerische Geist der Aristokratie scheint bald erschlafft und unverlässlich geworden zu sein, denn seit Seti I. finden wir in Aegypten Söldner, und weiterhin spielen die Obersten der fremden Völker, wie in Rom die Präfecten der Prätorianer, eine verhängnisvolle Rolle. Die Wacht an der gefährlichen Einbruchstelle wird später griechischen und karischen Söldnern anvertraut, ein unverkennbares Misstrauungsvotum für die einheimische Kriegerkaste.

Um 650 v. Ch. herum versuchte der assyrische König Assarhaddon mit seinem kriegsgeübten Heere in Aegypten einzubrechen. Der erste Zug wäre fast an den früher erwähnten Schwierigkeiten des Marsches durch die Vorlande misslungen, denn eine Inschrift sagt uns, dass das Heer auf dem weitern Zuge durch die Wüste Mangel an Wasser litt. Man kann daraus ersehen, wenn es schon dem geschulten und gut organisirten assyrischen Heere schwer wurde, dieser Schwierigkeiten des Zuganges zu Aegypten Herr zu werden, wie geschützt das Land in jenen rohen Zeiten an der asiatischen, also der gefährlichsten Seite war.

Marodach rettete das Heer vor dem Untergang, wie die Inschrift sagt. Wahrscheinlich gelang es Assarhaddon erst auf dem nächsten Zuge Aegypten zu erobern. Die Eroberung konnte aber eben wegen der Schwierigkeit der Verbindung nicht lange gehalten werden. Aegypten erhob sich mit Hilfe ausländischer Truppen und erlebte noch eine kurze Blüthezeit unter Psammetich und Amasis. Kambyses machte dieser Blüthezeit nach kaum hundert Jahren ein Ende und machte Aegypten zur persischen Provinz.

Die Perser waren aber kein Nomadenvolk wie die Hyksos, sondern sie hatten schon ein grosses Reich gegründet und die herrschende Kaste der Perser wird es sich nicht zur Ehre gerechnet haben, sich mit den Aegyptern zu vermischen; dazu kam noch der Umstand, dass das Land als Satrapie nur von wenigen Beamten beherrscht und durch Besatzungen im Zaume gehalten wurde. Die oberen Kasten der Aegypter wurden jedenfalls theils ausgerottet, theils in die Gefangenschaft und Sklaverei abgeführt.*) Sicher trat keine Vermischung in dem Maasse ein wie unter der früheren Eroberung durch die Hyksos.

Gestützt auf die günstigen, geographischen Verhältnisse erhebt sich der Rest der führenden Kaste nochmals. Amyrtäus stellt das nationale Königthum wieder auf und es folgt noch eine kurze Reihe von nationalen Königen, mehr geduldet durch die äusseren politischen Verhältnisse, als durch innere Kraft gestützt. Artaxarxes Ochus macht diesem Scheinleben ein definitives Ende, es folgt dann Alexander und weiter die Ptolomäer.

Die noch vorhandenen Reste der oberen Kasten wurden von den ebenfalls hoch cultivirten Griechen und Römern ausgerottet oder da keine Vermischung von Bedeutung mehr stattfindet, ver-schwinden sie in Folge der Degeneration. Das Volk ist ohne nationale, führende Kaste und verschwindet daher als Volk für den Geschichtsforscher, aber nicht für den Anthropologen. Denn so stark ist dieses uralte Inzuchtblut, dass es allen Vermischungen bis heute widerstand. Ja auch seine Herrscher zwang das noch im Volk in überwiegender Mehrzahl rein gebliebene nationale Element, sich wenigstens äusserlich zu ägyptisiren. Während die Ptolomäer in Alexandrien ihren griechischen Charakter beibehiel-ten und die hellenische Kunst und Literatur bewahrten, weil sie eben sich nicht mit ägyptischem Blut vermischten, treten sie uns im Innern des Landes als vollständige Aegypter entgegen. Hier er-richten sie überall Tempel in der alten Weise und in den Sculptur-arbeiten bringen sie im königlichen Costüme der alten Pharaonen ihre Opfergaben all' den nationalen Gottheiten der Aegypter dar. Diese politische Concession zwang ihnen das noch in der Mehrzahl unvermischt gebliebene, nationale Blut des ägyptischen Volkes ab. Noch einige Jahrhunderte arbeitet das Volk nach seiner na-tionalen Weise auch unter fremder Herrschaft; selbst unter den Römern ist das nationale Element nicht ganz ausgestorben und erst, als unter Theodosius die ägyptischen Tempel geschlossen

---

*) Kambyses liess gleich in Memphis 2000 der edelsten Aegypter tödten und führte 6000 in die Gefangenschaft nach Susa.

wurden, machte die viel jahrtausend Jahr alte, ägyptische Cultur
ihre letzen Athemzüge.

Wir müssen noch die im allgemeinen Theil hervorgehobenen Wirkungen der Inzucht bei den Aegyptern etwas genauer
illustriren, was um so leichter ist, als mit Ausnahme der Juden
kein Volk der mittelländischer Rasse sich derart frei vor Vermischungen stärkeren Grades gehalten hat, wie eben die alten
Aegypter. Diese Wirkungen müssen also hier prononcirter als bei
anderen Völkern zu constatiren sein.

Als eine der hervorragendsten Wirkungen der Inzucht habe
ich die Züchtung gewisser, auffallender, körperlicher und geistiger
Charaktere bezeichnet. Damit in Zusammenhang mit dem „anders"
Sein und „anders" Fühlen und Denken eines Volkes steht der
nationale Stolz, die Hochachtung alles Alten, Hergebrachten, kurz
der conservative Sinn, der bei intensiver Inzucht bis zur Erstarrung
gezüchtet wird. Damit in weiterem Zusammenhang steht die immer
mehr zunehmende Abschliessung und Abneigung, mit „anders"
Seienden und Fühlenden umzugehen und sich zu vermischen.

Die gezüchteten, körperlichen Charaktere sind uns in den
zahllosen Denkmälern besser erhalten, als dies bei irgend einem
andern alten Inzuchtvolk der Fall ist. Wie gleichmässig dieser
Typus unter sich und wie verschieden von andern Völkern
war, haben uns die ägyptischen Künstler naturgetreu wieder
gegeben.

Die grosse Aehnlichkeit, die alle Sculpturen der Aegypter in
Bezug auf die menschliche Gestalt aufweisen, hat manche Forscher
verleitet, anzunehmen, dass die ägyptischen Künstler einen rein
conventionellen Typus dargestellt haben. Die grosse Aehnlichkeit
besonders der Personen aus den oberen Kasten, die ja hauptsächlich dargestellt sind, ist aber eine nothwendige Folge der strengen
Inzucht, die in diesen Familien herrschte. Wenn wir bedenken,
dass die Verwandten- ja die Geschwister-Ehe in den Dynastien
und in der führenden Kaste etwas Gewöhnliches war, so werden
wir uns über diese Aehnlichkeit nicht wundern. Die ägyptischen
Künstler, die es so gut verstanden, die charakteristischen Merkmale
der Juden, Araber, Aethiopier wiederzugeben, haben es sicher bei
ihrer eigenen Rasse nicht unterlassen, die feinen Unterschiede hervorzuheben und ein aufmerksamer Beobachter wird, wie Lenor-

mant sagt, bald zur Ueberzeugung kommen, dass die Gleichheit
der Darstellung ihrer Herrscher in den Gesichtszügen nur ein
trügerischer Schein ist und dass fast alle Figuren ebenso wahre
als individuelle Porträts sind, wie sie in dieser Realistik kaum
mehr ein anderes Volk besitzt. Für unser Thema ist aber diese
grosse Aehnlichkeit in den oberen Kasten ein in Stein ge-
meisselter Beweis für die strenge Inzucht, die in
diesen Kreisen herrschte. Denn wie die Vermischung
unter den letzten Dynastien des neuen Reiches einzureissen begann,
macht sich dies auch in den Porträts dieser Dynastien geltend und
zahlreiche Statuen mit semitischen und äthiopischen Charakterzügen
bestätigen diese Vermischung ebenso, wie dies auch unter der
Herrschaft der Hyksos der Fall war.

Alle Inzuchtvölker haben, wie schon erwähnt, immer von
ihrer reinen Abstammung eine hohe Meinung und je strenger die
Inzucht betrieben wird, desto höher steigt diese Meinung, ja sie
nimmt geradezu lächerliche, pathologische Formen an und grenzt
an Grössenwahn. Am auffallendsten ist dies bei den strengsten,
alten Inzuchtvölkern, den Aegyptern und ihren Schülern, den Juden
der Fall. Von den Juden ist diese hohe Meinung von sich
selbst allgemein bekannt und ist dieselbe trotz der vieltausendjährigen, traurigen Geschichte und gegentheiligen Erfahrung heute
noch ebenso hoch, als sie zur Zeit ihrer höchsten staatlichen Blüthe
war, weil eben diese hohe Meinung nicht von äusseren Gründen
allein, sondern vorwiegend vom Zustande des Nervensystems abhängt. Ganz ähnlich wie die Juden, dachten die alten
Aegypter von sich. Auch sie waren ein von den Göttern „auserwähltes“ Volk. Sie waren die eigentlichen Menschen, die allein
den Göttern am Herzen lagen; in ihrem Lande waren die grossen
Gottheiten einst erschienen, hier hatte der Sonnengott als König
geherrscht und gekämpft und noch immer sassen seine Nachkommen
auf dem Thron Aegyptens. Nur die Aegypter waren daher wirkliche „Menschen“ (romet), die anderen Völker waren Neger oder
Asiaten oder Lybier, aber Menschen waren sie nicht.

Wie sich Aegypten schon durch die Farbe seines Bodens
als das „schwarze“ Land von dem es umgebenden unfruchtbaren
„rothen“ Lande der Barbaren schied, so glaubten auch die Aegypter,
dass sie selbst durch ihre Hautfarbe einen Vorrang vor den Fremd-

völkern besassen. *) Die Syrer waren hellbraun, die Lybier weiss, die Neger schwarz, aber den Aegyptern verliehen die Götter ihre schöne Farbe, den Männern ein kräftiges Dunkelbraun, den Frauen ein helles Gelb. **) Gerade auffallende Farben können unter gleichen Himmelsstrichen nur ein Product der Inzucht sein. Auch die Sitte der Beschneidung hatten sie mit dem alten Inzuchtvolk, den Juden gemeinschaftlich, ohne dass dieselbe aber bei ihnen jene hohe Bedeutung angenommen hätte, wie bei ihren Lehrlingen, wo sie zu einem religiösen, ja dem wichtigsten Unterscheidungszeichen von anderen Völkern gestempelt wurde. ***)

Entsprechend diesem hoch gezüchteten Inzuchtstolze der Aegypter war auch ihr Benehmen gegen Fremde. Im alten und mittleren Reiche war es jedem Fremden verboten, das Land zu betreten, für den Handel waren nur einige wenige Plätze bestimmt.****)

---

*) **Erman**, Aegypten und ägypt. Leben im Alterthum. S. 56.

) Es ist auffallend, dass die ägyptischen Frauen sich in der Hautfarbe so stark von den Männern unterscheiden. Sie sind hellgelb, während die Farbe der Männer ziegel- oder braunroth ist. Solche Farbenverschiedenheit zwischen den Geschlechtern kommt im Thierreich häufig vor, auch unter den menschlichen Rassen ist häufig eine kleine Variation zu bemerken. Wenn aber in einer menschlichen Rasse durch so viele Jahrhunderte, ja durch Jahrtausende, eine so auffallende Verschiedenheit in der Hautfarbe bei den Geschlechtern eines Volkes zu bemerken ist, so muss dies wohl auf eine stark fixirte Rasseneigenthümlichkeit geschoben werden, die durch fortwährende Inzucht erhalten wird; da Blutvermischung sich nirgends so auffallend bemerkbar macht wie in der Hautfarbe, so müssen wir auch schon aus dem Grunde annehmen, dass der Kern des Volkes von Vermischungen sehr lange Zeit unberührt blieb, denn sonst hätte sich diese auffallende Variation nicht so typisch erhalten können. Diese uns durch die Denkmäler fixirte Verschiedenheit der Farbe auf eine allgemein übliche Schminkung der Frauen herzuleiten, wie es **Lauth (S. 86) thut, kommt mir doch etwas gesucht und unwahrscheinlich vor.

***) In Bezug auf die Beschneidung möchte ich auf einen, bisher nicht genügend beachteten Grund hinzuweisen. Man hat oft hervorgehoben, dass die Beschneidung durch hygienische Gründe bedingt sei und zwar hauptsächlich durch Reinlichkeitsgründe, wodurch leichter locale Krankheiten verhütet werden. Ein weiterer wichtiger Grund scheint mir aber das häufige, ja fast regelmässige Auftreten der **Phimosis** bei zu naher Inzucht und vorhandener Degeneration zu sein. Zuerst wird die Beschneidung jedenfalls bei der führenden Kaste nöthig und dann von dieser für das ganze Volk befohlen worden sein.

****) Der Verkehr mit den Gebieten des obern Nil, der Eintausch von Elfenbein, Gold und Sklaven war in alter Zeit auf die Insel bei Syene beschränkt.

Nur die Vermischungsperiode, unter der Herrschaft der Hirten bildete eine Ausnahme während einer Abschliessungsperiode von mehreren tausend Jahren. Aber zu dieser Zeit hatte sich der nationale Inzuchtstolz schon so gesteigert, dass auch durch das fremde Regiment an der Abschliessungstendenz und dem Stolze der Aegypter kein Abbruch geschah.

Dies beweist uns eine Stelle der Bibel. Mos. I. B., C. 43, 32. „Und man trug ihm (Josef) besonders auf und jenen (seinen Brüdern) auch besonders und den Aegyptern, die mit ihnen assen, auch besonders, denn die Aegypter dürfen nicht Brod essen mit den Hebräern, denn es ist ein Gräuel vor ihnen." *)

In diesen paar Worten ist der ganze gezüchtete Stolz des alten Inzuchtvolkes ausgedrückt, denn wenn ein Volk es schon als einen Gräuel hält, mit einem fremden Stamme, der bei ihm zu Gaste ist, das Brod zu brechen, um wie viel mehr wird sich dieser Stolz gesträubt haben, ein Connubium mit einem fremden Volke einzugehen. Das geschah in der Zeit unter der Herrschaft der Hyksos und man kann daraus ersehen, wie rasch das fremde Regiment sich der nationalen Sitte anpassen musste und sich ägyptisirte.

Erst gegen Ende des neuen Reiches nahm Handel und Wandel mit den fremden Völkern einen regeren Charakter an. Es wäre aber sehr gefehlt zu glauben, dass dies durch eine Veränderung in den Ansichten der Aegypter oder in einem Nachlassen des Inzuchtstolzes seinen Grund hatte. Meyer**) hebt hervor, dass es unrichtig sei, aus der Thatsache, dass unter Psammetich der Handel

---

Duncker l. c., I. Bd., S. 219. Es existirt noch eine Steinsäule aus der Zeit des dritten Usurtasen bei Semne und Kumne, welche Jedermann verbietet, die Grenze Aegyptens zu überschreiten; nur die Schiffe der Neger, die Tauschhandel treiben wollen, sollen etwas weiter hinauffahren bis Primis (Ibrim). Nach den homerischen Gedichten und anderen Berichten durften fremde Schiffe nur in die Kanopische Mündung des Nil einfahren und war bis zum siebenten Jahrhundert v. Ch. der Verkehr nur auf die kleine Insel Pharos beschränkt.

*) „Niemals assen Aegypter mit Fremden an einem Tisch, noch bedienten sie sich eines Bechers, aus dem ein Fremder getrunken, noch assen sie Fleisch, das in dem Kessel eines Fremden bereitet und mit dem Messer eines Fremden geschnitten war — alle Fremden und ihre Geräthe galten als unrein und jede Gemeinschaft mit ihnen verunreinigte". Duncker l. c., I. Bd., S. 206.

**) „Mehr noch als früher schliessen sich die Aegypter jetzt gegen alles Fremde ab, in einer Zeit, wo das Land von Ausländern überschwemmt war. Mit

mit den Griechen zunahm, auf eine Veränderung des nationalen Charakters zu schliessen. Die Abneigung hat eher zugenommen, das hinderte aber die Aegypter nicht am Verkehr und Handel.

Dieser hochgezüchtete Inzuchtstolz und fest fixirte National-charakter dieses Volkes war es auch, der den späteren Eroberern des Landes, den Griechen und den stolzen Römern viele Concessionen abgerungen hat und sie zwang, den Eigenthümlichkeiten des nationalen Charakters mehr Rechnung zu tragen, als dies besonders die Römer zu thun gewöhnt waren. *) Auch unter der Fremdherrschaft blieb das Volk seinem durch Sitte, Religion, Sprache verschiedenen und durch die noch kräftiger wirkenden Blutbande angestammten und fixirten Nationalcharakter treu.

Auch an der uralten Eintheilung des Landes in seine, durch den verschiedenen Cult seit mehreren Jahrtausenden feststehenden Nomen rüttelten weder die Ptolomäer noch die Römer. Die Zugehörigkeit zu einem jeden Bezirk war unabhängig vom Wohnort und erblich.**) Die beiden griechischen Bezirke Alexandria in

---

peinlicher Sorgfalt beobachten sie die Reinlichkeitsgesetze und die zahllosen Vorschriften des Rituals. Wie König Pi'ansbi den Fischessern den Eintritt in sein Haus versagt, gelten auch die halbnomadischen Hirtenstämme und die Schweinehirten für unrein; die letzteren dürfen allein von allen Aegyptern keinen Tempel betreten und niemand will ihnen seine Tochter geben oder aus ihnen eine Frau nehmen, so dass die Schweinehirten unter sich heiraten." Meyer l. c.

*) „An eine Verschmelzung der einheimischen Nationalität mit der griechischen oder römischen war in Aegypten der abgeschlossenen sich ihrer Eigenart vollbewussten Nation gegenüber nicht zu denken." Meyer l. c., S 399. „Die alte Cultur bezwang die Sieger und die Sitten und Anschauungen der Aegypter mussten nicht nur geschont, sondern angenommen werden, ja man musste die Fiction aufrechterhalten, dass das Reich des Re' noch immer fortbestehe." Meyer l. c., S. 400. Ebenso siegte in der Hauptsache die Religion.

Bei der Einverleibung Aegyptens in den römischen Staat wurde für Aegypten eine Ausnahme von der Regel gemacht und das sonst den Staat beherrschende Princip der Dyarchie, d. h. das gemeinschaftliche Regiment der beiden höchsten Reichsgewalten, des Princeps und des Senats, fand allein auf Aegypten keine Anwendung und es wurde dem Senate sowie jedem einzelnen seiner Mitglieder jede Betheiligung beim Regimente abgeschnitten, ja es war sogar den Senatoren und Personen senatorischen Ranges das Betreten der Provinz untersagt. (Mommsen, V. Bd., S. 554). An seiner inneren Organisation haben auch die Cäsaren möglichst wenig geändert; alle römischen Kaiser erscheinen wie die Ptolomäer an den Tempelwänden Aegyptens mit den vollen Titeln der Pharaonen. Meyer l. c., S. 403.

**) Mommsen, V. Bd., S. 556.

Unterägypten und Ptolemais in Oberägypten sind streng gesondert und scharf sich entgegengesetzt.

Natürlicherweise musste dieser Inzuchtstolz auf Seite der Eroberer seine Reaction hervorrufen, welcher, so sehr er die Eigenthümlichkeiten zu schonen gezwungen war, doch dafür seine Rache nahm.

Nach der Ordnung der macedonischen Eroberer disqualificirte die ägyptische Ortsangehörigkeit für sämmtliche, öffentliche Aemter und für den besseren Kriegsdienst. Sie wurden selbst unter der Kaiserzeit, wo man nicht mehr sehr strenge war, nur zum Flottendienst, der in der ersten Kaiserzeit vorwiegend von Sklaven versehen wurde, verwendet. Im Laufe der Zeiten hat die Zurücksetzung der eingeborenen Aegypter etwas nachgelassen; im Ganzen war aber das römische Regiment einfach eine Fortsetzung, wie der griechischen Herrschaft, so auch der griechischen Exclusivität gewesen. Ausser Ptolemais und Alexandria wurde weder von den Griechen noch von den Römern eine Colonie gegründet.*)

Aegypten war die einzige Provinz, wo die römische Münze nicht durchdringen konnte und noch unter den Kaisern nach der alten Währung gerechnet wurde. Von allen Provinzialen blieben stets die Aegypter den Römern am verhasstesten,**) ebenso wie die Juden und sicher aus den gleichen Gründen, weil dieses alte Inzuchtblut am hartnäckigsten die moralische Anerkennung der Eroberung verweigerte, ja den Sieger zu allen möglichen unfreiwilligen Concessionen zwang.

Es ist kein Zufall, dass in diesem conservativsten Volke, welches alle alten Einrichtungen für heilig hielt und, je älter eine solche Einrichtung war, mit desto grösserer Zähigkeit daran hieng die Geschwister-Ehe so häufig war, wobei man freilich nicht immer an Bruder und Schwester, sicher aber an nächste Blutsverwandtschaft denken muss. Die Ehe mit der eigenen Schwester oder Cousine war noch im ptolomäischen und römischen Reiche so häufig, dass sich selbst die Herrscher dieser Sitte anpassten und viele Könige der

---

*) Mommsen, römische Geschichte. V. Bd., S. 563.

**) Noch im vierten Jahrhundert, wo bereits alle Provinzialen schon das Recht erlangt hatten, senatorische Aemter zu bekleiden, war dies den Aegyptern verboten.

Ptolomäerdynastie ihre eigene Schwester zur Frau nahmen.*) Selbst unter Kaiser Comodus befanden sich noch zwei Drittel aller Bürger der Stadt Arsinoe in' solch naher Verwandtschaftsehe.**)

Offenbar galt im ganzen ägyptischen Reiche in allen seinen Zeitperioden die allernächste Inzucht für etwas Natürliches, Selbstverständliches, wie ja heute noch den Aegyptern die Ehe mit der eigenen Cousine, als das von der Natur und Vernunft zunächst Gebotene erscheint.

Waren ja schon ihre Götter in dieser Beziehung mit gutem Beispiele vorausgegangen und ist dies der beste Beweis, dass die alten Aegypter eine Blutschande unter den Nachkommen einer Familie in unserem Sinne nicht kannten. Die Brüder Osiris und Set hatten ihre Schwestern Isis und Nephthys zur Frau gehabt. So finden wir denn auch in den Königsfamilien der verschiedensten Dynastien häufig eine Schwester als Frau erwähnt; z. B. in der XVIII. Dynastie die A'hmose-Nefert'-ere als Gattin ihres Bruders A'hmose, die A'hmose als Gattin ihres Bruders Duthmose I., die 'Ar'at als Gattin ihres Bruders Duthmose IV. u. s. f.

Wenn wir einen Ueberblick auf die ägyptische Cultur werfen, so sehen wir in derselben, wie bei keinem anderen Volke, die Wirkungen der Inzucht und Vermischung deutlich auf den Gang der Cultur ausgeprägt. Wir haben gesehen, wie auf eine ursprüngliche Vermischung eine lange Inzuchtperiode folgte, die bis zur VII. Dynastie reichte und dass hier bereits die Cultur eine sehr hohe Blüthe erreichte. Dann kommt eine historisch dunkle Periode des tiefsten Verfalles in Politik und Kunst, den wir uns durch innere Kriege in Folge Degeneration der führenden Kaste allein nicht erklären können, und in welche Zeit wir eine historisch freilich nicht constatirbare Vermischung anzunehmen fast gezwungen sind. Ob nun eine solche Vermischung von aussen stattgefunden hat oder nicht, sicher ist, dass wenigstens eine innere, starke Vermischung im Volke selbst eingetreten ist und dass dadurch eine Regeneration der führenden Kasten eingeleitet wurde, die dann die Blüthezeit der Cultur im mittleren Reiche zur Folge hatte. Dann kam der historische Einfall der Hyksos und die dadurch herbeigeführte

---

*) Siehe die Anmerkung ** S. 117.

**) Wiliken: Arsinoet. Steuerprov. Sitzungsber. der k. priv. Akad. der Wissensch. 1889, S. 904.

Vermischung hatte, als die Inzuchtperiode wieder eintrat, die Blüthezeit des neuen Reiches zur Folge. Doch war diese einzige historische Vermischung von Bedeutung mit den Hyksos nicht im Stande, das alte Inzuchtblut aus seiner Culturbahn zu werfen, und so sehen wir von der XI. Dynastie bis Alexander, also durch 2700 Jahre mit einer kleinen Unterbrechung, diese Cultur dieselben Wege wandeln. Der Mangel ausgiebiger Vermischung ist schuld, dass diese Cultur, nachdem sie die Höhe, die jeder Cultur wie jedem Volke von Natur aus bestimmt ist, erreicht hat, während einer so langen Zeit sich kaum mehr ändert, ja geradezu erstarrt und endlich zu Grunde gehen muss, als sie mit einer eben so hohen Cultur sich berührt, aber nicht mehr vermischt. Die strenge Inzucht durch so viele tausend Jahre, durch so viele Generationen, nur unterbrochen von wenigen Vermischungen, die immer nur einen Theil des alten Inzuchtblutes intensiver trafen, musste den starren, conservativen Charakter der ägyptischen Cultur zur Folge haben, der bei Vermischungen immer siegreich blieb, solange er es mit in der Cultur weit unter ihm stehenden Nationen zu thun hatte.

Die ägyptische Cultur blieb unter den Griechen und Römern von all dem neuen Leben, welches die ganze übrige Welt bewegte, so gut wie unberührt. Die Masse des Volkes behielt ihre Sprache, ihre Anschauungen und Sitten unverändert.[*] Die alte heilige Schrift begegnet uns auf den erhaltenen Denkmälern, zuletzt unter Kaiser Decius um die Mitte des 3. Jahrhunderts n. Chr., ihre geläufigere Abart zuletzt um die Mitte des 5. Jahrhunderts. Die Landessprache selbst behauptete sich aber noch viele Jahrhunderte in den abgelegenen Orten und den niederen Volksschichten, und ist erst im 17. Jahrhundert völlig erloschen.[**])

Endlich musste dieser erstarrte Culturgreis der Beweglichkeit frischerer Culturvölker das Feld räumen. So löste sich denn auch mit dem Einflusse des griechischen und römischen Geistes diese alte Cultur von sich selbst auf. Aber das alte Inzuchtblut steht heute noch siegreich in den fixirten, charakteristischen Eigenthümlichkeiten eines Theiles seiner Bewohner da. Anthropologisch wurde das alte, ägyptische Blut nicht besiegt.

---

[*] Meyer, l. c. 404.
[**]) Mommsen, l. c V. Bd., S. 561.

Das Volk, welches das alte Aegypten bewohnte, lebt noch heute in den modernen Bewohnern des Landes fort. Eine wechselreiche Geschichte hat seine Sprache und seine Religion geändert, aber alle Invasionen und Eroberungszüge haben nicht vermocht, das Aeussere des alten Volkes zu zerstören. Die Millionen der Nomadenstämme, der Perser, Griechen, Römer und Araber, die in das Land eingewandert sind, sind von ihm absorbirt worden; sie haben vielleicht in den grossen Städten, wo sie am dichtesten sassen, den Bevölkerungscharakter modificirt, aber auf dem platten Lande, und in den Städten Oberägyptens, bis wohin sich die Blutwellen immer abschwächten, haben sie nur geringe Wirkung ausgeübt. Der heutige Fellâh gleicht noch seinem bäurischen Vorfahren vor 4000 Jahren, nur spricht er heut arabisch und ist ein Moslem geworden. Wer heute durch ein oberägyptisches Dorf geht, der sieht Gestalten sich entgegentreten, die Bildern der alten Gräber entstiegen sein könnten. Die der Kunst des alten Reiches angehörige, berühmte Holzstatue eines alten Aegypters gleicht dem Typus der heutigen Bewohner so, dass die Arbeiter Mariettes und die Bewohner des Dorfes Sakkarah diese Statue, als sie ausgegraben wurde, sogleich Scheikh-el-beled tauften wegen ihrer auffallenden Aehnlichkeit mit dem Scheikh-el-beled oder Maire dieses Dorfes. Sie konnten sich nur mit Mühe des Gedankens entschlagen, dass diese Statue nicht das Porträt jenes Beamten sei.*)

Das empfindlichste Barometer für die Reinheit des Blutes ist die nationale Kunst in allen ihren Zweigen, denn sie ist die feinste und zarteste Blüthe, die der gezüchtete Nationalcharakter im Verlaufe der Generationen erzeugt, und an ihr kann man daher die Wirkung der Inzucht und Vermischung am auffallendsten constatiren. Gewöhnlich sind hier Störungen in der Entwickelung durch den Einfluss anderer Culturträger vorhanden, doch bei den Aegyptern, die das älteste Culturvolk sind und geographisch am besten geschützt waren, sind diese Störungen am wenigsten zur Geltung gekommen.

---

*) (Lenormant, l. c., I. Bd., S. 177.) Auch in intellectueller Beziehung werden an den Fellâh's des heutigen Aegyptens viele mit den Schilderungen der Alten auffallend übereinstimmende Charakterzüge hervorgehoben, namentlich List und Verschmitztheit, Ausdauer und Hartnäckigkeit, Eigensinn und Streitsucht, Neid und Lügenhaftigkeit, Hang zur Satyre und beissender Witz. Ad. Krämer, Aegypten, I., 56 f.

Wie bekannt, erreichte die ägyptische Kunst in der ersten Inzuchtperiode unter den sechs ersten Dynastien eine merkwürdig hohe Blüthe. Die Baukunst besass zur Zeit der IV. Dynastie schon einen Grad der Entwickelung, der vielleicht nie, übertroffen worden ist. Mit allen unseren Fortschritten in der Wissenschaft würde es selbst heutzutage ein schwer zu lösendes Problem sein, wie die Architekten der Aegypter aus der IV. Dynastie in solchen Steinmassen, wie die Pyramiden sind, Gemächer und Gänge anzubringen wussten, die trotz der Millionen von Kilogrammen, die auf ihnen lasten, noch nach sechs Jahrtausenden ihre frühere Regelmässigkeit zeigen und noch an keiner Stelle aus den Fugen gewichen sind. Solche geistige Fähigkeiten und Kunstkenntnisse konnten sich in jenen Zeiten nur in einer Künstlerkaste entwickeln, die durch Jahrhunderte erblich waren und deren Kunstganglien durch keine Vermischung und keine dadurch bedingten Rückschläge gelöst sich in einer gegebenen Richtung ungehemmt fortbilden konnten. Die Handwerkerkasten waren bekanntlich erblich, *) und die Aegypter haben auch den Nutzen dieser Erblichkeit frühzeitig erkannt und ausgesprochen.

Die Aegypter hatten nach Herodot 7, nach Diodor 5 Kasten.

Meyer (l. c. 169) nimmt nicht an, dass ein ausgesprochener Kastenzwang (wie die Griechen glaubten) für die Handwerker geherrscht hat, obwohl es sicher Brauch war, dass alle Söhne dem Stande des Vaters folgten, seine Stellung erbten und sein Handwerk fortsetzten. Einer oder mehrere haben dies sicher gethan, aber es war kein zwingendes Gesetz, sondern nur Herkommen wie bei uns noch vor kurzem. **)

---

*) In den Inschriften der Steinbrüche von Hamamal ist uns ein Stammbaum erhalten, nach welchem 23 Mitglieder derselben Familie nach einander bis auf die Zeiten des ersten Dareios Baumeister waren. Brugsch, Geschichte Aegyptens, S. 38. Dem Herodot zeigten die Priester von Theben jene 345 Bilder der Oberpriester, die nach einander dem Tempel vorstanden und versicherten, dass das Amt des Oberpriesters stets vom Vater auf den Sohn übergegangen sei. Diese Versicherung ist sicher übertrieben, wie die Inschriften nachweisen, doch beweist sie immerhin die conservative Sitte der Vererbung der Aemter und Stände. Siehe Dunker, l. c. I. Bd., S. 193.

**) Dunker sagt: „Der conservative Sinn der Aegypter ist auf eine feste und gleichbleibende Ordnung gerichtet. Die Söhne leben meist das Leben des Vaters weiter, und das Volk scheidet sich in verschiedene Berufskreise, welche

Damit in Zusammenhang stand die Vererbung gewisser Geschäftsgeheimnisse. Der Vorsteher der Steinmetzen und Schreiber, der Metallarbeiter, Nurtison, der unter der XI. Dynastie lebte, erwähnt in seiner Inschrift, dass er im Besitze einer Erfindung sei, die Niemand verwerthen könne, ausser er und sein ältester Sohn.*)

So gross der Nutzen war, den die kastenmässige Abschliessung der ägyptischen Künstler in der ersten Zeit brachte, die natürlichen Folgen, die dieselbe auf die ägyptische Kunstblüthe im Verlaufe der Generationen ausüben musste, konnten nicht ausbleiben.

Nicht die Einförmigkeit des Nilthales war an der Einförmigkeit der ägyptischen Kunst allein schuld, wie man oft annimmt, sondern in erster Linie die kastenmässige Abschliessung der ägyptischen Künstler. Die dadurch bedingte Vererbung der künstlerischen Fähigkeiten brachte es dahin, dass die ägyptischen Künstler es zuerst zu einer so auffallenden, bewunderungswürdig technischen Fertigkeit brachten, aber der Mangel erfrischender Blutwellen bewirkte auch frühzeitig eine geistige Erstarrung der künstlerischen Fertigkeiten. Darum haben wir bei der ägyptischen Kunst das merkwürdige Beispiel, dass die Kunst des alten Reiches in ihrer Blüthezeit geistig höher steht und weit realistischer arbeitet, als dies in der Blüthezeit des mittleren und neuen Reiches der Fall ist, die wohl technisch höher steht, aber geistig in einem festen Kanon befangen und weit unter der künstlerischen Auffassung und Realistik der alten Künstler steht.**) Das beweist am besten die berühmte Holzstatue aus dem alten Reiche im Museum zu Cairo, die in Bezug auf die lebensvolle Wiedergabe der Naturformen und realistische Auffassung von den späteren Künstlern nie mehr erreicht wurde. Der Geist der Künstler des alten Reiches war noch nicht durch lange Inzucht so erstarrt und in feste Formen gegossen, wie dies bei den Künstlern der späteren Jahrtausende der Fall war, welche Erstarrung auch später durch das

---

dieselben Beschäftigungen von Geschlecht zu Geschlecht fortpflanzen." Dunker, l. c. I. Bd., S. 222.

*) Meyer, l. c. S. 189.

**) „Unter den zahllosen und in ihrer Art hochbedeutenden Kunstwerke der spätern Zeit ist doch keines, welches an künstlerischem Werth den Schöpfungen der Blüthezeit des alten Reiches gleichkäme." Meyer l. c.

wenige Mischblut, welches gelegentlich in die Kaste drang, nicht mehr wesentlich geändert werden konnte.

Wahrscheinlich hat auch der conservative Geist der herrschenden Kaste immer die künstlerischen Versuche, sich aus den Banden des conventionellen Kanons zu befreien, unterdrückt.

Während also die technische Fähigkeit immer in der Künstlerkaste zunehmen musste, wurde die Formgebung und die Composition, also die geistige Arbeit der Kunst bald in strenge Fesseln gelegt und konnte sich weder im mittlern noch im neuen Reiche noch später unter der Fremdherrschaft*) von dieser durch viele Generationen fixirten Schablone befreien, weil ihr die Fähigkeit dazu längst durch Nichtgebrauch abhanden gekommen war. Wir können in den spätern Jahrhunderten also wohl Verfeinerung und Fortschritte im rein Technischen constatiren, aber keinen echten, künstlerischen Fortschritt mehr, denn dazu gehört Freiheit der Geister und die ging den ägyptischen Künstlern früh verloren.

Wenn wir die ägyptischen Denkmäler in Bezug auf ihre körperliche Nachbildung betrachten, so entspricht dem alten Reiche der Kanon des untersetzten, starken Körperbaues, während im thebanischen oder mittlern Reiche und späterhin die schlanken, erhabenen Gestalten vorwiegen.

Zweifellos gehören die Mehrzahl der Statuen und Abbildungen der führenden Kaste an, wenn die ägyptischen Künstler auch das Volk häufig in seiner Thätigkeit abgebildet haben. Diese Entwickelung vom robusteren Körperbau zum feineren, zarteren, schlanken kommt, wie wir gesehen haben, regelmässig bei allen Inzuchtkasten vor, die durch ihre Stellung und materiellen Verhältnisse in der Lage sind, nicht körperlich arbeiten zu müssen**).

----

*) „Die beispiellose Stabilität, die Aegypten vor allen Ländern des Alterthums auszeichnet, zeigt sich namentlich auch darin, dass dort Baukunst, Malerei und Sculptur unter den römischen Kaisern genau in derselben Weise, wie unter den Pharaonen geübt wurde. Von Sculpturen aus dem 2. Jahrhundert nach Chr. deren Entstehungszeit sich aus datirten Inschriften ergibt, haben Kenner des ägyptischen Alterthums (vor der Entzifferung der Hieroglyphen) geglaubt, dass sie 3000 v. Chr. gearbeitet seien. Nicht blos die Tempelbauten der Götter wurden nach den uralten Traditionen ausgeführt, die Technik aller übrigen Künste hat sich völlig unverändert erhalten“. Friedländer l. c. III. Bd., S. 247.

**) Diese schlanken, noblen Gestalten, wie sie uns in der mittleren und späteren Zeit des Reiches fortwährend vor Augen geführt werden und die kein Analogon in der

Bei allen Aristokratien der Welt besonders dort, wo dieselben ein bequemes Leben zu führen gewohnt sind, sehen wir diese feinere Ausbildung des Körpers und der Gesichtszüge eintreten, die wir als aristokratischen Typus bezeichnen. Aber da ein Volk die führende Kaste gleichsam als Muster betrachtet, so wird sich auch im Volke, wenn auch viel langsamer, dieser aristokratische Kanon in körperlicher Gestalt und Haltung in Folge der natürlichen Zuchtwahl zur Geltung bringen, was wir auch, je weiter wir uns in der Zeit vom ursprünglichen Kanon entfernen, beobachten können.

Wie wenig die vorgekommenen Vermischungen im Stande waren, den fest gezüchteten Inzuchttypus, sowohl bei der führenden Kaste als im Volke wesentlich zu ändern, habe ich schon hervorgehoben und auch die vorhandenen zahlreichen Sculpturen beweisen dies; ja die letzteren beweisen gerade, wie rasch bei Vermischungen die fremden Elemente ägyptisirt wurden.

Wie in der Kunst, so herrscht auch in der Wissenschaft in den späteren Jahrhunderten die Schablone und unterbindet immer mehr die Möglichkeit weiterer Entwickelung. Das macht sich selbst in der sonst immer und überall freien, ärztlichen Kunst und Wissenschaft geltend. Die Aerzte sind verpflichtet, ihre Patienten nach den alt überlieferten Satzungen zu behandeln. Nach dem 4. Tage, berichtet Aristoteles, dürfen sie von ihnen abweichen, vorher thun sie es auf eigene Gefahr. Wenn die Aerzte einen Patienten nach den Satzungen der heiligen Bücher behandeln und nicht retten können, gehen sie ohne Vorwurf aus, wenn sie aber gegen dieselben handeln, können sie auf den Tod verklagt werden.

Ebenso wie Kunst und Wissenschaft erstarrte, ebenso erging es der Religion. In der Religion prägt sich der conservative Inzuchtgeist eines Volkes am ausgesprochensten aus und wird ins Extrem gezüchtet zum fanatischen und crassen Aberglauben.

---

alten Bildniskunst haben, ja geradezu etwas Specifisches besitzen, erinnern an die durch strengste Inzucht hervorgebrachten feinen Gestalten der englischen, arabischen Zuchtpferde im Gegensatz zu den durch fortwährende Vermischung beeinflussten gewöhnlichen Pferderassen. Es ist interessant, dass die besten und feinsten Pferderassen auch in geographisch mehr abgeschlossenen Ländern gezüchtet wurden, z. B. in England und Arabien. Letzteres ist in viele von Wüsten umgebene Oasen getheilt, wo also Inzucht und Vermischung der gleichen Rasse abwechseln kann. Siehe hierüber Hehn: Culturpflanzen und Hausthiere und Graf Lehndorff Handbuch für Pferdezucht.

Mit Ausnahme der Zeit des missglückten Reformversuches unter Amenhotep IV (Chuen'eten) machte die Religion im Verlaufe der historischen Zeit des Reiches, also durch über 3000 Jahre keine Fortschritte. Wie bei den beiden anderen religiösen Inzuchtvölkern, den Juden und Hindus, durchdrang die Religion die ganze Lebensführung der Aegypter und beeinflusste durch die hohe Bedeutung des Cultus das ganze Thun und Handeln des Volkes. Die Aegypter waren, wie die alten Juden das frommste,[*] seiner Religion fanatisch ergebene Volk und hier wie dort ist dies das Ergebnis der ungestörten Inzucht durch viele Generationen. Dieser conservative, gezüchtete Religionsfanatismus war es, der allen nachfolgenden Eroberern die oben erwähnten Concessionen bezüglich der Religion abnöthigte. Er war das oberste Regierungsprincip aller Eroberer, die Aegypter bezüglich ihrer religiösen Gefühle nicht zu verletzen.[**]

In welch abergläubischen Formelkram sie schliesslich ausartete, ist bekannt. Die Religion durchdrang nicht nur die ganze Lebensführung der alten Aegypter, sie zwang auch die Kunst und Wissenschaft in ihre Bahnen; die Kunst ist vorwiegend im Dienste der Religion thätig und wird ihre Richtung von ihr beeinflusst und darum auch jede fremde Kunst abgelehnt.[***]

[*] Der oft angeführte anonyme Verfasser einer Reichsbeschreibung aus der Zeit des Constantins preist Aegypten namentlich wegen seiner musterhaften Frömmigkeit: „Nirgends werden die Mysterien der Götter so gut gefeiert, wie dort von Altersher und noch heute". Mommsen, V. B., S. 585. „Hier gibt es Heiligthümer aller Art und prächtig geschmückte Tempel und in Menge finden sich Küster und Priester, Propheten und Gläubige und treffliche Theologen und Alles geht nach seiner Ordnung; du findest die Altäre immer von Flammen lodern und die Priester mit ihren Binden und die Weihrauchfässer mit herrlich duftenden Specereien".

[**] Nichts wurde bekanntermaassen dem Kambyses so übel angerechnet als die muthwillige Tödtung eines Apis. Das Freiheitsgefühl des ägyptischen Volkes war in dem vieltausendjährigen Despotismus so degenerirt, dass späterhin die Fremdherrschaft an sich willig ertragen wurde, ja man möchte sagen, kaum empfunden wurde, solange sie die heiligen Gebräuche des Landes und was damit zusammenhing, nicht antastete. Ebenso wie bei den Juden wurden Aufstände vorzüglich nur hervorgerufen durch Verletzung dieser conservativen und durch so lange Inzucht so stark fixirten Gefühle. Ueber die Aufstände aus Anlass der Verletzung dieser Gefühle noch im Jahre 127 n. Chr. siehe Mommsen, V. Bd., S. 580.

[***] „Nur zwei Länder machten in Bezug auf die Kunst eine Ausnahme: Aegypten, das einzige Land, in dem eine uralte, einheimische, von der universal

Weder die assyrische, persische, griechische noch die römische
Eroberung hatte den geringsten Einfluss auf den angestammten
religiösen Charakter des ägyptischen Volkes. Erst dem Christenthum
war es vorbehalten, in diesen festen Thurm der Inzucht Bresche
zu legen.

Doch auch das Christenthum fand anfangs nur in der gemischten Bevölkerung leicht Eingang. Die grosse Masse der
Eingeborenen „ein Volk,*) das sich durch düstere Unbeug-
samkeit des Charakters unterschied“, nahm die neue
Lehre mit Kälte und Widerstreben auf und noch zu den Zeiten
Origenes war es selten, einen Aegypter zu treffen, welcher seine
früheren eingesogenen (angeborenen) Vorurtheile, betreffs der heiligen Thiere seines Landes überwältigt hätte.**) Erst als das Christenthum Staatsreligion geworden und den Bischöfen seinen staatlichen Arm lieh, um den halsstarrigen Widerstand zu überwinden,
fügte sich endlich auch der conservative Geist des Aegypters dem
allgemeinen Impuls. Den gleichen conservativen Fanatismus, mit dem
die Aegypter an ihre jahrtausend alte Religion gehangen hatten, übertrugen sie nun, nachdem es der Staatsgewalt endlich gelungen
war, dieselbe auszurotten, auch auf die neue Religion. Die extremste
Form des christlichen Glaubenseifers, das Mönchthum, fand in
Aegypten die begeistertsten und zahlreichsten Anhänger.***) Und
die Kirchengeschichte des fünften und sechsten Jahrhundertes,
speciell die Geschichte der beiden Concilien von Ephesus, ist in
der Lage, von diesem unbezähmbaren Fanatismus der Aegypter zu
erzählen.****)

---

gewordenen, griechisch römischen grundverschiedene Kunstübung fortbestand und
Palästina, wo die Religion die Bevölkerung mit Abscheu gegen die bildenden Künste
erfüllte.“ Friedländer III. Bd., S. 240.

*) Siehe dieses Citat aus Ammian. Marcellin. bei Gibbon C XV.

**) Die technischen Namen, mit denen die Christen die Heiden bezeichneten,
waren pagani und gentiles, d. h. Barbaren und Bauern. (Otto Seeck l. c. S. 56.)
Damit sind die Kreise bezeichnet, in welchen die alte Religion trotz einzelner
christlicher Eindringlinge sich noch am zähesten behauptete. Nur die städtische
Bevölkerung mit ihrem Mischblut war der richtige Boden für die neue Religion.

***) Gibbon sagt: Die Aegypter, die in die erstaunliche Umwälzung ihren
Ruhm setzten, waren geneigt zu hoffen und zu glauben, dass die Zahl der Mönche
der des Ueberrestes des Volkes gleich sei. Quanti populi habentur in urbibus,
tantae pane habentur in desertis multitudines monachorum. Rufinus.

****) Alle Gewalt und alle Mittel der Verfolgung, die unter den Patriarchen
Theodosius, Paul und Appolinaris angewendet wurden, waren vergebens und der

Die historischen Aegypter müssen wir als ein geniales Volk ersten Ranges anerkennen. Die Kunst, die sie am meisten ausbildeten und in deren Dienst sie fast ihr ganzes übriges künstlerisches Handeln stellten, war die Religion. In einer Zeit, wo noch die andern Völker der Erde kaum die niedrigste Stufe der religiösen Gefühle und Gedanken erstiegen hatten, finden wir die ägyptische Religion schon auf einem hohen Grad der Ausbildung angelangt. Ja ihr König Chuen'eten*) hatte schon einige Jahrhunderte vor Moses den Versuch gemacht, eine Art nationalen Monotheismus einzuführen, welche Reform aber an dem starren conservativen Sinne der führenden Kasten scheiterte.

Die Aegypter waren aber keine Specialisten sondern universelle Künstler. Als solche waren sie die Lehrer der Juden, Phönicier und Griechen in zahlreichen Künsten und Wissenschaften und durch diese Schüler beeinflussten sie indirekt die Cultur aller Völker der mittelländischen Rasse.

Sie waren mustergiltig in der Steinbautechnik und Bewässerungsbauten, in der Metallurgie, Keramik, Möbelfabrication und Weberei; Glas und Fayence sind ebenfalls ägyptische Erfindungen, ebenso die Papirusartikel. Ihr Gewicht, das Ten = 91 g, ist das Muttergewicht, von dem alle Gewichtssysteme bis auf Einführung des Gramm abstammen.**)

Was aber vor allem wichtig ist, die Entdeckung des Lautes und die Bezeichnung desselben durch einen Buchstaben ist das unbestrittene Eigenthum der Aegypter und eine ihrer genialsten Leistungen.***)

---

halsstarrige Charakter der Aegypter verwarf fortwährend die Beschlüsse des Conciliums von Chalcedon. Das Schisma bestand bis zur Zeit der Eroberung der Mohammedaner, und die Eroberung war nur darum eine leichte, weil die Kopten in den Eroberern den Erlöser von ihren religiösen Quälern sahen.

*) Interessant ist, dass dieser Reformator auf dem Throne körperlich einen ganz veränderten und fast pathologischen Typus aufweist.

**) Mayr: Handelsgeschichte S. 9.

***) Ed. Meyer, l. c. S. 51.

Inzucht und Vermischung bei den alten Juden.

Die Juden sind für unsere Frage über die Wirkung der Inzucht und Vermischung das interessanteste Volk. Nicht nur kann man an diesem alten Volke die Folgen der vorwiegenden Inzucht genau studiren, es ist auch das einzige Volk, welches es zuwege gebracht hat, das Princip der Inzucht unter Umständen hoch zu halten, wo andere Völker den Kampf für dieses Princip längst freiwillig aufgegeben haben oder dazu gezwungen worden sind.

Die alten Juden waren ein echtes Genie-Volk mit allen Tugenden und Fehlern eines Genie's im extremsten Grade behaftet. Sie waren keine universellen Künstler wie die Aegypter und Griechen, sondern Specialisten. Ihre Specialität war die Religion und durch die Concentration alles Denkens und Fühlens durch viele Generationen auf diesen höchsten Kunstzweig haben sie auch den hohen Ruhm erlangt, in der Religion die Lehrmeister einer grossen Reihe von Völkern und, was wichtig ist, gerade der geistig Begabteren zu werden. Sie theilen diesen Ruhm mit einem anderen genialen Volke, den Hindus, welche für die östliche Halbkugel in Bezug auf die Religion das war, was die Juden für die westliche geworden sind.

Die Juden sind das einzige Volk, welches sein Inzuchtprincip auf geistige Basis stellte und nicht durch die geographische Lage des Landes dazu langsam erzogen und gezwungen wurde. Die Lage des Landes, wo sie wohnten, mitten unter so vielen Reichen und in keiner Weise geographisch durch äussere Hindernisse geschützt, wäre im Gegentheil gerade die Ursache zur häufigen Vermischung gewesen und hätte das Volk nicht in seinem Gesetze den Schutz gefunden, so wäre es ebenso verschwunden wie so viele Völker, die in dieser Gegend wohnten und blühten.

Das Interessante an dieser Thatsache aber ist, dass dieser selbst geschaffene Schutz gegen Vermischungen, dessen Grundlage einige wenige Gesetzesparagraphe darstellten, mit der Zeit dem Volke eine weit besser und sicherer functionirende Schutzwehr bot, als dies für andere Völker die stärksten, natürlichen Schutzvorrichtungen waren. Die letzteren haben früher oder später immer einmal versagt, das jüdische Gesetz/hat seit Esra bis heute bezüglich des Schutzes vor Vermischung immer seine Pflicht gethan.

Doch wurde den Juden die Erringung des Ruhmes, die religiösen Lehrmeister des Westens zu werden, nicht leicht und es erging ihnen. wie es jedem echten Genie ergeht, welches eben auch „anders“ ist als seine Umgebung. und darum meistens verkannt und verfolgt wird.

Ihre Geschichte ist fast nichts anderes als eine Aufzählung von Unglücken, Bedrückungen, Verfolgungen, welche sie für das Princip der Inzucht und für ihre auf diesem Princip fussende Religion erlitten haben. Sie sind das einzige Volk, welches mit der Stammessitte Inzuchtehen einzugehen nicht zufrieden war, sondern welchem seine Religion solche Inzuchtehen bei Verlust der Gnade Jahwe's geradezu befohlen hat. Kein Volk hat solche strenge Inzuchtgesetze aufzuweisen, kein Volk hat dieselben so gewissenhaft auch im grössten Unglück gehalten, weil eben bei keinem Volke, ausgenommen etwa die Hindus, die Religion die ausschliessliche Basis dieser Gesetze war. Bei allen anderen Völkern war die Inzuchtehe wohl Stammessitte und wurde diese Sitte befolgt, solange der Nationalstaat als solcher bestand. Wurde dieser von einer stärkeren Macht zertrümmert, so war man seiner Pflicht gegen den Staat ledig und ging ruhig Mischehen ein, und dadurch — nicht durch die Eroberung — verschwanden die Völker aus der Geschichte. Anders der alte Jude. Diesem wurde die Inzucht von seiner Religion vorgeschrieben. Solange der Jude an Jahwe und sein Gesetz glaubt, solange er die strengen Inzuchtgesetze hält, solange wird das Judenthum als nationales Volk auch ohne nationalen Landbesitz bestehen bleiben, denn seine Fortexistenz ist schon lange nicht mehr vom nationalen Landbesitz, sondern nur von seiner Inzucht abhängig. Darin liegt das Geheimnis des merkwürdigen und von den anderen Völkern ganz verschiedenen, einzig dastehenden Schicksales dieses Volkes. Die Geschichte dieses Volkes ist zugleich die Geschichte seines strengen Gesetzes, dessen Grundlage auf der strengsten Inzucht beruht.

Die sagenhafte Geschichte des Judenthums vor der Zeit des ägyptischen Aufenthaltes hat keinen wissenschaftlichen Werth. Sie ist eine Redaction späterer Zeiten und bereits dem hohen Inzuchtstolze des Volkes auf den Leib zugeschnitten. In dem Sinne gleichen sich die Sagen aller hervorragender alter Völker, die ihren Stammbaum ähnlich den alten stolzen Adelsgeschlechtern möglichst weit hinauf zurückconstruirten. Sie wurden in dieser Hinsicht weit von den Chinesen und Hindus übertroffen, die nicht nur mit mehreren Tausenden, sondern mit Hundert-tausenden von Jahren arbeiteten.

Die wissenschaftliche Geschichte des Judenthums beginnt mit seinem Aufenthalte in Aegypten.

Unter einem der früheren Hirtenkönige war angeblich Abraham nach Aegypten gekommen und hatte hier mit jenen Pharaonen fremder Abkunft die in der Genesis erzählten Händel. Unter einem der letzten Hirtenkönige war Joseph Minister und kam die Familie Jakob's an die Ufer des Nils. Es war dies eben nur unter einem stammverwandten Volke, wie es die Hyksos wahrscheinlich waren, möglich, denn unter einem nationalen Pharao wären solche Verhältnisse, wie sie die Bibel erzählt, bei dem hochentwickelten Inzuchtstolze der Aegypter nicht möglich gewesen. In dieser Zeit der Hirtenkönige war wahrscheinlich eine für den kleinen Stamm der Juden günstige Zeit und werden wohl auch Vermischungen vorgekommen sein. So nahm Joseph selbst eine Frau eines ägyptischen Priesters.*) Bald kam aber die Zeit „wo der Pharao Joseph nicht kannte", d. h. es kam die Erhebung des nationalen Elementes, es folgte die Vertreibung der Hyksos und die folgenden, nationalen Könige erkannten die Juden

---

*) Die Stämme Ephraim und Manasse mussten nach der streng orthodoxen Redaction der späteren Inzucht-Eiferer als Mischblut angesehen werden, denn sie sind ja der Ehe Josephs mit der ägyptischen Priestertochter entsprossen. Sie sind wahrscheinlich die am stärksten gemischten Stämme gewesen, was mit unseren naturwissenschaftlichen Beobachtungen über die Folgen der Vermischung stimmen würde, denn der Bericht sagt, dass der Stamm Ephraim der stärkste Stamm war, der durch Zahl und körperliche Tüchtigkeit vor den übrigen hervorragte. Dunker l. c. I. B. S. 424.

nicht, wie die Könige der Hirten, als stammverwandtes Element an. sondern als geduldete Fremdlinge. Es ist begreiflich, dass diese Zeit des noch übrigen Aufenthaltes unter dem stolzen, strengen Inzuchtvolke der Aegypter nicht nur eine Zeit grosser Bedrängnis und harten Kampfes ums Dasein, sondern auch eine Zeit der gezwungenen Inzucht war. Der Aufenthalt der Juden in Aegypten dauerte 430 Jahre, also beiläufig dreizehn — fünfzehn Generationen, wovon der grössere Theil dieser gezwungenen Inzuchtperiode angehörte.

Bei dem kleinen Volke der Juden*) wird diese gezwungene, strenge Inzucht durch mehrere Generationen die angeborenen Charaktereigenschaften des israelitischen Volkes rascher und intensiver entwickelt haben, als dies beim herumziehenden Nomadenleben und unter der früherer Herrschaft stammverwandter Hirtenkönige der Fall gewesen war. Je mehr aber die Charakterverschiedenheiten sich potenzirten, desto grösser musste die gegenseitige Abneigung werden, die sich von Seite der Aegypter in der Tendenz aussprach, das israelitische Volk zu schädigen und auszurotten.

Hier kommt nun das grosse in der ganzen belebten Natur geltende Gesetz zum Ausdruck, dass, je grösser die Gefahr für die Nachkommenschaft, desto grösser auch die Geburtsenergie ist.**) Doch nicht nur der harte Kampf ums Dasein und der Befehl des Pharao, die männliche israelitiche Jugend zu tödten, — welcher Befehl ja nicht ausgiebig zur Anwendung kam, sondern auch die vielen Seuchen werden diese Geburtsenergie gesteigert haben.***)

---

*) Jedes Inzuchtvolk hat die sehr natürliche Tendenz, den Anfang der Geschichte seines Volkes etwas sagenhaft auszuschmücken. Die Zahl der Israeliten beim Exodus dürfte mit 600.000 ohne Kinder wohl darum viel zu hoch angenommen sein. Im babilonischen Exil waren zwischen 40.000—50.000 und so viel dürften auch beim Auszuge aus Aegypten gewesen sein. (Siehe auch die Anmerkung S. 140.)

**) Moses 2. B. C. 12. Aber je mehr sie das Volk drückten, je mehr es sich vermehrte und ausbreitete; und sie hielten die Kinder Israels wie ein Gräuel.

***) Etwas Aehnliches finden wir in der Geschichte der Medicin von Häser nach starken Epidemien erwähnt. Nach starken Epidemien, wo die Bevölkerung mehr als decimirt wurde, ja die Länder fast entvölkert wurden, war die Fruchtbarkeit der Frauen immer auffallend gross. Siehe hierüber auch die sogenannte Compensationstendenz der Geschlechter. v. Öttingen Moralstatistik S. 341.

Diese Geburtsenergie hat das Volk der Israeliten wie kein anderes gezüchtet, weil auch kein Volk der Erde einen so harten Kampf ums Dasein geführt hat. der fortwährend mit riesigen Verlusten an der Nachkommenschaft verbunden war. Die führende Kaste des Volkes. die Priesterschaft, hat es auch nicht unterlassen, die natürliche Ursache dieser durch das nationale Unglück erworbenen und durch die Vererbung fixirten Geburtsenergie als eine Gabe des nationalen Gottes hinzustellen und zurückdatirend daraus die Verheissung der Vermehrung des Volkes „wie der Sand am Meere" an den Patriarchen Jakob in die nationale Sage aufzunehmen. Bei der vorwiegenden Inzucht, die dann das Volk besonders seit der Einführung der strengen Inzuchtgesetze nach dem babylonischen Exil beibehielt und bei dem fortwährenden nationalen Unglück, wodurch immer grosse Verluste zu decken waren, erhielt sich diese Geburtsenergie als gezüchtetes Erbtheil fast auf den heutigen Tag.*)

Das Nil-Delta, der Wohnort des Volkes in Aegypten, war von jeher ein wahrer Seuchenherd. Ein dort lebendes Volk musste einer starken, natürlichen Auslese in Bezug auf diese Schädlichkeiten für den menschlichen Organismus unterliegen, musste aber auch bei bestehender, strenger Inzucht die Immunität dagegen verhältnismässig rasch erwerben und konnte dieselbe bei dem kleinen Volkskörper auch rascher fixiren, als dies bei dem grossen ägyptischen Volkskörper der Fall war. Dazu kam, dass durch die Vermischung des ägyptischen Blutes mit dem Hirtenblut, welche gerade in Unterägypten am stärksten war, die grössere Widerstandskraft des reinen, ägyptischen Blutes gegen die lokalen Seuchen einen Rückschlag erlitten hatte. Dies zeigte sich in dem verschiedenen Verhalten der beiden Völker gegen eine solche verheerende Epidemie,

---

*) Seitdem die Juden in diesem Jahrhundert, bezüglich des Kampfes ums Dasein, in günstigere Verhältnisse gekommen sind und die natürliche Auslese nicht mehr eine so scharfe ist wie früher, hat die Geburtsenergie ebenfalls nachgelassen, wie dies ja als natürliche Folge der strengen Inzucht schon längst hätte eintreten müssen und auch sicher eingetreten wäre, wenn nicht das nationale Unglück als Gegengewicht gegen die Folgen der Inzucht die Geburtsenergie fortwährend gesteigert hätte. Heute haben die Juden im Durchschnitt weniger Kinder als andere Völker, dafür aber eine viel geringere Kindersterblichkeit und eine durchschnittlich höhere Lebensdauer. Auch das sind Folgen der Inzucht. Siehe Zusatz III.

wie uns dies das II. Buch Moses mittheilt.*) Das kleine Inzuchtvolk litt auffallend weniger von der Plage als die Aegypter, und
dieses Verhalten wird der Hass und die Verleumdung ebenso aus-
gelegt haben, wie dies mehrere tausend Jahre später bei den
grossen Pestepidemien in Europa geschehen ist.

Auch hier hat später die herrschende Priesterkaste es verstanden, aus dieser natürlichen Folge der Inzucht eine besondere
Fürsorge des nationalen Gottes zu deduciren, und sicher hat das
merkwürdig abweichende Verhalten der Juden in Bezug auf die
Widerstandskraft gegen gewisse Seuchen, nachdem der Volkskörper einmal ordentlich durchseucht war, viel dazu beigetragen,
die Suggerirung der herrschenden Priesterkaste vom „auserwählten
Volke" zu unterstützen und mit der Zeit zu einem canonischen Glau-
benssatze zu machen.

Durch die fast 14 Generationen dauernde Inzuchtperiode in
Aegypten**) sind also die Juden körperlich und geistig „anders"
geworden und haben im harten Kampfe ums Dasein und unter
dem Einflusse einer sie umgebenden, hohen Cultur ihre angeborenen geistigen und körperlichen Eigenschaften ausgebildet und
vertieft.

Die Israeliten bestanden, wie jedes alte Volk, aus einer Zahl
von Stämmen, die ihre eigenen Stammheroen hatten, welche die Sage
verband, so dass sie angeblich von einem gemeinschaftlichen Stammvater abstammten. Immer hat unter solchen auf verwandtschaft-
licher Basis aufgebauten Stammesvereinigungen ein Stamm, der
entweder durch Intelligenz oder andere körperliche Eigenschaften
hervorragend war, die Führung des Volkes übernommen. Beim
Volke der Israeliten war dies der Stamm Levi. Da das Volk
in Knechtschaft sich befand, also hervorragend körperliche
Eigenschaften wie z. B. Stärke, Tapferkeit unter solchen Verhältnissen nicht die ausschlaggebenden Eigenschaften gewesen sein
können, so müssen die Eigenschaften, auf deren Züchtung das
israelitische Volk ein besonderes Gewicht legte und die dem
Stamm, der diese Eigenschaften im höheren Grade züchtete, die

---

*) Siehe hierüber Zusatz III.

**) Die Bibel spricht von 430 Jahren. Das macht bei der Annahme von
33 Jahren für ein Lebensalter 13 Generationen, immerhin genug, um bei strenger
Inzucht gewisse Charaktere zu züchten und zu fixiren.

natürliche Führerschaft zufallen liessen, geistige gewesen sein. Das ist ein einfacher logischer Schluss, der aber durch die Bibel seine Bestätigung findet. Es heisst im II. Buch Moses 2. C.:

1. „Und es ging ein Mann vom Hause Levi und nahm eine Tochter Levi's."*)

2. „Und das Weib ward schwanger und gebar einen Sohn. Und da sie sah, dass es ein feines Kind war, verbarg sie ihn drei Monate.

Also nicht auf körperliche Stärke, sondern mehr auf feinere Ausbildung des Körpers, die unter gesunden Verhältnissen immer mit feinerer Ausbildung des Geistes in Correlation steht, wird hier bei der Auslese das Gewicht gelegt. Da dem Stamme Levi nicht nur der Gründer des nationalen Staates angehörte, sondern derselbe auch späterhin die führende Kaste bildete, so wird er sich schon in Aegypten durch hervorragende, geistige Eigenschaften ausgezeichnet und dieselben durch Inzucht verstärkt und ausgebildet haben. Dass der führende Stamm unter dem Einflusse der hohen, ägyptischen Cultur Gelegenheit hatte, seine geistigen Eigenschaften selbst unter so ungünstigen Verhältnissen auszubilden, ist wohl begreiflich, denn die Noth war immer eine gute Lehrmeisterin. Moses selbst hat bekanntlich seine Ausbildung in einer ägyptischen Priesterkaste erhalten. Das erklärt die sonst unverständliche Thatsache, dass der junge nationale Staat der Juden gleich im Anfange mit einem religiösen Cult und einer Bildung der führenden Kaste ins Leben trat, die sehr mit der Bildung des gewöhnlichen Volkes contrastirte und zu deren selbstständiger Entwickelung andere Zeiträume und eine andere Schulung nöthig gewesen wäre, als dies bei dem nomadenhaften Zustande des Volkes Israels vor dem Aufenthalte in Ägypten und während desselben der Fall war.

Auch die so frühzeitige und rasche Erringung der höchsten Stufe der Religionsphilosophie, des Monotheismus, kann auf natürliche Weise nur durch ägyptischen Einfluss auf die führende Kaste erklärt werden.

Lenormant erwähnt diesbezüglich, dass sich auffallende Vergleiche zwischen den äusseren Formen des Cultus der Israeliten in

*) Hier ist bestätigt, dass die einzelnen Stämme, wenn auch nicht ausschliesslich, doch vorzugsweise wieder unter sich auf Inzucht hielten.

der Wüste und demjenigen, welche die Denkmäler von Tell-el-Amara
zeigen, anstellen lassen; gewisse heilige Geräthe, wie z. B. der
Tisch mit den Schaubroden, welchen das Buch Exodus in der
Stiftshütte beschreibt, finden sich unter den Cultusgegenständen
der monotheistischen Reformation Cuen-Aten's wieder und treten
sonst in den Darstellungen aus anderen Epochen nicht wieder auf.
Es ist nicht wahrscheinlich, dass die stolzen Aegypter von einem
Volke, welches sie so knechteten und zu den niedersten Arbeiten verdammten, Religionsgebräuche angenommen hätten. Der
umgekehrte Schluss, dass Moses in der Priesterschule von Helio-
polis von diesem Reformversuch des Cuen-Aten und dem damit
zusammenhängenden Cultus Kenntnis erhielt und diese Kenntnis
für seinen neu zu errichtenden Cultus Jahwe's verwendete, ist
schon darum auch wahrscheinlich, weil der ägyptische Monotheismus ein Sonnencultus war und der älteste Jahwe-Cultus eine grosse
Aehnlichkeit mit einem solchen Sonnencultus hatte.

So trug auch der jüdische Hohepriester, wenn er im Namen
Jahwe's Recht sprach, den ägyptischen Leibrock (Ephor) und das
aus Edelsteinen zusammengesetzte Symbol der Wahrheit auf der
Brust, wie der ägyptische Oberpriester.

Das Wichtigste, was aber die Juden in Aegypten lernten
und worin sie ihre Lehrer bald überboten, war die Hochhaltung
des Inzuchtprincipes. Auf dieses Princip wurde der nationale
Staat und das Gesetz aufgebaut und zwar strenger, als es von
irgend einem Volke der Welt geschehen ist. Wir müssen daher die
Entwickelung dieser Inzuchtgesetze etwas näher verfolgen. Für
das jüdische Volk und seinen nationalen Bestand war es von
grösster Wichtigkeit, dass seine führende Kaste — die Priester —
sich nie so streng abschloss, wie es andere mehr auf das weltliche
Interesse angewiesene, führende Kasten immer regelmässig gethan
haben und es heute noch thun. Die Nachkommen des Stammes
Levi waren wohl vom Gesetze als die führende Kaste bestimmt.
Aber es war ähnlich wie bei den Brahmanen von Moses das weise
Gesetz erlassen, dass diese Kaste keinen persönlichen Besitz erwerben konnte, sondern angewiesen war auf das, was dem nationalen Heiligthume an Gaben zufloss.

„Die Priester, die Leviten des ganzen Stammes Levi, sollen
nicht Theil noch Erbe haben mit Israel. Die Opfer des Herrn

und sein Erbtheil sollen sie essen. Darum sollen sie kein Erbe unter ihren Brüdern haben, dass der Herr ihr Erbe ist, wie er ihnen geredet hat." Mos. V. Buch, C. 18. V. 1, 2. Dadurch war die Kaste, wenn auch in ihr vorwiegend das Inzuchtprincip geherrscht haben wird, nicht so abgeschlossen vom Volke, wie dies bei anderen herrschenden Kasten der Fall ist, wo das persönliche Interesse am erworbenen Eigenthume immer mehr ein wichtiger Abschliessungsgrund wird. Da die Erstgeburt aus dem Volke dem Herrn gehörte und gelöst werden musste, so war jedenfalls diese bestimmt, im Falle der Abnahme der Zahl der Priester und Leviten dieselbe immer wieder zu ergänzen. Auf diese Weise war immer für frisches Blut für die führende Kaste gesorgt und konnte dieselbe nicht so leicht degeneriren, wie wir dies regelmässig bei den führenden Kasten anderer Völker beobachten. Sie hat auch nie während der vielen Tausend Jahre ihre Herrschaft verloren, weil sie nie in geistigen Gegensatz mit dem Volke gerathen ist und immer im echten Sinne des Wortes den geistigen Extract des Volkes darstellte. Der fortwährenden Concentration des Geistes dieser Kaste auf die künstlerische Ausbildung der Religionsphilosophie durch viele Generationen und der unvermischten Vererbung der gezüchteten, geistigen Fähigkeiten haben wir als Resultat die Bücher Moses und der Propheten zu verdanken, Geisteswerke, die damals das Höchste in dieser Kunst darstellten und mit Recht das Buch der Bücher genannt werden.

Das erste Product dieser führenden Kaste war das Gesetz. Für die Vorstellungen der Gemeinde von ihrem Verhältnis zu Jahwe und dem hieraus hervorgehenden Verhältnis zu den Heiden war das Gesetz der Alles bestimmende Ausgangspunkt.*)

In dem Gesetze kommen die Wirkungen der Inzucht, der ägyptische Einfluss und das Vorbild des ägyptischen Inzuchtstolzes bereits deutlich zum Ausdruck. Im Gesetze besitzt die Gemeinde die Urkunde ihrer Erwählung, das Zeugnis ihrer einzig artigen Stellung unter den Völkern. Es ist ihr Adelsbrief. (Stade.)

Und je mehr man sich in die Gesetze einlebt und je länger die Wirkung der Inzucht dauert, desto stärker wird die Empfindung der eigenen Vorzüge und damit die Neigung, sich abzuson-

---

*) Stade, S. 251, Geschichte des Volkes Israel.

dern. Aus diesem Grunde nennt man sich die „Gerechten", die Heiden die Ungerechten. Eben deshalb wird es gerade in der Zeit der Ausbildung des Gesetzes und des Sieges der orthodoxen Richtung so schmerzlich empfunden, dass Heiden über die Knechte Jahwe's herrschen (Esra 9, 9. Nehemia 9, 36. Jes. 26, 13).

Doch bei aller geistigen Kraft, mit der das strenge Gesetz auf den Geist der Juden wirkte, wäre dasselbe ohne die darin enthaltenen, strengen Inzuchtgesetze nie und nimmer im Stande gewesen, eine solche dauernde Wirkung in Bezug auf die Abschliessung des Volkes hervorzubringen. Die Inzuchtgesetze waren erst die festen und unzerstörbaren Klammern, die das Volk zusammenhielten.

Die führende, intelligente Priesterkaste hat zweifellos den hohen Werth der Inzucht für die Reinhaltung der nationalen Religion schon in Aegypten erkannt und war bestrebt, diese Inzucht auf jede Weise dem Volke als ein oberstes Gebot des nationalen Gottes hinzustellen. Denn die Beobachtung war stets leicht zu machen, dass eheliche Vermischungen immer wieder zum Abfall von der nationalen Religion führen. Wie wenig reif nach dem Exodus das Volk noch für den Monotheismus und das darauf basirte Gesetz war, beweisen zahlreiche Stellen der Bibel.

Schon in der Wüste traten häufige Vermischungen *) ein und sicher auch noch bei der Besiedelung des eroberten Landes. So grausam, wie die späteren Redacteure im Interesse der strengen Inzuchtgesetze die Eroberer mit der unterjochten Bevölkerung verfahren liessen,**) konnte schon darum nicht vorgegangen wer-

---

*) Moses 4. B. 25 C. Und Israel wohnte in Sittim, und das Volk hub an zu huren mit der Moabiter Töchtern. Welche luden das Volk zum Opfer ihres Gottes. Und das Volk ass und betete ihre Götter an.

**) Moses 5. 20. 16. Aber in den Städten dieser Völker, die dir der Herr, dein Gott, zum Erbe geben wird, sollst du nichts leben lassen, was den Odem hat. Und alle, die des Tages fielen, beide Männer und Weiber, deren waren 12.000, alle Leute von Ai. Josua 8. 25.

Und schlugen alle Seelen, die darinnen waren, mit der Schärfe der Schwerter und verbanneten sie und liess nichts übrig bleiben, das den Odem hatte, und verbrannte Hagar mit Feuer. Jos. 11. 11.

Und allen Raub dieser Städte und das Vieh theilten die Kinder Israels unter sich; aber alle Menschen schlugen sie mit der Schärfe der Schwerter, bis sie die vertilgten und liessen nichts übrig bleiben, das den Odem hatte.

den, weil das kleine Volk sich dadurch den Hass der ganzen benachbarten Bevölkerung aufgeladen hätte.*) War es auch in der damaligen Zeit noch Sitte, im Interesse der Reinhaltung des Stammes die überwundene, männliche Bevölkerung über die Klinge springen zu lassen oder in die Sklaverei zu verkaufen, so war der Befehl „Alles umzubringen, was den Odem hatte“ — also auch Frauen und Kinder — doch gewiss gegen alle damalige völkerrechtliche Gewohnheit; freilich vom Standpunkte der späteren fanatischen Inzuchtpartei war dieser Befehl nur consequent, denn nur so liess sich die Reinheit des Blutes beweisen und nur so liessen sich die späteren strengen Inzuchtgesetze schon zurückdatirend geschichtlich begründen. Angeführt wurde dieser Befehl sicher nicht, wie schon das spätere Verhalten des Volkes beweist, und es blieben genug Kanaaniter am Leben, mit denen Vermischungen stattfanden.**)

Ueberhaupt hat sich das vorexilische Israel, wie Stade sehr überzeugend nachweist, durchaus noch nicht für ein Volk gehalten, welches von anderen Völkern sehr verschieden und über sie erhaben wäre. Verschieden weiss es sich freilich von ihnen

---

Und so ging es weiter und sollte nach der Bibel ausser den Gibeoniten Alles in Kanaan vertilgt worden sein, was den Odem hatte.

*) „Die Juden fanden in dem eroberten Palästina namentlich in den Küstenstrichen schon eine uralte Cultur mit blühendem Handel und hoch entwickelten Gewerken vor. Von den alten Küstenstädten besassen selbst zur Zeit Christi nur zwei Städte Joppe und Jamnia eine vorwiegend jüdische Bevölkerung und die waren erst zur Macchabäerzeit judaisirt worden. Die Landschaften jenseits des mittleren Jordans hatten eine aus Juden und Nichtjuden gemischte Bevölkerung, Samaria einen starken Procentsatz Nichtjuden und nur die drei Landschaften Judäa, Galiläa und Peräa eine wesentlich jüdische Bevölkerung.“ Schürer, Geschichte des jüdischen Volkes im Zeitalter J. Chr. Leipzig 1886, B. II, § 22 u. 23.

**) Da jedenfalls später noch viel fremdes Blut unvermischt unter den Israeliten wohnte, so musste diese Thatsache, die doch gegen die angeblich von Jahwe gegebenen Inzuchtgesetze verstiess und eine vermischte Siedelung zuliess, den späteren Inzuchteiferern als ein Verbrechen der alten Israeliten gegen die strengen Gebote Jawhe's erschienen sein. Um dies zu verschleiern und zu erklären, wurde die List der Gibeoniten später erfunden (Josua, 9. C.). Daraus kann man schon ersehen, dass bei der Eroberung des Landes nicht anders verfahren wurde, als wie es damals Sitte war und dass die alten Israeliten die Arbeitskraft ihrer unterjochten Stämme ebenso zu schätzen wussten, wie die übrigen Völker. Sie machten sie eben zu Sklaven. Davon wollten aber die späteren Inzuchteiferer nichts wissen.

schon durch die Wirkung der vorwiegenden Inzucht, durch das eigenthümliche Object seiner Verehrung und die daraus entspringende besondere Sitte. Israel hält sich in alter Zeit für ein Volk wie andere, nur wie jedes andere mit besonderer Sitte, weil mit besonderm Gott. Auch hält es sich, wie jedes Volk mit vorwiegender Inzucht, davon überzeugt, dass es besondere nationale Vorzüge besitzt. Hieraus erklärt sich, dass in diesen Zeiten das Volk völlig unbefangen und wie mit seines Gleichen mit Ausländern verkehrte.*) Nicht nur im Lande Jahwe's sind die Eingewanderten mit den Ureinwohnern zu einer Nation verschmolzen, auch nachher ist Connubium zwischen Israeliten und Ausländern nicht selten.**) Der alte Israelit fühlte sich zweifellos geehrt, wenn von der Heirat Josephs mit der ägygtischen Priestertochter Asuath erzählt wurde. Das Bestreben, sich vom Verkehre und der Vermisehung mit Fremden fernzuhalten ist noch lange nicht so auffallend, wie nach dem babylonischem Exil.

Der Gegensatz: Israel und die Heiden fehlt also in alter Zeit völlig. Er konnte sich erst bilden, nachdem das Prophetenthum und die folgende Herrschaft der Inzucht-eiferer strengere Inzuchtgesetze durchsetzten und durch die daraus sich ergebenden Consequenzen im Verlaufe der Generationen eine grössere körperliche und geistige Verschiedenheit zwischen Israel und den übrigen Völkern gezüchtet worden war.

Erst dann erhielt das eigenthümliche Object seiner Gottesverehrung, die hieraus entspringende, besondere Sitte, erhöhte Bedeutung, und durch die bessere Organisation der Priesterherrschaft***) einen stärkeren Rückhalt. Als dann die strengeren In-

---

*) Die gegentheiligen Belege in der heiligen Schrift sind durch Redactionen aus der Zeit der Priesterherrschaft entstanden, wie ja alle canonischen Schriften von diesem exclusiven Standpunkte aus Veränderungen erfahren haben.

**) Stade, die Geschichte des Volkes Israel. I. Th. 7. B. S. 508.

***) Die durchgreifende Organisation der Priesterherrschaft, wie sie uns später entgegentritt und auf strenger Inzucht aufgebaut ist, kann nicht, wie die Ueberlieferung berichtet, sofort bei der Vollendung des Tempels oder noch früher schon in der Wüste oder Richterzeit stattgefunden haben. Sie konnte erst allmälig eingetreten sein und wir müssen uns mit dem Resultate begnügen, dass die Erbauung des Tempels für die Abschliessung, Zusammenfassung und Organisation des Priesterstandes von entscheidendem Einfluss gewesen ist. Dunker l. c. II. 155.

zuchtgesetze sich ausbildeten und dieselben durch mehrere Generationen ihre Wirkung auszuüben in der Lage waren, da mussten diese Wirkungen jedem beobachtenden Israeliten von selbst auffallen; nun fanden auch die Reden und exclusiven Ansichten ihrer Propheten und ihrer Priester den gläubigen Boden und fixirten umgekehrt wieder die Wirkungen der Inzucht die strengen Inzuchtgesetze von selbst. So schliesst sich dann später der fatalistische Ring, aus dem das israelitische Volk nie mehr heraus kam und in dem es sich heute noch befindet.

Immer mehr wurde es ein festes Dogma, dass es Israel's Pflicht sei, sich durch strenge Absonderung von allem Heidnischen und durch getreue Cultübung heilig zu halten, d. h. sich als Eigenthums seines heiligen Gottes auszuweisen. Dies konnte nur geschehen durch die strengsten Inzuchtgesetze, denn, wie schon erwähnt, belehrte die Geschichte der Könige die orthoxen Eiferer, dass sehr häufig solche Mischehen ihrer Könige mit Frauen von anderen Culten das Volk Israel auf Abwege vom Jahwe-Dienst gebracht hatte.

Die Meinung, dass ein echter Jahwe-Verehrer keine Ehe mit einer Frau eines anderen Cultus eingehen könne, mag wohl schon in der vorexilischen Zeit einen grösseren Theil des Adels und Priesterthums beherrscht haben.

Im Volke kamen in der vorexilischen Zeit sicher noch fortwährend Vermischungen mit Kananäern und den umwohnenden semitischen Brüdervölkern vor. Aber auch in den oberen Kreisen waren solche Mischehen, wie aus der Königsgeschichte hervorgeht, nichts seltenes. [*]

Mit der Hochhaltung des Inzuchtprincipes tritt auch die Wichtigkeit der Geschlechtsverzeichnisse der Priester ein. Nehemia 7. C. 64. V.

[*] Von den Patriarchen und von Moses wird in der Bibel erzählt, dass sie Ausländerinnen heirateten. In der Richterzeit war die Vermengung der Israeliten und Kanaaniten die herrschende Regel; ja man vertheilte sogar Mädchen der Besiegten als Beute (Richter 5, 30). Simson nahm eine Philisterin. Boas die Moabitin Ruth, von welcher König David stammte. David und Salamo nahmen Kebsweiber aller möglichen Völker und so auch die Könige der getrennten Reiche. Die späteren Redacteure der canonischen Schriften konnten bei der Regelmässigkeit solcher Vorkommnisse dieselben nicht alle ausmerzen, obwohl sie auffallend mit den daneben stehenden ebenfalls in diese Vorzeit hineinredigirten, strengen Inzuchtgesetzen contrastiren.

Doch schon vor dem Exil, als Israel seine Unabhängigkeit an das assyrische Weltreich verlor und die Propheten dadurch ihren grossen Einfluss gewannen, dass sie das nationale Unglück als Strafe für die Abwendung Israel's von den Wegen und Geboten Jahwe's hinstellten, wurde durch das unter Josua angeblich geschriebene und jetzt erst aufgefundene Deuteronomium*) die Reform in der strengeren, orthodoxen Richtung angebahnt und vorbereitet.

Durch die Zerstörung Jerusalems und das babylonische Exil bekam die strenge Orthodoxie, da der Boden bereits vorbereitet war, das vollständige Uebergewicht, wozu noch beitrug, dass im Propheten Ezechiel und den nachfolgenden Propheten Esra und Nehemia die richtigen, energischen Männer erstanden.

Das Exil war nun wieder, wie der Aufenthalt in Aegypten, die eigentliche Schule für die strenge Abschliessung**) von den Heiden und hier haben sich die strengen Inzuchtgesetze praktisch im ganzen Volke eingebürgert.

Gesetzlich codificirt wurden dieselben erst nach Rückkehr aus dem Exil im Jahre 444 v. Chr. G. Klar ist aber, dass ehe ein Geseszgeber es wagen konnte ein so einschneidendes Gesetz zu codificiren, dieses schon bei grösserer Menge des Volkes bereits als Sitte im Gebrauch gewesen sein muss, wie ja jedes Gesetz sich aus der Sitte und dem Gebrauch heraus entwickelt.

Obwohl nun dies sicher der Fall war, ging die Einführung dieses wichtigen Gesetzes nicht ab ohne starke Reaction, was un

---

*) Das Deuteronomium verfolgte vor allem den Zweck, den kanaanitischen Diensten in Israel ein definitives Ende zu machen. Zu dem Zwecke musste die eheliche Abschliessung eine strengere sein und die Vermischung mit Fremden als ein grosses Verbrechen gegen Jahwe und als sein schärfstes Gebot hingestellt werden. Um diesem Gebote mehr Geltung zu verschaffen, wurde es schon für die Zeiten der Eroberung zurückdatirt und sei schon damals alles Fremde gebannt (getödtet) worden, was den Odem hatte. Selbst die nahe verwandten Stämme der Ammoniiter und Moabiter sollen auch, wenn Familien von ihnen im zehnten Geschlecht in Israel wohnten, nicht aufgenommen werden. Nur für den am nächsten verwandten Stamm, für die Edomiter, lässt das Gesetz eine Ausnahme zu: den Edomiter sollst du nicht verabscheuen, denn er ist dein Bruder; im dritten Geschlecht sollen Edomiter aufgenommen werden können." Dunker II. 425.

**) Zudem besassen die Weggeführten in dem Deuteronomium ein viel strengeres Gesetz in Bezug auf ihr Verhalten gegen alles Fremde und besonders in Bezug auf die eheliche Vermischung, welches den von den assyrischen Herrschern verpflanzten Israeliten gefehlt hatte. (Dunker II. S. 557.)

so begreiflicher erscheint, als die strenge Orthodoxie soweit ging, auch Mischehen mit den im Lande zurückgebliebenen, aber vermischten Israeliten als Jahwe missfällig anzusehen.

Diese strengen Inzuchtgesetze*) bildeten einen Theil des Vertrages, welchen das Volk im Jahre 444 mit Jahwe abschloss, in welchem die Gemeinde unter anderem die Verpflichtung übernimmt keinerlei Zwischenheirat mit zu ihr nicht Gehörigen zuzulassen. Diese Gemeinde bestand dazumal hauptsächlich aus dem Kern der aus dem Exil zurückgekehrten d. h. aus 42.360 freien Männern, Frauen und Kindern mit 7337 Knechten und Mägden und 245 Sänger und Sängerinnen, wozu noch später die unter Esra nachgekommenen 1400 Exilirten kommen.

Schon der erste Reformversuch unter Esra (beiläufig 457) rief eine gewaltige Erregung im Volke hervor. Die Liste derjenigen, die damals in Mischehen lebten, und dieselben aufzulösen versprachen, ist uns erhalten.*) Wir treffen in ihr Namen aus fast allen mit Serubbabel zurückgekehrten Laiengeschlechtern, daneben aber auch solche aus den Geschlechtern der Thorhüter, Sänger, Leviten und Priester. Ja selbst in der hohen priesterlichen Familie unter den Nachkommen Josuas und seiner Brüder fanden sich 4 Leviten, welche durch Handschlag versprachen, ihre Weiber zu entfernen und einen Widder wegen ihrer Verschuldung zu opfern. Es wäre Esra kaum gelungen, die Reform und die strengen Inzuchtgesetze durchzuführen, wenn der Orthodoxie nicht Hilfe durch den Propheten und Statthalter Nehemia***) gekommen wäre.

---

*) Esra 10. C. 2. V. Und Sachanya der Sohn Jehiels aus den Kindern Elams antwortete und sprach zu Esra: „Wohlan, wir haben uns an unserem Gott vergriffen, dass wir fremde Weiber aus den Völkern des Landes genommen haben. Nun es ist noch Hoffnung in Israel über dem.

3. So lasst uns nun einen Bund machen mit unserem Gott, dass wir alle Weiber und die von ihnen geboren sind, hinausthun nach dem Rathe des Herrn und derer, die die Gebote unseres Herrn fürchten, dass man thue nach dem Gesetz.

5. Da stand Esra auf und nahm einen Eid von den obersten Priestern und Leviten und vom ganzen Israel, dass sie nach diesen Worten thun wollten; und sie schwuren.

**) Esra 10. 18—44.

***) Nehemia C. 10. 29. V. „Und ihre Mächtigen nahmen es an für ihre Brüder; und sie kamen, dass sie schwuren und sich mit einem Eide verpflichteten, zu wandeln im Gesetz Moses

Erst der Rückhalt der staatlichen Gewalt und die Herstellung der
Befestigungen von Jerusalem gaben der Orthodoxie die nöthigen
Kräfte, um die Esraische Reform endgiltig durchzuführen.

Wie strenge Nehemia selbst in Bezug auf die Mischehen
mit hochgestellten Personen verfährt, beweist sein Vorgehen gegen
ein Mitglied der hohenpriesterlichen Familie. Einen Sohn Jojadas
und Enkel Elyaschibs, welcher durch Eingehen einer Ehe mit der
Tochter Sanaballat's des Horoniten den Beschlüssen der Gemeinde
und dem Willen Nehemias offen Hohn gesprochen und in Jerusalem
selbst das schlimmste Beispiel einer Widerspenstigkeit gegen das
Gesetz gegeben hatte, vertrieb er aus der Gemeinde, was wahrscheinlich mit zur Bildung der schismatischen Gemeinde der
Samaritaner und der Errichtung des Cultus auf dem Berge
Garisim bei Sichem beitrug.*)

Diese harte Verstossung der Frauen und Kinder von fremden
Stämmen hatte als natürliche Wirkung die bitterste Feindschaft
der benachbarten Völker, ja selbst der blutsverwandten Samaritaner
zur Folge, eine Feindschaft, die nicht zu vergleichen ist mit
der Feindschaft, wie sie durch Kriege und den gewöhnlichen
Kampf ums Dasein hervorgerufen wird.

„Und dass wir den Völkern im Lande unsere Töchter nicht geben, noch
ihre Töchter unsere Söhne nehmen wollten.‟

Nehemia C. 13. „Und es war zu der Zeit gelesen, das Buch Moses vor
den Ohren des Volkes und ward gefunden darinnen geschrieben, dass die Ammo-
niter und Moabiter sollen nimmermehr in die Gemeinde Gottes kommen.‟

3. „Da sie nun dies Gesetz hörten, schieden sie alle Fremdlinge von Israel.‟

Dass aber dazumal noch viele Vermischungen vorkamen und dass es des
ganzen Eifers des Nehemias bedurfte, um den strengen Inzuchtgesetzen Gehorsam
zu verschaffen, geht aus Folgendem hervor:

Nehemia 13, 23. „Ich sah auch zu der Zeit Juden, die Weiber nehmen
von Asdad, Amon und Moab.‟

„Und ihre Kinder redeten die Hälfte asdodisch und konnten nicht jüdisch
reden, sondern nach der Sprache eines jedlichen Volkes.‟

„Und ich schalt sie und fluchte ihnen und schlug etliche Männer, und
raufte sie und nahm einen Eid von Ihnen bei Gott: Ihr sollt euere Töchter nicht
geben ihren Söhnen noch ihre Töchter nehmen eueren Söhnen oder auch selbst.‟

„Und einer aus den Kindern Jojadas, des Sohnes Elyaschibs, des Hohen-
priesters, hatte sich befreundet (verschwägert) mit Sanaballat dem Horoniten;
und ich jagte ihn von mir   .‟.

„Also reinigte ich sie von allem Ausländischen

*) Stade II. B. S. 188.

Spätere Vermischungen fanden wohl noch statt, indem Johannes Hyrkann die Idumäer besiegte und ihnen die Beschneidung und das jüdische Gesetz aufzwang. Ebenso wurden unter Aristobal die Ituraer, ein Volk, das im Südosten des Antilibanons wohnte und dessen Stammvater nach biblischer Anschauung des Moses Schwiegervater der Priester Jethro gewesen sein soll, gezwungen das jüdische Gesetz anzunehmen. Dadurch mögen wohl eheliche Verbindungen erleichtert worden sein, doch sind dieselben bei dem Umstande, als die strengen Inzuchtgesetze bei den Juden schon mehrere Jahrhunderte (200—300 Jahre) seit Esra in Geltung waren, die körperlichen und geistigen Varietäten und die dadurch bedingten, instinctiven Antipathien sicher schon so bedeutend gewesen, dass eine stärkere Vermischung wohl nicht stattgefunden hat, wozu noch die Grenzlage dieser unterjochten Völker kam.

Die Zeit der Hasmonäer und die nachfolgenden Jahrzehnte war eine Periode, in der sich das Judenthum verhältnismässig am stärksten vermischte. Dazu trug bei, dass im ganzen römischen Reiche überhaupt eine starke Vermischung, besonders der oberen Classen durch die Centralisation einer so grossen Anzahl verschiedener Nationen stattfand, wodurch gerade auch in diesen intelligenteren Classen die angestammten Religionen ins Schwanken kamen und der Monotheismus der Juden eine gewaltige Anziehungskraft ausübte. Dadurch erhielt das Judenthum, wie aus zahlreichen Stellen der Apostelgeschichte, des Josephus Flavius, Juvenal und anderer Schriftsteller hervorgeht, viele Proselyten, wodurch ein grosses Hemmnis der Vermischung von selbst wegfiel. Das war besonders in der Diaspora der Fall.*) Doch auch im Lande Palästina selbst war die Reformpartei, die zum Hellenismus und Römerthum hinneigte und zum starren, orthodoxen Judenthum in Opposition stand, ziemlich stark. Diese Partei war durch die Sadducäer repräsentirt, während das orthodoxe Judenthum in den Pharisäern, d. h. den Sonderlingen, seine führende Kaste hatte. Dieser starren und schon durch den Namen als extrem bezeichneten Partei entspricht noch heute das Rabbinerthum, welches auch heute jeder Vermischung abhold ist, während die Sadducäer in den heutigen Reformjuden ein Analogon finden, die auch die Ver-

*) Siehe hierüber die wichtigsten Daten zusammengestellt in Leroy-Beaulieu: Israel unter den Nationen. S. 96 u. f.

mischung als das einzige Heilmittel gegen die Erstarrung erkennen und in denen wohl, wie schon in den vorchristlichen Sadducäern am meisten gemischtes Blut sich befindet. Wie strenge die Pharisäer ihre Inzuchtgesetze hielten, deutet wohl der Vorwurf an, der von ihrer Seite dem damals so berühmten und verdienstvollen, nationalen Geschlechte der Hasmonäer von dieser orthodoxen Secte immer wieder und mit grossem Erfolg gemacht wurde, dass sie mütterlicherseits Bastarde seien, nämlich von kriegsgefangenen Frauen abstammen. Ein solcher Vorwurf ist bei einem regierenden Fürstengeschlechte in einem Volke, welche sein so grosses Gewicht auf reines Blut legt, sicher nicht aus der Luft gegriffen. Dieses gemischte Blut mag auch die Hinneigung der Hasmonäer zur Sadducäerpartei trotz der numerischen Schwäche derselben erklärlich erscheinen lassen. Schliesslich siegte die strenge Inzuchtpartei, d. h. die Partei der Pharisäer und blieb dieselbe bis auf den heutigen Tag Sieger.

Zweifellos war dieser Sieg der strengen Inzuchtpartei nur darum möglich, weil die Majorität des Volkes bezüglich der Exclusivität und der Strenge der Ansichten einer Meinung mit den Pharisäern war.

Diese Vertreter der stärksten Absonderung werden heute noch nicht nur von den orthodoxen Juden, sondern selbst von Reformjuden. (Geiger, Grätz) als die höchste Blüthe angesehen, deren die jüdische Nation fähig war. Ein jüdisches Schulbuch*) lehrt: Die Pharisäer waren ihrem Principe nach die edelsten Vertreter und Erhalter des Judenthums. Diese Ansicht ist vom Standpunkt der extremen Inzucht vollkommen richtig. Denn dass das Judenthum heute noch existirt, hat es nur dem Hochhalten des Inzuchtsprincipes von Seite der Pharisäer und ihrer Nachfolger der Rabbiner zu verdanken. Ob es für das Volk ein Glück war, ist eine andere Frage.

Wie sehr die Juden es sich immer angelegen sein liessen, ihre Abschliessung auch in der Diaspora sich gesetzlich bestätigen zu lassen, und was sie sich dies kosten liessen, beweist ihre diesbezügliche Vorsorge, die sie der aufstrebenden Weltmacht der Römer gegenüber anwandten.

Unter Simon dem Hasmonäer sendeten die Juden eine Deputation nach Rom, um ein Bündnis abzuschliessen. Das Ehren-

---

*) Hecht: Handbuch der israelitischen Geschichte 5. Auflage 1884. S. 11.

geschenk, das die Juden bei dieser Gelegenheit nach Rom sandten, bestand in einem grossen goldenen Schild, der nicht weniger als 1000 Minen schwer war.*) Der Ueberbringer brachte als Antwort die Abschrift eines von Rom aus an die verschiedenen Mächte Asiens und des benachbarten Inselmeeres gerichteten Schreibens, dem zufolge den Juden Sicherheit gegen jeglichen Angriff gewährt werden, ja sogar ihren Volksgenossen in der Fremde die Rechtszuständigkeit zu dem Hohenpriester Simon in Jerusalem anerkannt werden sollte.**)

Wir haben es also hier mit dem ersten grossen Versuche zu thun, die Vermengung der unter den Völkern zerstreuten Israeliten mit diesen Völkern auf Grund eines auch für die fremden Nationen anerkannt giltigen Rechtes zu verhindern.

Bei dem verhältnismässig kleinen Volke und der strengen Inzucht musste in kleineren Orten, besonders in der Diaspora alles unter einander verwandt sein. Darum sind in der nach-exilischen Zeit, also in der Zeit der strengen Inzuchtgesetze, Verwandtschaftsheiraten unter den Juden etwas gewöhnliches, wie das Buch Tobias***) beweist. Tobit empfiehlt seinem Sohne Tobias beim Abschied unter anderem: er soll alle Unzucht meiden und eine Frau aus seiner Verwandschaft nehmen, wie es jüdische Sitte sei. Es wird weiter erzählt, dass Tobias bei Raguel einkehren soll, der dem Tobias verwandt sei und dessen Tochter Sarah Tobias nach dem Rechte der Verwandtschaft zur Frau zu nehmen habe. Diese Verwandtschaftsheiraten werden ausserdem noch begünstigt durch die im Gesetze niedergelegte, volkswirth-schaftliche Weisheit von der Erhaltung des Grundeigenthums für die Familie.****)

Auch in der Geschichte des älteren Judenthums waren die Verwandtschaftsheiraten in den ersten Graden etwas Gewöhnliches.

---

*) Stade l. c. II. B. S. 378.

**) Caesar hat dieses Recht ausdrücklich bestätigt, stand daher bei den Juden in grossem Ansehen, wie das grosse Wehklagen bei seinem Tode bewies. Stade l. c. II. B. S. 459.

***) Die Abfassung des Buches Tobias stammt nach den phylologischen Forschungen aus der Makkabäerzeit.

****) Wir sehen diese Anschauungen bei orthodoxen Juden noch heute in Geltung.

Es müssen sich aber daraus bald Beobachtungen ergeben haben, die die Schädlichkeit solcher Ehen deutlich darlegten und darum treffen wir später auf strengere Verbote. Ein Mann darf nicht zur Ehe nehmen seine Mutter, Stiefmutter, Schwester, Halbschwester; das war wenigstens bei einigen Völkern damals noch erlaubt (bei den Persern die Mutter, bei den Aegyptern die Schwester, bei den Griechen die Halbschwester), aber auch die Ehe mit Enkeltöchtern und Tanten, Schwiegertöchtern und Schwägerinnen, auch Stieftöchtern ist zur Zeit Philos schon verboten.

Nachdem durch Titus im Jahre 70 n. Chr. Jerusalem zerstört und der Hauptstock der orthodoxen Inzuchtjuden in dem dieser Katastrophe vorausgegangenen, vieljährigen, fürchterlichen Bürgerkriege und durch die entsetzlichen Niedermetzelungen der Römer fast ganz vernichtet worden war, zerstreute sich der Rest dieses orthodoxen Judenthums in alle Länder und wurde dort der Kern für die nun auch dort sich bildende, strengere Orthodoxie des Judenthums in der Diaspora. Es ist nämlich eine mit der Regelmässigkeit eines Naturgesetzes sich wiederholende Erscheinung bis auf den heutigen Tag, dass nach einer Katastrophe immer wieder die Orthodoxen ganz die Oberhand erhielten, weil das Priesterthum der Juden jede solche Katastrophe nicht so sehr als eine Folge politischer oder gesellschaftlicher Sünden erklärte, sondern immer als eine Strafe für die laxere Befolgung der strengen Gesetze Jahwe's auslegte, worunter in erster Linie die Inzuchtgesetze zu verstehen sind. So war es unter den Propheten vor dem Exil, so nach dem Exil, so später bis auf die heutige Zeit. Darum wechselte immer wieder eine Periode der Vermischung mit einer Periode der strengsten Inzucht ab. Darin liegt die Erklärung nicht nur des Bestandes des Judenthums bis auf den heutigen Tag, sondern auch dafür, dass das Judenthum nicht schon ganz verknöchert und erstarrt ist, weil immer wieder frische Blutwellen den alten Volkskörper erfrischten und wenigstens einen Theil des Volksorganismus beweglich und accomodationsfähig erhielten. Zu jeder Zeit hat es, wie gesagt, im jüdischen Volkskörper Reformjuden (wie wir dieselben heute nennen) gegeben. Freilich in der alten Zeit bis zur Zerstörung von Jerusalem mehr nur in der Diaspora; doch selbst im grossen Volkskörper, solange er in Palästina als solcher bestand, war die Partei, die es mit dem Gesetze nicht sehr strenge nahm, die sich dem Hellenen- und Römerthum näherten, eine nicht unbedeutende*). Diese Partei, die eigentlich die staatserhaltende war, weil sie einsah, dass das Judenthum als staatlicher Organismus nur existiren konnte, wenn es sich eben mit den mächtigen Völkern in einen modus vivendi hineinfand, was bei der strengen Befolgung der Gesetze nicht möglich war, nahm nun wenigstens theilweise hellenische und römische Sitten und Gebräuche an, hellenisirte und romanisirte die Eigennamen (z. B. Philo und Flavius Josephus); auch hat sie in der Ehe die strengen Inzuchtgesetze nicht so befolgt und darum kam auch in der höchsten Blüthezeit der Orthodoxie immer wieder etwas Blutmischung vor, wenn auch der Stock davon nur indirect berührt wurde.

Wie intensiv die Wirkung der strengen Inzucht, sei diese nun eine freiwillige, durch Rückkehr zu den strengen Gesetzen der Tora oder des Talmud oder eine unfreiwillige, durch Abschliessung und Abneigung von Seite der Bevölkerung, unter der die betreffende Judenschaft wohnte, wirken musste, begreift man, wenn man sich vor Augen hält, dass man es hier immer mit einem verhältnismässig kleinen Volkskörper von wenigen Hunderten oder Tausenden zu thun hat, so dass in wenigen Generationen die ganze Gemeinde wieder in naher blutsverwandtschaftlicher Beziehung gestanden haben musste. Dieser intensiven Inzucht wirkten glücklicherweise die häufigen Austreibungen und freiwilligen Veränderungen der Wohnsitze, da die Juden an keine Scholle gebunden durch ihren Handelsgeist und Geldverkehr darauf hingewiesen waren, entgegen, so dass fortwährend wenigstens im Volkskörper als Ganzes betrachtet, eine ordentliche Blutmischung stattfinden könnte. Auch die frischen Blutwellen, die da und dort durch glücklichere Zeiten in den Volkskörper eindrangen, wurden dadurch überall hin verschleppt und konnten ihre verjüngende Wirkung auf den alten Organismus ausüben. Wie stark und häufig diese Aufmischungen waren, kann man aus der Tabelle

---

*) Galiläa war bekanntermassen der Hauptsitz des griechischen und später römischen Lebens in Palästina; dort hat auch unter der griechischen und römischen Herrschaft die grösste Blutmischung zwischen Juden, Christen und Römern stattgefunden.

ersehen, die ich über die Schicksale der einzelnen Judengemeinden zusammengestellt habe und die sicher nur ein sehr schwaches Bild der Wirklichkeit zu bieten im Stande ist. (S. Anhang.)

Nach der Zerstreuung der Juden in alle Länder hat bekanntlich die orthodoxe Partei ganz die Oberherrschaft über den nationalen Geist erhalten und das Pharisäerthum wurde durch das Rabbinerthum in strenger Befolgung der Inzuchtgesetze noch überboten, welche Thatsache ihren geistigen Ausdruck im Talmud fand.*) So folgte nach der Periode der wenn auch nicht sehr ausgiebigen Vermischung unter der Hasmonäerzeit und der römischen Herrschaft eine Periode der strengsten Inzucht, die auch in den Verboten der christlichen Kirche, sich mit den Juden zu vermischen**) und in gesellschaftliche Beziehungen zu treten, ihre doppelten Schranken aufrichtete. Nur in zwei Centren wurden diese hohen Schranken und Hindernisse einigermaassen wenigstens für eine kurze Zeitperiode beseitigt und dadurch Vermischungen stärkeren Grades herbeigeführt. Es war dies in Spanien unter mohammedanischer Herrschaft und in Polen, wo das Judenthum seit der Zerstörung Jerusalems eine Zeit lang eine verhältnismässig günstige Zeit verlebte. Die Wirkung dieser Vermischung war eine sehr merkwürdige und ist heute noch am jüdischen Volkskörper auffallend zu bemerken. Man theilt heute noch die Juden in zwei grosse, körperlich und geistig verschiedene Hauptgruppen, die Sephardim und Askenazim, d. h. Juden aus dem Süden, portugiesische und spanische Juden genannt und Juden aus dem Norden, deutsche oder polnische Juden. Zweifellos hat in Spanien, da es sich dort um eine Vermischung mit verwandtem, semitischem oder halbsemitischem

---

*) Der Talmud wird häufig mit Unrecht beschuldigt, diese extreme Abschliessung allein hervorgebracht zu haben. Es ist die alte Verwechselung der Ursache und Wirkung. Der Talmud war eben das geistige Product dieses starren Inzuchtgeistes und codificirte nichts anderes, als was dieser Geist nicht schon längst als das oberste Princip geübt hat. Gesetze sind ein Product des menschlichen Geistes und der Sitten und können höchstens die Macht haben, eine schon bestehende Sitte zu befestigen, aber nicht sie erst zu schaffen.

Kein Volk der Erde liesse sich ein so unbequemes und jede Handlung regelndes und hemmendes Gesetz gefallen, wenn es eben nicht ganz von seinem Geiste selbst durchdrungen wäre. Der orthodoxe Jude ist sechshundertdreizehn Gesetzesvorschriften unterworfen.

**) Verbot jeder Ehe zwischen Juden und Christen im Jahre 533.

Blute handelte, eine stärkere Vermischung stattgefunden, da in
Spanien die angeborene, nationale Antipathie gegen solche Vermischungen wegen der geringen Verschiedenheit des Culturblutes
gewiss eine kleinere war, als dies in Polen der Fall sein musste.
Das beweist schon die Reise des Rabbiners Mose, den das orthodoxe Judenthum nach Spanien sandte, um diesen vielen Mischehen
entgegenzutreten. Auch beweist dies die körperlich schöne und
geistig bewegliche Rasse, die aus dieser culturell nicht so verschiedenen Mischung hervorging.

Anders standen die Verhältnisse in Polen, wo auch die Juden
unter König Casimir dem Grossen eine verhältnismässig günstige
Zeitperiode hatten und sich daher das Judenthum in einer
grösserer Menge ansiedelte. Nicht nur die grössere Verschiedenheit des Blutes überhaupt, auch der grössere Unterschied des alten,
jüdischen Culturblutes im Vergleich zum sarmatischen Barbarenblut
muss hier der Neigung, Vermischungen einzugehen, grosse Hindernisse in den Weg gelegt haben, auch wenn wir von den religiösen,
gegenseitigen Hindernissen absehen. Sicher waren die Vermischungen
nicht annähernd so von Bedeutung, wie in Spanien, und falls
Vermischungen wirklich vorkamen, so musste die Mischrasse einen
starken, geistigen Rückschlag durchmachen, während dies bei den
culturell verwandten Blutmischungen in Spanien nicht der Fall
war. Wenn man auch noch die körperlichen Eigenschaften der
polnischen Juden in Betracht zieht, so kann man an stärkere
Vermischungen schon darum nicht glauben, weil daraus wenigstens
körperlich eine kräftigere und schönere Mischrasse resultirt hätte,
als wir dies heutzutage an den polnischen Juden beobachten können.
Dieser körperliche Vortheil wäre trotz geistiger Rückschläge auch
bei dieser Vermischung ebenso wenig ausgeblieben, wie dies bei
den spanischen Juden der Fall war und wie wir dies bei allen
Vermischungen beobachten können.

Die spanischen und portugiesischen Juden, oder wie sie sich
selbst nannten, die sephardischen Juden hatten wie kein Theil des
Judenthums seit ihrer Austreibung durch mehrere Jahrhunderte
glückliche Zeiten in der iberischen Halbinsel genossen. Nicht nur
dass dahin viele Juden aus anderen Ländern flohen und dadurch
mehr zur Vermischung des Blutes im eigenen Volkskörper bei-
trugen, wurden schon durch den grossen erworbenen Reichthum

mit den stammverwandten Mohammedanern leichter Vermischungen herbeigeführt.

Trotz der starken Vermischung siegte aber doch, wie wir dies bei allen Vermischungen beobachten können, das ältere, stärkere Culturblut, und sie blieben dennoch Juden, wenn auch etwas verschieden von den weniger gemischten Juden anderer Länder. Sie blieben es um so mehr, als auch hier auf die Vermischungsperiode bald wieder eine strenge Inzuchtperiode folgte, aus der sich dann die schönere und geistig beweglichere Rasse der spanischen Juden bildete.

Die spanischen Juden hielten sich von nun an gewissermaassen für den Adel unter ihren Volks- und Glaubensgenossen, *) welche in Folge der langen Inzucht körperlich herabgekommen und geistig erstarrt waren.

Nicht nur körperlich, auch in sittlicher Beziehung standen und stehen sie heute noch über den übrigen Juden. Ja so weit hatte schon das viele maurische Blut, welches in diesen Juden kreiste, sich geltend gemacht, dass die spanischen Juden im Gegensatze zu den übrigen Juden, in denen die Vaterlandslosigkeit und die dadurch bedingten Consequenzen überall vorwiegten, es sogar zu einem intensiven Gefühl der Zusammengehörigkeit ihres Blutes mit der vaterländischen Scholle brachten und diese Vaterlandsliebe auch nach der Austreibung nicht verleugneten und in das neue Vaterland den Stolz des Spaniers und seine Sprache mit hinüber nahmen (Henne-Am Rhyn.) Es bildeten sich überall spanische und portugiesische Judencolonien in Afrika, in der Türkei, in Italien und den Niederlanden. Sie sonderten sich im Bewusstsein ihrer Würde von den übrigen Juden ab, verachteten diese und beherrschten diese, wo es die Umstände mit sich brachten. Sie allein sprachen die schöne Sprache des Landes, aus dem sie vertrieben wurden, r e i n, während die Juden anderer Länder die Sprache derselben mit einem eigenthümlichen (jüdelnden) Accent sprechen.

---

*) Heutzutage glauben die Sephardims, dass gerade sie reineres Judenblut seien, gewiss ganz mit Unrecht, denn je reiner, desto erstarrter und unbeweglicher ist das Blut. Das Blut der Sephardims ist ebenso vermischt, ja wahrscheinlich mehr als das der Askenazim, aber es ist mit culturell verwandterem Blute vermischt, als dies bei den Askenazims der Fall ist.

Ebenso zeichneten sie sich durch Reinlichkeit, durch Geschmack in der Kleidung und in den Wohnungen, sowie in der Ausschmückung der Synagogen aus. Das alles spricht schon für eine grössere Schmieg- und Biegsamkeit des Körpers und Geistes, wie sie nur durch Vermischung und nicht durch strengste Inzucht erreicht werden kann, besonders bei einem Volke, wo die Neigung zum Erstarren durch lange Inzucht in den früheren Perioden schon eine so intensive war, wie bei dem jüdischen Volke von der Zeit des babylonischen Exils bis zur Zerstörung Jerusalems. Wohin es die starre Inzucht bringt, kann man am besten beim polnischen Juden sehen,*) der schon in Folge seiner strengen orthodoxen Richtung und der grösseren Armuth, die stets unter den polnischen Juden herrschte, selten zur Vermischung geneigt war. Diese Armuth ist eben auch eine der nothwendigen Folgen des starren, orthodoxen Judenthumes, denn ein wirklich orthodoxer Jude ist durch zahlreiche Hindernisse religiöser Natur an seiner Beweglichkeit und Anpassungsfähigkeit an verschiedene Verhältnisse der heutigen Civilisation gehindert und dadurch im scharfen Kampfe ums Dasein benachtheiligt, so sehr es auch der Scharfsinn der Rabbiner seit der Zerstreuung versucht hat, das strenge Gesetz durch alle möglichen sophistischen Deuteleien zu mildern und zu umgehen. Ebenso wie der nationale Staat der Juden unter der Herrschaft des starren Gesetzes im harten Kampfe mit den übrigen Nationen zu Grunde gehen musste, ebenso kann auch das orthodoxe Judenthum heute den scharfen Kampf ums Dasein mit Erfolg nicht aufnehmen und wenn das Judenthum irgendwo einen Einfluss und Macht gewinnt, so ist es eben das schmiegsame und beweglichere Reformjudenthum,**) in welchem fortwährend frische

---

*) Ueber die Erstarrung der orthodoxen Juden in Polen und Russland ihren ausgesprochenen Clangeist etc., siehe die sehr ausführliche Arbeit Anatole Leroy-Beaulieu: „Israel unter den Nationen". Wien 1893. Uebersetzung von Vicenti.

**) Die grössere Beweglichkeit und Schmiegsamkeit, die dieser Theil des Judenthums trotz der vorwiegenden Inzucht aufweist, ist nicht allein die Wirkung der grösseren Menge Mischblutes, welches im Reformjudenthum kreist, sondern auch ein im harten Kampfe ums Dasein seit der vermischten Siedelung erworbener Charakter, der aber dort, wo die Juden in grösserer Menge beisammen sitzen, immer rasch verloren geht. Wie bekannt, besassen die alten Juden nichts von diesem

Blutwellen eintreten und welches sich um das starre Gesetz im allgemeinen wenig oder gar nicht kümmert.

Wie die heutige Statistik beweist,*) bleiben von den Kindern der Mischehen ein ziemlicher Procentsatz Juden, d. h. sie blieben auch Juden nach der Wahl des Glaubensbekenntnisses. Diese heiraten dann meist wieder in den jüdischen Volkskörper hinein und bei der kleinen Zahl der zerstreuten, jüdischen Inzuchtherde verbreitet sich das fremde Blut rasch durch viele Familien und hindert so immer wieder die Erstarrung. Freilich bleibt das Blut vorwiegend im Reformjudenthum des Westens und werden die orthodoxen Inzuchtherde des Ostens davon wenig oder gar nicht berührt.

Nur bei Katastrophen, wo dann das ganze Judenthum wieder sich aneinander schliesst, ist auch dem strengen, orthodoxen Judenthum immer wieder etwas Mischblut indirekt zugekommen, freilich immer so wenig, dass die fortschreitende Erstarrung nicht aufgehalten und die körperliche Degeneration nicht wesentlich gebessert werden konnte.

Da aber die Befolgung dieser strengen Gesetze für den Kampf ums Dasein geradezu ein offenkundiger Nachtheil war,**) geschah es in dem fürchterlichen Kampfe, den das Judenthum seit den Zeiten der Könige bis auf heute immer zu führen hatte, dass gerade dieser Stock der strengen Gesetzesmänner immer am meisten litt und am meisten ausgerottet wurde, während das beweglichere und schmiegsamere Reformjudenthum unter diesem mehrtausendjährigen Ausleseprocess stets verhältnismässig weniger litt und darum der übrig bleibende Theil blieb.

Charakter, sie waren im Gegentheil das halsstarrigste Volk, wie die Propheten es stets nannten.

*) Von den 2211 Mischehen zwischen Juden und Protestanten in Preussen stammen 3229 Kinder; davon sind 727 (22%) als Juden angeführt, d. h. sie haben mit 16 Jahren für das Judenthum optirt; bei den Mischehen zwischen Römisch-Katholischen und Juden werden 32% als zum Judenthum gehörige Kinder angeführt. (Preuss. Stat. vom 1. Dec. 1890, S. XLIX.)

Dieser starke Procentsatz genügt bei der kleinen Zahl der Juden und der vorwiegenden Inzucht vollkommen, um das Mischblut rasch in die kleinen Inzuchtherde zu verbreiten.

**) Oft verloren die Juden eine Stadt, weil die Befolgung der Sabbathfeier oder das Brachjahr dem Feinde einen grossen Vortheil darbot.

Dieses tragische Schicksal des orthodoxen Judenthums erneuerte sich in den vielen Tausenden von Centren, in welchen das Judenthum seit der Zerstreuung sich zersplitterte, fortwährend mit einer fast gesetzmässigen Regelmässigkeit. So interessant auch die Geschichte des Judenthums in der alten Zeit war, weil sie eben eine nationale war, ebenso einförmig und interesselos wird dieselbe später für den Geschichts-Forscher, dafür aber von hohem Interesse vom naturphilosophischen Standpunkte, weil eben auf diese Weise die merkwürdigen Wirkungen der Inzucht und Vermischung so klar zu Tage treten.

Das ist in grossen Zügen die Geschichte der Inzucht und Vermischung bei den alten Juden. Da aber kein Volk der Erde das Inzuchtprincip so hoch gehalten hat, wie das jüdische Volk, so mussten auch bei ihm die Wirkungen der Inzucht am auffallendsten gezüchtet werden. Gerade das alte Judenthum eignet sich daher am besten zum Studium der Wirkung der Inzucht und dies um so mehr, als wir über seine Geschichte in Folge der vollständigen Erhaltung seiner nationalen Literatur die meisten und sichersten Belege besitzen.

Wir müssen uns zum Verständnis der intensiven Wirkung der Inzucht bei den Juden immer vor Augen halten, dass wir es mit einem an Zahl kleinen Volksstamm zu thun haben, der noch dazu in Folge seines scharfen Kampfes ums Dasein fortwährend einer sehr scharfen Auslese unterworfen war. Dieser letztere Factor wird es uns auch verständlich machen, warum trotz intensiver und langdauernder Inzucht die körperliche und geistige Degeneration nie eine gewisse Grenze überschreiten konnte. Dazu kam, dass, wie schon erwähnt, Moses die führende Kaste, die Priester, von vorne herein auf den geistigen Vorzug gewiesen hat und die Erwerbung von materiellem, persönlichem Besitz geradezu untersagt hat.

Dadurch und in Folge des Umstandes, dass die führende Kaste nie sich hermetisch gegen das Volk abschloss und der Weg zur führenden Kaste jedem talentirten Kopfe stets offen stand, blieb auch die führende Priesterkaste vor intensiverer Degeneration stets verschont und, was das Wichtigste war, sie blieb auf diese Weise stets der Extract der Volksseele und gerieth nie in geistigen Gegensatz mit dem Volke. Dies erklärt uns die Macht dieser Priester-

kaste seit den Zeiten des Exodus bis heute. Niemals hat dieselbe
ernstlich gewankt und niemals hat es das Volk, wenigstens seit
den Zeiten des babylonischen Exils, versucht, sich dieser Führung
zu entziehen.

Ebenso wie bei der Priesterkaste der Hindus treffen wir
bei der führenden Kaste der Juden Vorsichtsmaassregeln gegen die
körperliche Degeneration der Kaste.*)

Als eine auffallende Wirkung der nahen und intensiven Inzucht
habe ich den Stolz auf die gezüchteten nationalen Charaktere, den
Kastenstolz hervorgehoben. Keine Kaste der Welt hat den Kastenstolz so in das Extrem gezüchtet, wie die Priesterkaste der Juden.
Es ist aber interessant und beweist den stetigen Zusammenhang
der führenden Kaste mit dem Volke, dass die führende Kaste
diesen Stolz nicht wie andere führende Kasten egoistisch nur im
eigenen Interesse der Kaste gezüchtet hat, sondern sie züchtete den
Stolz für das ganze Volk.

Keine Kaste der Welt hat je eine solche stolze Sprache**)
gesprochen und für sich und das von ihr vertretene Volk eine
solche Ausnahmsstellung beansprucht, wie dies die Priesterkaste
der Juden in ihren Schriften gethan hat. Alle Völker der alten
Welt waren stolz auf ihre nationalen Götter, waren aber mit
der Beschränkung der Wirksamkeit derselben auf ihre Nation

---

*) Weder ein Blinder, noch ein Lahmer, keiner mit einem gebrochenen
Fuss oder einem gebrochenen Arm, keiner mit einer verstümmelten Nase oder
langen Gliedern, keiner, der einen Höcker hat oder weisse Flecken auf dem Auge
(Scrophulosis?), der dürr ist, oder eine Flechte oder Krätze, oder gedrückte Hoden
hat, soll hinzutreten, die Feuerungen Jahwe's darzubringen (Levit. 21, C. 16—21 V.).

Der Priester soll sich nur mit einer reinen Jungfrau aus dem Stamme
seiner Verwandtschaft verehelichen.

**) Alle hervorragenden Inzuchtvölker und Kasten haben in diesem Punkte,
wie schon im allgemeinen Theil erwähnt, Grosses an Ueberhebung geleistet. Von
den Aegyptern haben wir schon gehört, dass nur sie sich für „Menschen" hielten.
O m a r, der eigentliche Organisator des Islam, war vom arabischen Nationalstolze
in dem Maasse erfüllt, dass er in allen Nichtarabern nur eine zum Dienen
bestimmte Rasse sah, ganz so wie wir es bei den Griechen ausgesprochen finden.
Bekanntermaassen fängt auch bei mancher modernen Adelskaste der Mensch erst
beim Baron an. Einen solchen extremen Nationalstolz aber, wie er fortwährend im
alten Testament von den Propheten, noch mehr aber im Talmud von den
Rabbinern gezüchtet wurde, finden wir nirgends.

zufrieden. Dem Stolz der israelitischen Priesterkaste genügte dieser nationale Wirkungskreis ihres Gottes nicht.

Indem die Propheten den ursprünglich nur nationalen Stammgott Israel's als den allmächtigen Herrn der Welt hinstellten, der über alle Königreiche der Erde gebot, der erheben und stürzen konnte nach seinem Wohlgefallen, musste der bereits schon grosse Inzuchtstolz des Volkes einen noch grösseren Aufschwung nehmen, denn sie waren ja das „auserwählte Volk" dieses allmächtigen Gottes. Wie sehr dieser Inzuchtstolz immer mehr in's Extrem gesteigert wurde und in welche Conflicte derselbe mit den gegebenen politischen Verhältnissen fortwährend gerieth, das erzählt uns die Geschichte des jüdischen Nationalstaates. Dieser ins Extrem gezüchtete, nationale Stolz war wie jede zu extreme Züchtung eines körperlichen oder geistigen Charakters schliesslich der Art schädlich wird, auch die Ursache dass die Existenz des jüdischen nationalen Staates gefährdet wurde.[*]

Das mit der hohen Züchtung des nationalen Stolzes stets verbundene angebliche Recht auf die Herrschaft[**] über „anders"

---

[*] Als Antiochos Sidetes im Jahre 134 v. Chr. Jerusalem belagerte und die Stadt zu unterhandeln begann, ging die Meinung der meisten Räthe des Königs — so erzäht Diodor — dahin, dass die Juden vernichtet werden müssten, denn von allen Völkern seien sie die einzigen, welche mit anderen keine Gemeinschaft und keine Ehen schlossen und alle insgesammt für Feinde hielten. Auch haben sie ganz andere Gesetze bezüglich der Heiraten und Begräbnisse, als die übrigen Menschen und dürfen mit Fremden niemals an einem Tische essen noch diesen freundlich gesinnt sein. Diodor Sic. lib. 40 fragm. 3. Dunker l. c. I. B. S. 403.

[**] Bei den Juden wurde diese Herrschsucht noch intensiver dadurch gezüchtet, weil ihre Priesterkaste diese Berechtigung zu herrschen, als eine Verheissung ihres Nationalgottes hinstellte. 4. Moses 14. C. „Ihr habt das Volk des Landes nicht zu fürchten, denn unser Brod sind sie."

5. Mos. 6. C. 10. V: „Dir zu geben grosse und schöne Städte, die du nicht gebauet und Häusern voll alles Gutes, die du nicht gefüllt und gebauene Brunnen, die du nicht ausgebauen und Weinberge und Oelbäume, die du nicht gepflanzt; und du wirst essen und satt werden." Jes. 59. C. 10—12. V.: „Und es bauen die Söhne der Fremden deine Mauern und ihre Könige bedienen dich und offen stehen deine Thore, beständig zu dir zu bringen der Völker Reichthum. Jes. 16.: „Und du wirst saugen die Milch der Völker und von der Brust der Könige saugen" Jes. 61.: „Und es stehen Ausländer und weiden eure Herden und der fremden Söhne sind eure Ackerleute und eure Winzer. Ihr aber werdet Priester genannt; der Völker Reichthum esset ihr und in ihre Herrlichkeit werdet ihr eingesetzt."

Geartete, seien dies nun culturell tiefer stehende „Barbaren" oder „Heiden" und „Ungläubige" stand bei den Juden wohl in einem grellen Gegensatz mit der Wirklichkeit, dafür wurde dieses Recht von der herrschenden Priesterkaste dem Volke stets um so mehr in der Zukunft versprochen.

Diesen extremen Stolz und die damit verbundene Unverträglichkeit in Bezug auf politisches Zusammenleben mit anderen Nationen übertrugen sie in noch höherem Grade auf das religiöse Gebiet. Gibbon sagt diesbezüglich:

„Die religiöse Eintracht der alten Welt wurde hauptsächlich durch die unbedingte Zustimmung und Ehrfurcht erhalten, welche die Nationen des Alterthums für ihre gegenseitigen Traditionen und Ceremonien an den Tag legten. Es liess sich daher erwarten, dass sie sich mit Entrüstung gegen ein Volk vereinigen werden, welches sich von dieser allgemeinen, gegenseitigen Toleranz trennte, und indem es Anspruch auf den ausschliesslichen Besitz göttlicher Wahrheit erhob, jede Form der Gottesverehrung mit Ausnahme seiner eigenen für ruchlos und abgöttisch erklärte. Die Rechte der Duldung besass man nur durch gegenseitige Nachsicht; durch die Verweigerung dieser Nachsicht wurden sie daher verdientermaassen verwirkt."*)

So wurde den alten Juden die extreme Züchtung ihrer tiefen Religiosität zum grossen Schaden und erschwerte ihnen nicht nur den Kampf ums Dasein, sondern war eine der wichtigsten Ursachen des Unterganges des nationalen Staatswesens.

Ich habe bereits hervorgehoben, dass dieser Fanatismus und diese an das Pathologische grenzende Ueberhebung ihren Hauptgrund in den strengen Inzuchtgesetzen Nehemias hatte und dass die Folgen dieser strengen Inzucht Zeit hatten, bis zur Kaiserzeit sich zu verstärken und zu vertiefen.

Alle strengen Inzuchtvölker haben stets viel auf Stammbäume gehalten. Wie sehr dies auch die alten Juden thaten, davon gibt uns die Bibel zahlreiche Beispiele. Wie sehr sie auf reines Blut hielten, beweist schon die Thatsache, dass sogar das von allen semitischen Stämmen hochgehaltene Erstgeburtsrecht dem hochgehaltenen Inzuchtprincip weichen musste. Esau verlor das Erstgeburtsrecht nicht um das Linsengericht, sondern weil er mit den

---

*) Gibbon, XV. C.

Töchtern Kanaans und den Töchtern Ismael's nur einen unreinen
Stamm erzeugen konnte, während Jacob geduldig nach der Sage
14 Jahre lang um Weiber reinen Blutes gedient hat.

Wie ich im allgemeinen Theile hervorgehoben habe, ist eine
der auffallendsten Wirkungen langdauernder, naher Inzucht die Erstarrung und Fixirung der Charaktere. Der conservative Charakter
der alten Juden, der Hang am Hergebrachten lässt sich aus zahlreichen Stellen der Bibel nachweisen. Dieser extrem conservative
Geist wurde selbst der führenden Kaste und den Propheten, die
ja in gewissem Sinne Reformatoren waren, häufig lästig und wird
daher das Volk oft von ihnen ein Volk „mit harter Stirn und
verstocktem Herzen“*) genannt. Geringfügige Aenderungen im
Cult und in den hergebrachten Sitten waren im Stande, einen öffentlichen Auflauf zu verursachen und dieser conservative Geist zwang
den fremden Herrschern ebenso, wie wir dies beim conservativen
ägyptischen Volke gesehen haben, vielfache Concessionen und
Ausnahmsgesetze ab. Am stärksten hat sich dieser conservative
Geist in der Anhänglichkeit an die angestammte Religion erwiesen**)
und weder der schreckliche Hammer, die römischen Legionen, noch
die zahllosen späteren Verfolgungen in der Diaspora konnten
diesen conservativen Geist zertrümmern. Diese festen, durch die
lange Inzucht fixirten Klammern werden sich immer stärker erweisen als menschliche Kraft, denn die Natur ist schliesslich
immer stärker als der Mensch in aller seiner eingebildeten und
wirklichen Macht.

Als eine besonders auffallende Wirkung langdauernder Inzucht
bei Inzuchtvölkern und Kasten habe ich auch das feste Zusammenhalten der durch diese Blutbande Vereinigten hervorgehoben.
Wie stark diese Klammern durch die Inzucht bei diesem Volke
geschmiedet waren, beweist uns die Geschichte und wie beispiel-
los fest diese Blutbande in der Zerstreuung noch sich erwiesen,
beweist die Existenz des Volkes bis heute. Bekannt ist auch, dass

---

*) Ezechiel 2. C., 4. V.

**) Wie zäh selbst in den gemischten Samaritanern das alte Inzuchtblut
sich erhielt und der orthodoxe, conservative Charakter siegreich blieb, beweist die
Verfolgung des Justinian. Man hat berechnet, dass in dem samaritanischen Religions-
kriege, welcher die einst fruchtbare Provinz in eine menschenleere und kahle
Wildnis verwandelte, 100.000 Samaritaner ausgerottet wurden. Gibbon XLVII.

in der alten Zeit bei den Juden die Blutrache sehr ausgebildet war. „Aug' um Aug', Zahn um Zahn" war von jeher der Schlachtruf der Sippenrache. Ich erinnere hier auch an die Blutrache, die alle Stämme an dem Stamme Benjamin nahmen.

Die strenge Inzucht hat bei den Juden in Folge der langen Dauer und verhältnismässig geringeren Vermischung den bekannten Typus gezüchtet. Sind auch die körperlichen Charaktere nicht sehr auffallend verschieden vom Typus anderer semitischer Völker, so ist doch der jüdische, körperliche Typus in vielen Charakteren abweichend und durch die Inzucht stark fixirt. Mehr aber als die Züchtung körperlicher Charaktere hat das jüdische Volk stets die Züchtung geistiger Charaktere im Auge gehabt und hier ist der Unterschied mit anderen Völkern ein auffallenderer. Auch diese Charaktere sind durch die lange Uebung und in Folge der ununterbrochenen Inzucht ausserordentlich fest fixirt.*)

So viele Vermischungen das jüdische Inzuchtblut im Verlaufe der Jahrtausende erfahren hatte, so waren dieselben nie so stark, dass dadurch die Nation in ihren gezüchteten, körperlichen und geistigen Charaktereigenschaften eine starke Veränderung erfuhr. Aber nicht nur die Zahl der Vermischungen war im Verhältnis mit der ganzen Volkszahl in einem gegebenen Zeitraum nie so stark, um den Volkskörper umzumodeln, auch das Blut, mit welchem sich die Juden seit dem Exodus vermischten, war immer ein Culturblut jüngeren Datums als das der Juden und wäre dasselbe daher auch unterlegen, wenn es in stärkerem Grade, als dies der Fall war, sich in den jüdischen Volkskörper ergossen hätte. Das alte, jüdische Inzuchtblut gleicht seinem nationalen Salzsee, dem todten Meere, bei welchem auch das viele süsse Wasser des Jordans, das sich in denselben seit jeher ergossen hat, nicht im Stande ist, die charakteristische Beschaffenheit desselben zu verändern und höchstens den See vor Versumpfung und Austrocknung bewahrt. Es gleicht ferner dem alten Inzuchtblut der Hindus und der Chinesen, bei welchen Völkern auch bisher keine Vermischung im Stande war, den Charakter des Volkes wesentlich zu verändern.

---

*) Wie fest diese Charaktere fixirt sind und wie überwiegend kräftig das alte Inzuchtblut sich in dieser Beziehung stets erweist, kann man bei allen Mischehen sehen, wo in der Regel das alte Inzuchtblut stets sich siegreich erweist.

Leroy-Beaulieu,*) ein guter Kenner des heutigen Judenthums, ist, wie so viele andere Forscher, die das Judenthum an dem
Maasse anderer Völker messen und dasselbe nicht vom natur-
phylosophischen Standpunkte aus studiren, sehr im Irrthum, wenn
sie glauben, dass das heutige Judenthum durch das Aufgeben der
jüdischen Sitte und Religion in Gefahr kommt unterzugehen.
Zweifellos war das Gesetz und vor allem die in demselben enthaltenen strengen Inzuchtvorschriften der Hammer, der das jüdische
Volk zusammengeschweisst und dem Volkskörper eine so zähe Widerstandskraft verliehen hat, die allen Mächten widerstand und bei-
spiellos dasteht in der Geschichte der Menschheit. Aber auch
eine vorwiegende Inzucht von weit über 100 Generationen und dazu in einem so kleinen Volkskörper ist in der Naturgeschichte der Menschheit fast ohne Beispiel und kann nur mit
der Inzucht des ägyptischen Volkes einigermaassen verglichen
werden. Darum auch in vieler Beziehung die grosse Aehnlichkeit
der beiden Völker. Diese Blutbande, die stärker sind als alle Gesetze und Institutionen, halten aber heute bereits den jüdischen
Volkskörper fester zusammen, als das Gesetz. Das fühlt auch das
Judenthum instinctiv, ohne dass es sich über die heute bekannten
Gesetze der Vererbung und ihre wichtigen Folgen klar ist und
spricht es auch aus.**) Das Gesetz könnte heute gehen, es hat seine

---

*) Leroy-Beaulieu: Israel unter den Nationen.

**) Ein Rabbiner, namens B. Felsenthal, schreibt in der allgemeinen jüdischen
Wochenschrift „Jeschurun" unter der Ueberschrift: „Was sind wir? Sind wir noch
Juden?", wörtlich: „Der Jude wird als Jude geboren und bleibt, solange er lebt,
ein Jude. Er wird nicht erst durch die Vornahme des Beschneidungsactes, oder
gar erst durch eine Bar-Mizwah- oder Confirmationsfeier in den Bund Gottes mit
Israel aufgenommen. Sein Eintritt in die Gemeinschaft Israels erfolgt in der
Stunde seiner Geburt und durch seine Geburt. Es ist daher auch die
Judenheit nicht bloss eine Religion. Die Judenheit ist in erster Linie ein
Stamm und das Judenthum ist eigentlich die Summe aller volkspsychologischen Eigenschaften dieses Stammes. Unter diesen volkspsychologischen Eigenthümlichkeiten Israels nehmen nun allerdings die Religion
und das religiöse Leben die erste Stelle ein, weit mehr, als bei irgend einem
anderen Stamm auf dem ganzen weiten Erdboden. Aber Judenthum im weiteren
Sinne des Wortes ist mehr als jüdische Religion. Judenthum ist, wiederholen
wir es, die Gesammtheit aller volkspsychologischen Eigenthümlichkeiten des
Judenstammes." Dieser Ausspruch entspricht vollständig den in dieser Arbeit
ausgesprochenen Ansichten über die Wirkungen der nahen Inzucht.

Schuldigkeit gethan und das Judenthum würde doch so lange bestehen bleiben, solange es sich nicht stärker vermischt.

Die eigentliche Gefahr für den jüdischen, nationalen Volkskörper liegt heute nicht in äusseren politischen Verhältnissen. Schlimmer als dieselben waren, können sie niemals mehr werden und über diese schlimmen Zeiten hat der Inzuchtkitt das Volk in bessere Zeiten herübergerettet. Man darf aber nicht vergessen, dass die Inzucht nicht nur ihre guten, sondern stets auch ihre schädlichen Folgen hat. Diesen schädlichen Folgen hat bisher die scharfe natürliche Auslese, der das Volk durch sein Schicksal seit der Zerstörung des nationalen Staates immer ausgesetzt war, entgegengewirkt. Von dem Momente an, wo die natürliche Auslese unter einem günstigeren Kampfe ums Dasein gehemmt wird, werden sich im jüdischen Volkskörper ebenso wie in den führenden Kasten der übrigen Völker die schädlichen Wirkungen des veränderten Kampfes ums Dasein körperlich und geistig mehr zur Geltung bringen und die dadurch bedingte körperliche und geistige Degeneration wird durch die strenge Inzucht noch verstärkt und vertieft. Das Heilmittel gegen Erstarrung und Degeneration in Folge der Inzucht ist aber heute das gleiche wie zur Zeit der Sadduzäer, es ist das einzige und sicher wirkende: Die Vermischung.

Die alten Juden waren, wie schon gesagt, keine universellen Künstler, wie ihre Lehrer die Aegypter, sondern reine Specialisten. Und da in ihrem Kunstfach, der Religion, alle Völker nach eigener Meinung das Höchste selbst leisten und es hier nie eine gerechte gegenseitige Kritik gibt, die Juden aber alle übrigen Kunstzweige geradezu vernachlässigten, so ist es begreiflich, wenn ihre Kunstleistungen von den Zeitgenossen nicht anerkannt*) und erst die Nachwelt ihrem Genie gerecht geworden ist.

Hat uns schon die führende Priesterkaste im Pentateuch ein Kunstwerk hohen Ranges hinterlassen, so hat die Prophetie diese Leistung noch übertroffen.

---

*) Bezüglich der Fähigkeiten der alten Juden in den schönen Künsten führt Josephus ein Urtheil des Apollonius an, wonach die Juden die talentlosesten der Barbaren gewesen wären und dass sie deshalb auch allein von allen Völkern keine für das Leben nützliche Erfindung gemacht hätten.

Die herrlichste Blüthe, das Christenthum, brachte der jüdische Geist erst nach der Vermischung mit dem hochcultivirten griechischen und römischen Blute hervor.*) Aber diese herrliche Blüthe konnte auf dem bereits erstarrten Boden des orthodoxen Judenthums nicht mehr recht gedeihen und fand auch besonders in dem conservativen, extremen Pharisäerthum den schärfsten Feind. Erst durch die in der Kaiserzeit eingeleitete Blutmischung, die dann in der Völkerwanderung ihr Ende erreichte, wurde der richtige Boden für diesen Samen vorbereitet, der dann die herrlichen Früchte zeitigte, wie wir dieselben in der Geschichte der christlichen Religion vor uns haben.

---

*) Die Mehrzahl der Apostel stammte aus Galiläa. Wie die Apostelgeschichte (10, 28; 11, 2; 15, 1) beweist, waren unter den ersten Christen sowohl die conservative, orthodoxe Inzuchtpartei, die von den Heiden nichts wissen wollte, als auch die liberale Richtung, die beweglicher und schmiegsamer war und zweifellos mehr Mischblut in sich hätte, vertreten; auf der Versammlung in Jerusalem siegte die letztere. Wie überall werden auch in Palästina die ersten Anhänger der neuen Lehre am zahlreichsten dem Mischblute angehört haben. Sie wurden darum geradezu „Galiläer“ genannt. Siehe Anmerkung S. 195.

Im nächsten Bande werde ich die Belege für die vorstehenden Thesen aus der Geschichte der übrigen genialen Völker des Alterthums beibringen und mit einem Ausblick in die neuere Geschichte schliessen.

Hier folgen noch einige Zusätze über Themata, deren ausführlichere Besprechung im allgemeinen Theile störend gewirkt hätte, in deren nähere Begründung einzugehen aber nothwendig ist.

Zusätze.

I.

Ueber die Inzucht bei Bienen und Ameisen.

Darwin[*]) nennt das Gehirn einer Ameise das wunderbarste Substanzatom in der Welt und vielleicht noch wunderbarer als das Gehirn des Menschen. Es ist zweifellos, dass die Züchtung dieses wunderbaren Organs nur in einem Thierstaate mit engster Inzucht und durchgeführter Arbeitstheilung gelingen konnte. Dasselbe gilt von den merkwürdigen Instincten der Biene. Beide Bedingungen sind sowohl im Bienen- als Ameisenstaate vorhanden.

Die Biene ist, obwohl halb domesticirt, doch der menschlichen Zuchtwahl nicht zugänglich, da die Begattung im Fluge stattfindet. Wie die besten Autoritäten in Uebereinstimmung behaupten, existiren ausser der ligurischen Rasse und der gewöhnlichen Biene auf dem europäischen Continente keine distincten Rassen. In der Regel herrscht im Bienenstaate die engste Inzucht, da aus dem Stocke entweder eine bereits befruchtete Königin nur mit Arbeiterinnen oder eine junge unbefruchtete Königin mit den zu ihrer Generation gehörigen Drohnen schwärmt. Da die Schwärmzeit nicht gleich ist, so herrscht in der Regel engste Inzucht, also Bruder- und Schwesterehe. Schon der Umstand, dass für jeden Bienenstock nur eine Königin die Fortpflanzung besorgt, muss die Möglichkeit der Vermischung sehr einschränken. Doch ist seit der Einführung der ligurischen Rasse bewiesen, dass die Drohnen derselben mindestens zwei Meilen von ihren eigenen Stöcken wandern und sich mit den Königinnen der gemeinen Bienen kreuzen. Wir haben also auch hier wie bei den Hausthieren

---

[*]) Darwin: „Abstamm. des Menschen", I. Bd., S. 70.

mit hervorragenden Instincten vorwiegend enge Inzucht, und um den Schaden derselben zu verhüten, gelegentliche Kreuzung mit einer auf gleicher Höhe der Züchtung stehenden Varietät. Doch spricht eben schon die geringe Zahl der Varietäten in Europa dafür, dass die nahe Inzucht die Regel und Vermischungen die Ausnahme sind.

Eine wunderbare Einrichtung sind die Drohnenschlachten. Die Königin wird in einer Begattungsperiode für das ganze Leben (3—4 Jahre) befruchtet. Wäre dies nicht der Fall, so müssten die Bienen die faulenzenden Männchen am Leben lassen, was mit der Zeit eine körperliche Degeneration des Stockes hervorrufen würde. Auf diese Weise wird auch für frische Erhaltung der gezüchteten, körperlichen und geistigen Fähigkeiten gesorgt.

Ganz ähnliche Verhältnisse und gleich wunderbare Einrichtungen sehen wir bei den Ameisen. Die Bildung neuer Stöcke ist bei den Ameisen noch nicht so gut beobachtet wie bei den Bienen, nur so viel ist sicher, dass immer die engste Inzucht zwischen den Nachkommen einer und derselben Generation eines Stockes herrscht. Die alten Stöcke erhalten sich immer auf die Weise, dass es den Arbeitern gelingt, ein oder das andere schwärmende Weibchen und Männchen, welche sich in der Nähe des Stockes paaren, einzufangen und in das Nest zurückzubringen (Brehm).

Wie in diesen Inzuchtstaaten das Princip der Arbeitstheilung durchgeführt ist, ist bekannt, und werden gerade in unserer Zeit diesbezüglich immer merkwürdigere Beobachtungen, besonders an den Ameisen, gemacht.

II.

Bemerkungen über die Züchtung extremer Charaktere.

Bagehot*) nimmt an, dass die Nationen, wie wir sie kennen, das Product zweier grosser Kräfte sind: Erstens einer rassenbildenden Kraft, welche in irgend einer Art im Alterthum thätig

---

*) Bagehot l. c., S. 99.

war und jetzt gänzlich oder doch fast ganz erloschen ist, zweitens einer recht eigentlich so zu nennenden nationenbildenden Kraft, die noch jetzt ebenso thätig und ebenso schöpferisch ist, als sie immer war.

Wir wissen aus den Auseinandersetzungen im allgemeinen Theil, dass es immer nur vorwiegend die zwei Kräfte, Inzucht und Vermischung und ihre Folgen waren und heute noch sind, welche das Entstehen und Verändern der Rassen und Nationen neu bedingen und erklären.

Bagehot hat übersehen, dass es zur Bildung von Rassencharakteren einer ungestörten, sehr langen Inzuchtperiode bedarf, eine Bedingung, wie sie nur in der Kindheit des Menschengeschlechtes bei schwacher Besiedelung der einzelnen Continente vorhanden war. Die Periode, in der sich der Mensch mit Hilfe der ungestörten Inzucht auffallendere Rassencharaktere züchten konnte, hat mit der vollständigen Besiedelung der Erde und dem Beginn des scharfen Kampfes des Menschen mit dem Menschen aufgehört; seither wechseln Inzucht und Vermischung und können nur mehr nationale Charaktere gezüchtet werden. Je mehr die Vermischung durch die modernen Verkehrsmittel und den immer schärferen Kampf ums Dasein überhand nehmen wird, desto „internationaler“ werden die Charaktere, d. h. destoweniger können auffallendere, nationale Charaktere gezüchtet werden. Doch wird sich das Inzuchtprincip (Nationalitätenprincip) stets stärker erweisen, als die Tendenz der Vermischung, die immer nur vorübergehend in Wirksamkeit tritt.*)

Wenn wir die Rassenkarte nach Huxley betrachten, so sehen wir, dass jeder Continent eine vorwiegende Rasse gezüchtet hat, am reinsten die beiden isolirtesten Continente, Australien und Amerika (bis zur Zeit der Entdeckung). Je isolirter eine Rasse wohnte, je mehr sie von der Natur vor Vermischungen mit anderen Völkern geschützt war, desto mehr war sie im Stande, auffallende, körperliche Rassencharaktere zu züchten, die natürlich ihren tiefsten Grund in den äusseren Verhältnissen des Klimas und des verschiedenen Kampfes ums Dasein mit der Natur hatten.

---

*) Eine solche Vermischungsperiode war z. B. die Zeit des römischen Kaiserreiches, die dann in der Völkerwanderung ihre Höhe und auch ihr Ende erreichte. Dann kam wieder die nationenbildende Kraft, die Inzucht, zur Geltung.

Wir werden daher auffallende, ins Extrem gezüchtete Charaktere nur bei Völkern finden, die von der Natur gegen Vermischung mehr geschützt sind. Umgekehrt werden alle Völker, die fortwährend Vermischungen ausgesetzt sind, nur mittlere Charaktere aufzuweisen haben. Dieses Gesetz können wir sowohl im Grossen als auch im Kleinen in Bezug auf alle körperlichen und geistigen Charaktere bestätigt finden.

Durch die Isolirung während ungezählter Generationen konnte sowohl in Amerika als auch Australien ein einheitlicher Rassentypus gezüchtet werden. Nur der unwirthliche und von der amerikanischen Rasse nicht besiedelte Polarkreis wurde von der dieser Zone eigenthümlichen Eskimorasse*) eingenommen. Warum in Amerika die Wirkungen des Klimas, obwohl sich der Continent durch alle drei Zonen erstreckt, nicht so auffallend zur Geltung kommen, wie dies in der alten Welt der Fall ist, werde ich später besprechen.

Auch Afrika müssen wir als einen isolirten Continent ansehen. Wenn auch in den ältesten Zeiten eine Verbindung mit Europa vorhanden war, so ist zweifellos diese Trennung schon sehr früh eingetreten, und wie geschützt Afrika in Bezug auf seine Verbindung mit Asien war, haben wir im Capitel über die Inzucht und Vermischung bei den Aegyptern gesehen. Darum hat auch Afrika, wenn wir von seiner Mittelmeerküste absehen, einen einheitlichen Rassentypus gezüchtet.

Den interessantesten Rassentypus hat aber der kleine Continent Europa gezüchtet, nämlich die weisse Rasse. Ich hoffe, diese Ansicht, zu der heutzutage bereits mehrere Anthropologen hinneigen, durch die nachfolgenden Auseinandersetzungen in einem sehr wichtigen Punkte zu stützen.

Die Farbe der Haut war sicher ein sehr wichtiger Factor für die Züchtung der verschiedenen Menschenrassen und einer

---

*) „Die Eskimorasse erscheint, wie dies alle Beobachter hervorheben, als etwas ganz Besonderes, etwas ganz Isolirtes, etwas für sich Bestehendes, gleichsam als wäre sie in diesem Norden entstanden.“ (Ranke.) Und doch sind die Eskimo sicher ein Völkerstamm aus südlicheren Gegenden, der sich nur im Kampfe ums Dasein einst als schwächer erwies und diese unwirthschaftlichen Gegenden gezwungen aufgesucht hat; dort hat er, durch die Natur vor Vermischung geschützt, im harten Kampfe mit der Natur und durch die kleine Zahl zur nahen Inzucht genöthigt, sich die jetzt Allen auffallenden, körperlichen Eigenthümlichkeiten gezüchtet.

der wichtigsten Hebel, mit dem die Inzucht gearbeitet hat,
da ihre Erscheinung sehr in die Augen fällt und ebenso wie bei
den weiblichen Thieren ein ausschlaggebendes Moment bei der
geschlechtlichen Zuchtwahl abgegeben hat. Während sich der
Mann viel leichter mit verschieden gefärbten Frauen in einen
geschlechtlichen Verkehr einlässt, ist constatirtermaassen heute noch
die Abneigung der Frau in dieser Hinsicht eine viel stärkere.

Das Klima hat einen unzweifelhaften Einfluss auf die Hautfarbe. Doch sind die Anthropologen längst zur Ueberzeugung gelangt,
dass das Klima im Vergleich zur Züchtung eine untergeordnete
Rolle spielt, und die Vererbung und Züchtung durch natürliche
und geschlechtliche Zuchtwahl bei der Hautfarbe das ausschlaggebende Moment bildet.

Welche Farbe der Urmensch besessen hat, lässt sich
heute mit Sicherheit nicht mehr feststellen. Es ist aber mit
grosser Wahrscheinlichkeit anzunehmen, dass die Farbe eine
mittlere Nuance zwischen den beiden extremen Farbenzüchtungen,
Weiss und Schwarz, also Braun gewesen sein dürfte, da ja das
rete Malpighi bei allen Menschen heute noch diesen braunen Farb-
stoff enthält und die Farbennuancen nur aus grösserer oder geringerer
Anhäufung dieses Pigmentes bestehen. Kölliker kam daher zu
dem Ausspruch, dass die Oberhaut der gefärbten Rassen in nichts
Wesentlichem von derjenigen der gefärbten Stellen der Weissen
(z. B. des Warzenhofes) sich unterscheidet.

In heissem Klima wird die Züchtung der dunkleren Farbe
und in kühleren Himmelsstrichen die Züchtung der helleren Nuancen
vorgeherrscht haben, wie das ja auch heute noch der Fall ist.

In den früheren Perioden der menschlichen Geschichte, wo die
Erde noch wenig bevölkert und der Verkehr und die Vermischung
im Vergleich zu den letzten Jahrtausenden viel geringer war,
hat es sicher nicht so viele Farbennuancen gegeben, denn
die Hautfarbe ist, wie alle körperlichen durch lange Inzucht erworbenen Eigenschaften, eine stark fixirte Rasseneigenschaft, und
ändert sich nur rasch durch Vermischung, während es ohne Vermischung vieler Generationen bedarf, bis das Klima allein eine
auffallende Veränderung in der Farbe hervorbringt.

Völkern, welche durch geographische Verhältnisse vor Vermischung mit anders gefärbten Rassen

verschont blieben, wird die Züchtung einer bestimmten Farbennuance verhältnismässig rascher, intensiver und einheitlicher gelungen sein. So waren die Amerikaner bei der Entdeckung sehr einheitlich gefärbt, ebenso die Australier.

Man kann nun über die Einwirkung des Klimas auf die Haut verschiedener Meinung sein, dass aber die Züchtung einer so extremen Hautfarbe, wie es der weisse und schwarze Typus der Menschheit ist, nur durch Inzucht, d. h. nur dann möglich war, wenn die Rasse vor Vermischungen mit dunkler oder heller gefärbten Menschenrassen frei blieb, darüber dürfte kein Zweifel sein, weil dafür die Beobachtungen am Menschen sowohl als auch im ganzen Thier- und Pflanzenreiche, speciell bei den domesticirten Rassen, zu überzeugend sprechen.

Der Sitz der extrem weissen Rasse war seit den historischen Zeiten von jeher Europa. Die in Europa gefundenen Reste des prähistorischen Menschen der interglacialen Periode und der letzten Eiszeit sprechen, wie Tappeiner*) hervorhebt, wenigstens dafür, dass der Typus des europäischen prähistorischen Menschen, was seine Schädelbildung anlangt, von der heutigen Bevölkerung nicht wesentlich verschieden war. Ebenso wie wir nicht die geringste Ursache haben anzunehmen, dass die schwarze Rasse als s o l c h e erst nach Afrika eingewandert ist, und es sehr wahrscheinlich ist, dass sich dieselbe diesen extremen Farbentypus im äquatorialen Afrika unter dem Doppeleinfluss des Klimas und des natürlichen Schutzes vor Vermischungen im Verlaufe von ungezählten Generationen gezüchtet hat, ganz dasselbe gilt auch vom anderen Extrem, von der weissen Rasse. Auch bei der Züchtung dieses Extrems der menschlichen Hautfärbung müssen wir Klima und Inzucht als die wichtigsten Factoren anerkennen.

Dass die Polhöhe doch die Farbe des Menschengeschlechtes beeinflusst, ist, wie auch Peschel hervorhebt,**) trotz aller gegentheiligen Behauptungen nicht abzuleugnen. Die tiefste Schwärze treffen wir nur in der Nähe des Aequators, und im Durchschnitt ist die Menschheit in der äquatorialen Zone doch stets dunkler gefärbt als in den mittleren Zonen.

---

*) Dr. Tappeiner: „Der europäische Mensch und die Tiroler", Meran, 1896.
**) Peschel l. c. S. 92.

Die Ursache, warum an der Wirkung des Klimas gezweifelt wurde, sind zwei Beobachtungen, dass nämlich gegen den Pol zu wieder dunkler gefärbte Völker zu finden sind, und dass Amerika, welches sich durch alle drei Klimate erstreckt, bei seiner Entdeckung eine ziemlich einheitlich gefärbte Rasse aufzuweisen hatte. Doch lassen sich beide Thatsachen ganz gut erklären, ohne dass man deshalb an der Wirkung des Klimas zu zweifeln braucht. Die Thatsache der dunkleren Färbung der Völkerstämme, die innerhalb der Polarzone wohnen, findet in dem allgemein giltigen Gesetze, dass Extreme in ihrer Wirksamkeit sich berühren, ihre Erklärung. Hohe Hitze und hohe Kälte hat auf die menschliche Haut eine sehr ähnliche Wirkung, beide wirken als starke Reize: in kurzer Anwendung contrahirend, in längerer und stärkerer Anwendung lähmend auf die Hautgefässe. Darum sehen sich auch die pathologischen Erscheinungen der Erfrierung und Verbrennung in ihren verschiedenen Graden so sehr ähnlich. Wir machen aber als Aerzte die Beobachtung, dass alle Reize, die einen dauernden stärkeren Congestivzustand zur Haut bedingen, eine dunklere Pigmentirung dieser Hautpartien hervorrufen. Wir müssen also hohe Hitze und Kälte als starke Hautreize bezeichnen, die beide im Verlaufe vieler Generationen eine dunkelnde Wirkung auf die Haut des Menschen hervorzubringen im Stande sind.

Zu dieser dunkelnden Wirkung des extremen Klimas muss aber, soll es einer Rasse gelingen, einen extremen Typus, z. B. die schwarze Farbe, zu züchten, die Isolirung kommen, d. h. eine solche Rasse muss geographisch vor Vermischung mit helleren Rassen geschützt sein. Dies war in Afrika der Fall. Afrika liegt mit seiner Hauptmasse in der äquatorialen Zone. Die Länder, welche den dunkelsten Negertypus aufzuweisen haben, sind von den nördlichen in gemässigterem Klima liegenden Ländern grösstentheils durch die Sahara entweder als Meer oder als Wüste getrennt gewesen.*) Es war also der hier eingewanderten

---

*) Dass die Wüste Sahara fast ein trennenderes Medium ist, als ein Meer, dafür können wir die Thatsache anführen, dass, während die Floren des nördlichen Afrikas und der Mittelmeerländer Südeuropas aufs innigste übereinstimmen, jenseits der Sahara eine neue, der nordafrikanischen entfremdete Pflanzenwelt auftritt. Peschel, Völkerkunde 505. Die schwarze Rasse war also als Ganzes sehr gut vor Vermischung geschützt. Für ein einzelnes Volk bot aber ganz Afrika ausser im Nilthal nirgends eine schützende Stelle.

Rasse möglich, den extrem dunklen Farbentypus im Verlaufe ungezählter Generationen und geschützt vor Vermischung mit heller gefärbten Rassen zu züchten. Dasselbe war in Australien und den grossen Inseln der Südsee der Fall.

Auf der andern Seite werden wir uns nun nicht mehr wundern, wenn wir im hohen Norden bei den Eskimos, den Tungusen, Samojeden, ferner bei den Feuerländern durch die Einwirkung hoher Kältegrade eine dunklere Färbung der Haut vorfinden und bei denjenigen Polarvölkern, die vor Vermischung am meisten und am längsten geschützt waren, den dunkelsten.*) Die Lappen sind von den Polarvölkern die hellsten, theils weil der Golfstrom noch die Kältewirkung an der Nordküste Europas mildert, theils wegen der Vermischung mit den hellen Nachbarn, den Finnen und Schweden.

Aus dem Gesagten ergibt sich von selbst, dass der Mensch eine helle Hautfarbe nur dort zu züchten in der Lage war, wo kein extremes Klima einen permanenten Reizzustand der Haut und in Folge dessen Vermehrung der Pigmentablagerung, also Dunkelung, hervorzurufen im Stande war. Das konnte nur in einem milden, mittleren Klima der Fall sein. Aber auch hier genügte das reizlose Klima allein nicht zur Züchtung der weissen Farbe; die Rasse, die diese Farbe züchtete, musste auch von der Natur vor Vermischungen mit dunkler gefärbten Rassen geschützt sein.

Diese beiden Bedingungen finden sich nur in Europa vereint. Europa liegt fast ganz in der gemässigten Zone. Die kleine Spitze nach Norden, die im Polarkreise liegt und von Lappen bewohnt ist, kommt nicht in Betracht. Vor der Berührung mit dunkler gefärbten Rassen war die europäische Rasse zweifellos besser geschützt als irgend eine andere Rasse, die ein mittleres Klima in Asien oder Amerika bewohnte.

Europa spielt in unserer Frage im Vergleich zum grossen Continent Asien eine ähnliche Rolle, wie die Balkanhalbinsel zu Europa. Ganz wie die letztere erscheint Europa als eine

---

*) Die in Ranke's Arbeit über den Menschen abgebildeten Eskimos, die aus dem höchsten Norden kamen, waren so dunkel, wie die Nubier. Ranke II. Bd., S. 308.

Halbinsel, von drei Seiten von Meeren umgeben und an der Einbruchstelle durch Gebirge (Kaukasus, Ural einerseits, Balkan
anderseits) oder grosse Flüsse (Wolga — Donau), die in jenen Zeiten
als Schutzwehr eine viel grössere Rolle spielten als später, geschützt. Beide haben sich daher als ausgezeichnete Inzuchtherde
für die Züchtung hervorragender Charaktere erwiesen.

Beide Halbinseln haben aber auch die wichtige Aehnlichkeit
in Bezug auf die mannigfaltige Gliederung ihrer Küsten und Gebirgs-
züge gemein, wodurch hier wie dort zahlreiche kleine geschützte
Inzuchtherde entstehen konnten, und wodurch jener für den Fortschritt so wichtige Wechsel von Inzucht und Vermischung von
rassenähnlichen Völkerstämmen bedingt wurde. Diese Möglichkeit ungestörter Inzucht in einem günstigen Klima
und der Schutz vor Vermischung mit verschiedenem
Blute haben darum auf beiden Halbinseln das gleiche
Resultat gezeitigt, und Europa spielt heute gegenüber den
übrigen Continenten in geistiger Beziehung dieselbe Rolle, wie
seinerzeit das kleine Griechenland Europa gegenüber.

Den sichersten, natürlichen Schutz vor Vermischung erhielt
aber der europäische Mensch in der Eiszeit.

Wir wissen heute mit Bestimmtheit, dass der Mensch schon
in der letzten interglacialen und der letzten Eisperiode Europa
bewohnte. Wenn wir nun die Karte der Vergletscherung Europas*)
betrachten, so sehen wir, dass die einzigen Zugänge von Asien
her durch die Vergletscherung des Kaukasus und des Uralgebir-
ges fast ganz abgeschlossen waren. Die drei südlichen Halbinseln
waren durch die Vergletscherung der Pyrenäen, der grossen Alpen
und des Balkans ebenfalls zu fast unzugänglichen Inzuchtherden
umgewandelt.

Dabei hatte aber, wie die mit dem Menschen der Eiszeit
zusammenlebende Fauna beweist, Europa in seiner südlichen
Hälfte kein polares Klima, sondern ein sehr feuchtes Inselklima,
wie es etwa heute Neuseeland hat (Hamy), so dass die klimatischen Bedingungen zur Züchtung der weissen Farbe auch während
der Eiszeit vorhanden waren.

Hier wie dort versah später in den historischen Zeiten neben
dieser natürlichen Schutzwehr ein an Zahl starkes Volk ähnlicher

---

*) Ranke: „Der Mensch", II. Bd., S. 366 und 348.

Rasse den Grenzdienst und bildete so einen starken menschlichen Schutzwall, an dem sich, nachdem die natürlichen Schutzwehren durchbrochen waren, manche Völkerwelle brach. *)

Dass dieser natürliche und Völker-Schutzwall gut functionirte, dafür ist der beste Beweis, dass mit S i c h e r h e i t von den Anthropologen eine Vermischung der europäischen Rasse mit asiatischen Völkern aus der prähistorischen Zeit nicht nachgewiesen werden kann, und dass auch in den historischen Zeiten eine solche Invasion mit ausgiebiger Blutmischung nicht stattgefunden hat. Die Invasionen der Hunnen, Mongolen, Türken waren in Bezug auf die Blutmischung der europäischen Rasse ohne Bedeutung. Wie sehr auch Griechenland in jenen rauhen Zeiten durch seinen Schutz im Norden geborgen war, beweist die ruhige Entwickelung der griechischen Cultur durch viele Jahrhunderte.

Die wichtigste Rolle in dieser natürlichen Schutzwehr gegen die Vermischung der weissen Rasse mit dunkler gefärbten Völkern spielte aber das langgestreckte Mittelmeerbecken, welches die europäische Rasse, solange die Menschen die Befahrung des Meeres nicht verstanden, gerade an der wichtigsten Stelle, also nach Süden der ganzen Länge nach, vor Vermischung schützte. **)

Wir sehen also, dass die Züchtung des hellen Extrems der menschlichen Hautfarbe ebenso wie des dunklen Extrems wohl unter dem Einflusse des Klimas stand, aber nur gelingen konnte, wenn eine durch eine lange Reihe von Generationen dauernde Inzuchtperiode möglich war; dies konnte nur dort der Fall sein, wo eine Rasse durch natürliche Schutzwehren vor Vermischung mit anders gefärbten Rassen geschützt war. Für das dunkle Extrem war dieser

---

*) Durch den strengen Grenzdienst und die damit verbundene Vermischung blieben die M a c e d o n i e r im Vergleich zu den übrigen griechischen Stämmen wohl in der Cultur am meisten zurück, aber auch am längsten körperlich und geistig gesund und überrannten schliesslich den „faulen" Süden.

**) Eine sorgsame Vergleichung des in den verschiedenen Sammlungen niedergelegten Materials berechtigt jetzt unbedenklich zu der Behauptung, dass der afrikanische oder sudanesische Typus durch keinen einzigen fossilen Schädel in Europa vertreten ist. Q u a t r e f a g e s l. c. II. Bd., S. 10.

Die nach der Annahme Virchow's stattgehabte Einwanderung der Iberischen Rasse nach Spanien über Gibraltar und die punische und arabische Invasion, die alle nur für Spanien und Sicilien von Bedeutung waren, sind die einzigen Vermischungen von dieser Seite.

Schutz in Central-Afrika und Australien geboten, für das helle Extrem bot Europa den nöthigen Schutz. Darum sehen wir überall dort, wo dieser Schutz nicht vorhanden ist und Vermischungen nach allen Seiten hin stattfinden konnten, wohl hellere und dunklere Nuancen, meist eine schmutzige Mischfarbe, nirgends aber eine ausgesprochene Züchtung einer extremen Farbe. Darum konnte in Asien*) und Amerika, obwohl beide äquatoriales und mittleres Klima haben, weder das dunkle noch das helle Extrem gezüchtet werden, weil die andere Bedingung, der natürliche Schutz vor Vermischung, nicht vorhanden war.

Ein ähnlicher, wenn auch nicht so auffallender Rassencharakter ist die Haarfarbe. Lassen wir gelten, dass das Klima unter dem Einflusse der Inzucht einen Einfluss auf die Haut hat, so müssen wir diesen auch für die Haare, die ja nur ein physiologisches Product der Haut sind, gelten lassen. Auch bei den Haarfarben konnten extreme Farben nur unter dem Einflusse eines natürlichen Schutzes vor Vermischung gezüchtet werden. Auch hier wird also die Inzucht die wichtigere Rolle spielen und werden die Vermischungen ähnliche zahlreiche Varietäten hervorbringen, wie wir dies ja auch bei unseren Hausthieren beobachten können. **)

---

*) Asien hat nur ein für die Inzucht besonders geschütztes Land, das ist die arabische Halbinsel und diese Halbinsel hat auch eine Rasse mit auffallenden Charakteren gezüchtet: die semitische. Arabien hat aber kein rein äquatoriales und auch kein rein mittleres Klima.

**) Die verschiedenen Haarfarben der Pferde sind nach Göhlert ein Product der Züchtung. Von gleichfarbigen Pferden stammen zumeist $^4/_5$ Fohlen mit der Haarfarbe der Eltern, hingegen von ungleichfarbigen Paaren Fohlen, von welchen beiläufig die Hälfte (zwischen $^2/_5$ und $^3/_5$) die eine oder die andere Haarfarbe der Elternthiere zeigen. Besonders wichtig erscheint es, dass die weisse und braune Haarfarbe sich leichter und sicherer vererben als die anderen Farben, am unsichersten erfolgt die Vererbung der schwarzen Farbe. Die Fohlen schlagen etwas mehr ($^1/_5$) der Haarfarbe des Mutterthieres als jener des Vaterthieres nach, was sich am schlagendsten für die schwarze Farbe nachweisen lässt. Die weisse Haarfarbe besitzt den Vorzug bezüglich der Vererbung vor der braunen und rothen, welche wiederum der schwarzen vorgehen. Ueberhaupt scheint die weisse Farbe als von jeher bei dem Menschen als das höchste Maass der Zucht gehalten worden zu sein. So gilt der arabische Schimmel als eines der edelsten Pferde und schon im Alterthum hatten die weissen Pferde den Vorzug vor anders gefärbten Pferden und wurden für heilig gehalten, wie gegenwärtig noch der weisse Elephant in Hinterindien verehrt wird. Auch bei den Schweinen, Ziegen und Schafen bezeichnet die weisse Farbe die höchste Zuchtstufe.

Wie wichtig die Forschungen in Bezug auf die Haarfarbe für die hier in Frage stehende Arbeit über Inzucht und Vermischung werden können, beweist die schöne Arbeit Virchow's über die Verbreitung der Haarfarben Mitteleuropas.*) Diese Arbeit bestätigt z. B., dass bei dem strengsten Inzuchtvolk, den Juden, in Bezug auf ihre Haarfarben die geringste Zahl der Mischformen angetroffen wird.**)

Dasselbe, wie für die Hautfarbe, gilt auch für die Grösse des Körpers und die Schädelbildung. Auch hier werden wir annehmen müssen, dass der Mensch von einem Urtypus, in welchem die zwei Richtungen schon in der männlichen und weiblichen Form vorgebildet waren, ausgehend Varietäten nach den zwei extremen Richtungen gezüchtet hat — Riesen und Zwerge — Dolichocephale und Brachicephale. Wenn auch Klima und die dadurch beeinflusste Ernährung ebenso wie bei der Hautfarbe einen Einfluss auf die Entwicklung des Knochengerüstes haben muss, so ist derselbe, wie die Forschungen durchwegs ergeben, im Vergleich zu den inneren Factoren, der Vererbung und den pathologischen Ursachen von untergeordneter Bedeutung. Doch befindet sich die Kraniologie, wie überhaupt die anthropologische Forschung, noch in den ersten Anfängen und stossen wir in Bezug auf die Erklärung der gefundenen Resultate auf fast unüberwindliche Schwierigkeiten, da die Vermischung des Menschengeschlechtes heutzutage schon eine ganz ausserordentliche ist.

Den heute bei Culturvölkern vorkommenden Riesen- und Zwergwuchs***) müssen wir entweder als Atavismus oder als ein pathologisches Product ansehen.

---

*) Siehe darüber die Karte in Ranke: „Der Mensch". S. 260.

**) Siehe auch Zusatz IV, was dort über die Haarfarbe der Grödner bemerkt ist.

***) Die sogenannten Kümmerformen entstehen theils durch Degeneration in Folge von erblichen Krankheiten in einem Inzuchtvolke oder durch mangelhafte Ernährung in Folge geographischer Verhältnisse, wenn diese mangelhafte Ernährung bei harter Arbeit und ungünstigem Klima keine vorübergehende, sondern eine sich auf Generationen erstreckende ist und die Folgen einer solchen Lebensweise durch Inzucht verstärkt werden. Als Beispiele der ersteren Ursachen müssen wir die Zwergformen, wie sie nicht selten bei den Culturvölkern sporadisch erscheinen, die extrem schwächlichen Formen und Missbildungen, wie sie bei den nicht arbeitenden Inzuchtkasten und Ständen aller hohen Culturvölker und besonders bei den orthodoxen Juden zur Erscheinung kommen, aussprechen. Beispiele für

Heute finden wir das gesunde Extrem der menschlichen Grösse (2·072 *M*) auf der unwirthlichen Südspitze Südamerikas und auf den Inseln Polynesien; beides in Bezug auf die Vermischung von der Natur geschützte Stellen.

Hat es in der Vorzeit, wie die Sagen der alten Völker wahrscheinlich machen, wirklich einmal einen Stamm gegeben, der durch Zuchtwahl eine Riesengrösse gezüchtet hat, so beweist das Aussterben dieser Riesen, dass ihnen die Riesengrösse im harten Kampfe ums Dasein eher zum Schaden als zum Nutzen gereichte, wie wir dies ja auch bei den Riesenarten der einzelnen Thierfamilien beobachten können.

Das andere gezüchtete Extrem, die Zwerge, sind in Bezug auf den Kampf ums Dasein etwas günstiger daran, da sie von der vorherrschenden, mittleren Grösse eher verachtet als bekämpft werden. Sie haben sich bis heute nur durch Inzucht unter geschützten Verhältnissen erhalten, wie die Akka und Abongo beweisen, die in den undurchdringlichen Wäldern Afrikas wohnen. Ihr Aussterben ist nur eine Frage der Zeit.

Dasselbe Gesetz gilt auch bei der Schädelbildung, und da Alles in der Natur in Correlation stehen muss, so weit nicht pathologische Momente in Frage kommen, so muss auch das Gehirn und die von demselben abhängigen, geistigen Eigenschaften den gleichen Entwicklungsgesetzen unterworfen gewesen sein.

Der Längen- und Breitenindex schwankt nach R a n k e heute zwischen 62 (Neukaledonier) und 97 (Tiroler), wobei die die Mittelwerthe repräsentirende Diagonale bei 79—80 liegt, ein Index, den nach den Forschungen W e l k e r's von 1026 Millionen Menschen mindestens 544 Millionen besitzen. Eine kleine Inselgruppe der Südsee und ein Alpenland liefern also die beiden extremen Züchtungen des heutigen Längen- und Breitenindex, beides Gegenden, wo von jeher vorwiegend Inzucht geherrscht hat. Es wäre aber weit gefehlt, anzunehmen, dass z. B. ein heutiger Neukaledonier mit seinem Längen- und Breitenindex von 62·6 einen stehen gebliebenen Repräsentanten unserer Vorfahren darstellt, und dass seine Schädelbildung und Intelligenz mit eben diesem Vorfahren zu ver-

---

die letzteren Ursachen sind: Die Lappen, Buschmänner und die Irländer in einzelnen Hungerdistricten Irlands, bei welch letzteren aber auch erbliche Krankheiten, besonders Tuberculose, mitspielen. (Anonymus im Magazin der Dubliner Universität.)

gleichen wäre. Denn in der Natur bleibt nichts stehen, wenn wir grosse Zeiträume berücksichtigen und das Menschengeschlecht von einem einheitlichen Standpunkt betrachten, sondern es ist Alles in einer auf- oder absteigenden Richtung im Fortschreiten begriffen. Jede Entwicklungsperiode, die wir freilich nicht nach wenigen Jahrhunderten, sondern nach vielen Jahrtausenden berechnen müssen, wird uns einen anderen mittleren Index und andere Extreme ergeben, mit einer anderen in .Correlation stehenden Intelligenz.

Für die Schätzung des wichtigsten Organes des Menschen, des Gehirns, haben wir heute nur das denkbar roheste Maass, die Schätzung des Rauminhaltes der Schädelhöhle*) und das Gewicht des Gehirns. Ein solches Maass kann wohl für die extremsten Bildungen einen Anhaltspunkt ergeben, wird uns sonst aber ebenso im Stiche lassen, als wenn wir ein Gemälde nur nach Höhe und Breite des Keilrahmens, oder den künstlerischen Werth eines Bauwerkes nach seinen Höhen-Maassen beurtheilen wollten. Müssen auch die Höhe und Breite der Leinwand, die Farben etc. eines Bildes, wenn dasselbe ein vollkommenes sein soll, mit dem künstlerischen Inhalt in einer gewissen Correlation stehen, so ist doch dieses Maassverhältnis eben nur ein nebensächliches Moment, welches nicht vernachlässigt werden darf, die Hauptsache bleibt aber die harmonische Durcharbeitung des Gemäldes, also die Correlation aller inneren Theile des Kunstwerkes untereinander.

---

*) Das von Broca ermittelte Gesetz, dass die Schädelcapacität in dem Maasse, als die Intelligenz zunimmt, ebenfalls zunimmt, kann nur im Allgemeinen Geltung haben, und gibt es wie hier zahlreiche Ausnahmen, wie die Messungen von Morton und Meigs bei den Creolennegern in Amerika beweisen. Es kommt eben hier vorwiegend auf die feinere Organisation des Gehirns an. Das ergibt schon die grobe Anatomie, da man bei wilden Volksstämmen nicht so viele und auch nicht so complicirte Gehirnwindungen findet, als bei intelligenten und civilisirten Rassen. Auch bei den Hausthieren können wir einen Unterschied constatiren, der sich körperlich als nicht mehr wäg- und messbar erweist, aber doch auffallend vorhanden ist. Das Gewicht eines Gehirns eines feinen Rassenhundes steht, was Gewicht des Gehirns und Schädelcapacität anlangt, gewiss ebenso in Correlation zum übrigen Körper, wie das Gewicht des Gehirns und die Schädelcapacität eines wilden Hundes. Und doch welch' grosser Unterschied herrscht in Bezug auf die Intelligenz des einen im Vergleich zum andern. Wir haben es eben in dem Rassenhunde mit der feineren Ausbildung der Structur des Gehirns zu thun, die nicht so sehr ein Object des Wägens und Messens, als vielmehr nur ein Object der geistigen Beobachtung sein kann.

So sehr uns also die Schädelcapacität für die Beurtheilung
der menschlichen Intelligenz im Durchschnitt als ein ungenügender
Maassstab gelten muss, als körperlicher Rassen-Charakter unterliegt dieselbe doch dem oben ausgesprochenen Gesetze, dass die extremen Formen dieses Charakters nur unter dem Schutze der Natur und
vorwiegender Inzucht gezüchtet werden können. Dies beweist
die Tabelle von Morton:*)   Mittlere Schädelcapacität:

Weisse Rasse		1422	Cubikcentimeter
Gelbe	„	. 1360	„
Rothe	„	. 1344	„
Schwarze	„	. 1278	„

In Correlation damit steht die extreme Form der Intelligenz,
repräsentirt durch das gesunde Genie des Europäers und die
niedere Intelligenz des Australnegers. Ueber die Züchtung des
Genie's habe ich bereits ausführlich gesprochen. Dass das andere
Extrem, die niedere Intelligenz, auch nur unter dem Schutze der
Natur gezüchtet werden kann, beweist das rasche Aussterben
solcher Völker, wo dieser Schutz wegfällt.

Es hat zweifellos eine Zeit gegeben, wo die Entwicklung
der körperlichen und geistigen Charaktere des Menschen unter dem
Einflusse des Klima's und dem noch stärkeren Einflusse der Inzucht
bei allen Individuen eines Stammes eine mehr gleichmässige war,
wo also auch das möglich war, was die utopischen Wünsche heutiger Socialreformer anstreben: Gleiche Rechte und Pflichten, basirt auf gleichen körperlichen und geistigen
Fähigkeiten. Wir haben im allgemeinen Theil besprochen, auf
welche Weise es unter besonders günstigen äusseren Verhältnissen
einer kleinen Zahl von Stämmen möglich wurde, die feinere Ausbildung des Gehirns in Angriff zu nehmen. Das Werkzeug, womit
der Mensch diese für ihn wichtigste Arbeit ausführte, war der
Wille.**)

---

*) Ranke l. c. II. Bd., S. 224.

**) Auch das Thier hat einen Willen, der sich aber zum grössten Theil im
Banne der strengen Naturgesetze bewegt und dessen Aeusserungen zum Unterschiede vom menschlichen Willen mit dem Namen „Instincte“ belegt wurden.
Doch das genauere Studium des Geisteslebens der Thiere hat unzweifelhaft festgestellt, dass auch das Thier, speciell die dem Menschen näher stehenden Hausthiere, über Anfänge eines freien Willens verfügen. Romanes: „Das Geistesleben
der Thiere“.

Von der Entwickelung und Ausbildung dieses geistigen Organes, von der Züchtung der grösseren oder geringeren Energie des Willens hing, wie Schoppenhauer richtig erkannt hat, die feinere oder gröbere Ausbildung der Structur des Gehirns ab.

Die Züchtung der grösseren Energie des Willens hängt theils von äusseren Verhältnissen, theils von der Möglichkeit der strengen Inzucht ab. Wie die Geschichte des menschlichen Geistes lehrt, gelingt dieselbe nur im harten Kampfe ums Dasein und kann wie bei jeder anderen, hervorragenden Eigenschaft nur durch Hochhaltung des Inzuchtprincipes erhalten und weitervererbt werden. Darum zeichnen sich alle Völker, die einen harten Kampf mit der Natur zu kämpfen haben und dabei in strenger Inzucht leben, durch eine höhere Energie des Willens aus, dagegen erschlafft oder degenerirt*) diese wichtigste aller menschlicher Eigenschaften ebenso wie andere durch Nichtgebrauch. Die Länder des kalten und mittleren Klima's und das Hochgebirge, wo der Mensch durch den härteren Kampf mit der Natur und den schärferen Concurrenzkampf mit dem Menschen gezwungen ist, die Energie des Willens besser zu züchten, sind daher stets die Quelle willenskräftiger, energischer Völker („vagina gentium") gewesen. Diese Völker werden dann im natürlichen Kampfe ums Dasein mit der Zeit Herren über die willensschwächeren Völker der fruchtbaren Gegenden der wärmeren Klimate, verwenden dort anfangs die im Norden gezüchtete und durch die Inzucht fixirte Willensenergie zur Ausbildung einer feineren Cultur, unterliegen aber im Vorlaufe der Generationen durch die Erschlaffung und Degeneration dem gleichen Schicksale.

Auch hier berühren sich die Extreme in ihren Wirkungen. Die extreme Kälte, wie sie in den äussersten Polargegenden herrscht, scheint wie die extreme Hitze am Aequator ebenso einen lähmenden Einfluss auf die Entwickelung der Energie des menschlichen Willens auszuüben. Die ganze Energie des Willens in solchen Gegenden beschränkt sich gewöhnlich darauf, das Leben herzuhalten und sich vor den grössten Unbilden des Klimas zu schützen. Auch der schwächere Concurrenzkampf des Menschen bei

---

*) Die erblichen geistigen Erkrankungen setzen gerade in der Willenssphäre am auffallendsten ein und die Schwierigkeit und Unmöglichkeit, einen Entschluss zu fassen, ist eines der auffallendsten und ersten Symptome geistiger Erkrankung, wie andererseits unbegründete und unüberlegte, impulsive Entschlüsse das andere pathologische Extrem darstellen.

dünnerer Bevölkerung oder Ueberfluss an Nahrung wirkt lähmend auf die Energie.

Die Züchtung einer energischen Willenskraft ist also die wichtigste Vorbedingung für die Erklimmung einer höhern Stufe der Cultur und das Werkzeug, womit der Mensch die feinere Ausbildung der intellectuellen Kräfte des Gehirns in Angriff nehmen kann.

Dass dies nur wie bei jeder besondern Züchtung eines körperlichen oder geistigen Charakters durch Hochhaltung des Inzuchtprincipes möglich ist, dürfte von niemand, der die heutigen Resultate der Naturforschung anerkennt, bezweifelt werden.

Da sich diese Arbeit vorwiegend mit der Wirkung der Inzucht bei den genialen Völkern beschäftigt, so ist es nothwendig, noch über die extreme Züchtung einer geistigen Fähigkeit zu sprechen, die für geniale Beanlagung von hervorragender Bedeutung ist, das ist die Phantasie. Energie des Willens (Fleiss) und Phantasie, das sind die zwei Pferde, mit denen das Genie fährt. Wir wissen heute nach den geistreichen Auseinandersetzungen Humboldt's*) und Bukle's**), dass der Naturcharakter eines Landes einen grossen Einfluss auf die Einbildungskraft eines Volkes ausübt. Wir wissen aber auch, dass besonders Bukle diesem Einfluss einen zu grossen Spielraum zugeschrieben hat. Gewiss bestimmen äussere Verhältnisse die Farbe und Richtung der Phantasie eines Volkes, ebenso wie die Umgebung, in der ein Künstler aufwächst und schafft, die Kunstrichtung einigermaassen beeinflussen wird. Doch auch bei der Phantasie, wie bei jeder geistigen Fähigkeit, ist das Wichtigste neben der angeborenen Beanlagung die Uebung dieses Organes und die Erhaltung der durch die Uebung gesteigerten Fähigkeit durch strenge Inzucht.

Derselbe griechische Himmel hat sich über die grossen Künstler des Perikleischen Zeitalters und über die Bewohner Griechenlands nach Christi Geburt gewölbt, und welch ein Contrast in Bezug auf die künstlerische Bethätigung der Phantasie! Nur in dem stolzen Inzuchtvolke der Griechen mit ihren zahlreichen

---

*) Ansichten der Natur. Bd. II., S. 18.
**) Geschichte der Civilisation Englands.

kleinen Inzuchtherden, wie sie in den Zwergstaaten und griechischen
Colonien gegeben waren, konnte diese zarte Knospe „Phantasie" zu einer
so herrlichen Blume sich entwickeln, wie sie uns die griechischen
Künstler jeder Richtung darbieten. Nur dort gab es ungestört vor
Vermischung eine Reihe künstlerisch beanlagter Familien, wo durch
viele Generationen die künstlerischen Ganglien in steter Uebung
erhalten und vor Vermischung mit unkünstlerischem Blute geschützt
waren. Als die üblen Folgen der Inzucht sich endlich auch hier
einstellten, als dieser Schutz wegfiel, und fortwährende Vermischung
mit fremdem barbarischem Blute eintrat, verschwanden auch die
gezüchteten Kunstganglien, welche allein für die Schönheit
der umgebenden Natur empfänglich waren. Dass für
die Züchtung der Phantasie die Inzucht und Uebung wichtigere
Factoren sind, als ein schöner Himmel und ein glückliches Klima,
beweist z. B. die poetische Ader, die in den Bewohnern der Insel
Island*) vorhanden ist.

Auf eine künstlerische Richtung hat die Umgebung die unzweifelhaft grösste Einwirkung, nämlich auf die Religion. Nirgends
hat die Phantasie ein unbegrenzteres Feld, als auf dem religiösen
Gebiete, und die Wirkung z. B. der Wüste auf die religiösen
Phantasien ist uns aus zahlreichen Daten der Geschichte der
Religionsstifter der vorzüglichsten Religionsvölker — der Juden
und Araber — beglaubigt.

Zweifellos kann die Wüste die Wirkungen auf die Phantasie
ihrer Bewohner ausüben, welche ihr Sprenger**) und Peschel
zugeschrieben haben. Die Phantasie muss aber schon durch viele
Generationen in einer bestimmten Richtung hin geübt und diese
durch die Uebung erlangte Fähigkeit durch die Vererbung und
Inzucht erhalten und verstärkt worden sein, damit die Wüste und
der Aufenthalt in derselben derartige Wirkungen auf das Nervensystem hervorzubringen im Stande ist, wie die erwähnten Autoren
annehmen. Nun sind sowohl die Juden als die Araber sehr strenge
Inzuchtvölker, und ihre Phantasie ist eine von jeher sehr rege

---

*) Die Isländer sind in Folge der Lage der Insel ein sehr strenges Inzucht-
volk seit dem Jahre 874 n. Chr., wo die Einwanderung erfolgte. Ich werde auf
dieses für uns interessante Volk im nächsten Bande zu sprechen kommen.

**) Sprenger: Das Leben Mahomeds, Bd. I., S. 216. Peschel: Völker-
kunde, S. 329.

gewesen. Diese Anlage ist aber erst durch die ungestörte Inzucht
und fortwährende Uebung durch viele Generationen zu der Höhe
gesteigert worden, wo dann die Erscheinung eines genialen Reli-
gionsstifters, wie Mahomed, eine ebenso natürliche Consequenz
war, wie die Erscheinung eines Phidias unter einem so kunst-
sinnigen Volke wie die Griechen, oder die Erscheinung eines
genialen Feldherrn und Politikers wie Julius Cäsar in einer
Aristokratie, die schon seit vielen Jahrhunderten die Züchtung
von Feldherren und Politikern als ihr oberstes Ziel anstrebte.

III.

Ueber die Züchtung biostatischer Vortheile.

Es gibt eigenthümliche Charaktere, welche sich die Rassen,
im harten Kampfe ums Dasein mit den Naturmächten gezüchtet
haben. Diese sind nicht sichtbar oder anatomisch nachweisbar,
wie andere körperliche Charaktere, sondern latent und kommen
nur unter bestimmten Verhältnissen auffallend zum Vorschein oder
dann wenn man das Verhalten verschiedener Rassen einer gleichen
Schädlichkeit gegenüber vergleicht. So ist die Negerrasse gegen
gewisse Schädlichkeiten des tropischen Klimas, z. B .das gelbe Fieber,
immun. Diese Immunität wird uns erst auffallen, wenn wir das
verschiedene Verhalten auch anderer Rassen gegen diese Schädlichkeit berücksichtigen. Niemand wird zweifeln, dass solche
biostatische Vortheile nur im langen Kampfe mit der Schädlichkeit und unter scharfer Auslese von einer Rasse erworben und
nur durch Inzucht fixirt und erhalten werden können.

Wir sehen aber auch hier, dass solche biostatische Charaktere durch Vermischung abgeschwächt, ja bei starker Vermischung wieder verloren gehen können. Doch sind diese Charaktere gewöhnlich stark fixirt und erweisen sich bei Vermischungen stets siegreich so dass z. B. eine kleine Menge Negerblut
genügt, um eine Mischrasse gegen das gelbe Fieber immun zu
machen. Umgekehrt ist die schwarze Rasse gegen die Tuberculose viel empfindlicher als die weisse. Diese bekannten Thatsachen sind für unsere Frage von besonderer Wichtigkeit, da
solche biostatische Vortheile eine Rasse vor der Verdrängung schützen

können und darum einen wichtigen Factor im Kampfe ums Dasein zu bilden im Stande sind. Diese biostatischen Vortheile, die
sich die Rassen in der prähistorischen Zeit mit noch schwacher
Bevölkerung ruhig züchten und fixiren konnten, müssen dann später im schärferen Kampfe ums Dasein ein wichtiges Kampfmittel
abgegeben haben. So ist heute die weisse Rasse mit allen ihren
Culturhilfsmitteln nicht im Stande, in manchen Gegenden die eingeborene Rasse zu verdrängen und sich zu acclimatisiren. Erst die
Mischrasse zeigt sich gegen das Klima und die eingeborene Bevölkerung siegreich.

Hier interessirt uns aber der Nachweis, dass ein strenges
Inzuchtvolk sich solche biostatische Vortheile rascher zu züchten
im Stande ist, als andere Völker und dass diese Vortheile um so
auffallender sein werden, je strenger und länger das Volk das
Inzuchtprincip hoch gehalten hat. Das können wir an dem strengen Inzuchtvolk der Juden am besten beobachten. Ich habe hervorgehoben, dass das kleine Inzuchtvolk der alten Juden sich
schon während ihres Aufenthaltes in Aegypten durch die Inzucht
eine intensivere Immunität gegen die dort herrschenden Seuchen
erworben hat, und zwar in einer Weise, dass dies die führende
Priesterkaste benützen konnte, um aus dieser natürlichen Wirkung
der Inzucht einen übernatürlichen Schutz der nationalen Gottheit
zu deduciren.

Dass die Juden die Pest in Aegypten schon kennen gelernt haben, dürfte unzweifelhaft sein, da das hohe Alter der
Pest in Aegypten erwiesen ist.*) Cicero sagt, der Ibis werde
von den Aegyptern heilig gehalten, weil er die Pest abwende
und Plinius nennt die Ueberschwemmungen geradezu als Ursachen grosser „Pestilenz". Dass sie auch die Blattern, die wahrscheinlich dazumal in Aegypten schon bekannt waren, schon frühzeitig kennen lernten, ist nach Haeser ebenfalls zu vermuthen.**)
Wie sehr sie schon zu Moses Zeiten vom Aussatz geplagt wurden,
geht aus den von ihm gegebenen Gesetzen hervor. Kurz, der
Aufenthalt in Aegypten muss eine wahre Durchseuchungsperiode
für den jüdischen Volkskörper gewesen sein, aus welcher Unglücksperiode ihr Gesetzgeber nicht nur die vielen hygieinischen Gesetze,

---

*) Siehe Haeser, Bd. III., S. 16.
**) Siehe Haeser, S. 21.

sondern das Volk auch das wichtigste Schutz-Mittel gegen die Seuchen, die strenge Inzucht, als Erfahrungsresultat in seine neue Heimat mitbrachte. Auch in Palästina, der Heerstrasse so vieler Völker, haben die Juden viel von Seuchen und noch Epidemien zu leiden gehabt. So brachten dann die Juden später nach ihrer Zerstreuung in die nördlicher gelegenen, europäischen Gegenden schon eine grosse, erworbene Widerstandskraft gegen die von Asien dort eingeschleppten Seuchen, den Aussatz und die Pest, mit sich und fixirten sich diese Widerstandskraft durch ihre ausschliessliche und auf eine verhältnismässig sehr kleine Volkszahl beschränkte Inzucht. Daher ihr auffallendes Verhalten gegen die Pest im Mittelalter.

Haeser, III. Bd., S. 153. „Die Juden litten an vielen Orten von der Seuche weniger als die übrige Bevölkerung, wie in so manchen anderen Epidemien. Ein Vorzug, den der Pöbel nur durch ein Verbrechen erklären zu können glaubte. Die Folge waren fürchterliche Verfolgungen."

Dass die Juden da und dort ihre Widerstandskraft durch Blutsvermischung oder dadurch, dass sie lange von der Krankheit nicht zu leiden hatten, verloren und dann ebenso wie die andere Bevölkerung von der Pest zu leiden hatten, beweist ein Bericht aus Avignon aus dem 14. Jahrhundert.

Haeser, III. Bd., S. 183: „In Avignon wurde vorzüglich das gemeine Volk, insbesondere die Juden und die sehr unmässigen Spanier von der Pest ergriffen. Bei den Juden, von denen der zehnte Theil starb, erschien die Krankheit als ausgebildete Bubonenpest." Dasselbe wird berichtet aus der Pest in Prag 1713 und 1770 in Polen.

Haeser III. Bd., S. 397: „Im Jahre 1693 litten die Juden nach Bamazzini stark an der Ruhr, während sie nach einem anderen Berichte vom Petechialtyphus auffallend verschont blieben.

Gegen Scharlach und Pocken erweisen sich die Juden nach Lombroso*) auch heute noch als widerstandsfähiger.

Hätten die Juden diese erworbene, durch die Inzucht fixirte Widerstandskraft gegen die bakteriellen Krankheiten nicht zur Seite gehabt, so hätten sie den fürchterlichen Seuchen des Mittelalters, speciell der Pest, in ihren schmutzigen, allen hygiei-

---

*) Lombroso l. c., S. 106.

nischen Verhältnissen Hohn sprechenden Ghettos unterliegen müssen. Und doch sagen die Berichte, dass sie nicht nur bei der Pest, sondern auch bei anderen Epidemien viel weniger litten als die übrige Bevölkerung.

Da kam aber eine Krankheit, mit der sie auch noch nie gekämpft hatten, das war die Cholera. Hier hatten sie nichts von ihren Vorfahren ererbt, und da wird uns nun berichtet, dass die Juden mehr litten als die übrige Bevölkerung oder wenigstens nicht weniger.

Cholera 1831. Haeser, III. Bd., S. 807: „Auch*) in diesen Gegenden (Polen) wurden die Juden besonders häufig und heftig befallen." Haeser bemerkt hierzu: „Wie man im Mittelalter die Juden wegen ihrer Immunität gegen die Pest verbrannt hatte, so vertrieb man sie jetzt als Träger der Cholera aus mehreren Städten."

Ferner Haeser, III. Bd., S. 810, Cholera 1831: „Weniger als Warschau litt in Polen das platte Land mit Ausnahme der auch hier sehr heftig ergriffenen jüdischen Bevölkerung."

Auch Lombroso**) bemerkt das leichte Befallenwerden der Juden, speciell der Frauen, von der Cholera.

Wir sehen also hier die jüdische Bevölkerung von der „neuen" Krankheit nicht weniger leiden als die übrige Bevölkerung. Es ist jedoch mit Sicherheit vorauszusagen, dass auch hier von den bei den Epidemien überlebenden Genesenen die erworbene Widerstandskraft durch die Inzucht rascher verbreitet und erhalten werden wird, und dass sich die Juden nach einigen Epidemien auch gegen die Cholera widerstandsfähiger erweisen werden als die übrige Bevölkerung Europas, bei welcher durch Panmixie diese erworbene Widerstandskraft immer wieder abgeschwächt wird und wo es gewiss viel längere Zeiträume braucht, bis die Bevölkerung es zu einer weit verbreiteten grösseren Widerstandskraft bringt.

Dass die kürzere oder längere Lebensdauer ein gezüchteter Charakter im ganzen Thierreiche ist, ist bekannt. Auch die Erblichkeit dieses Charakters wird nicht bestritten. Es giebt bekannter-

---

*) Haeser sagt hier „auch", also muss dies anderswo ebenfalls vorgekommen sein, worauf er hinzuweisen vergisst.

**) Lombroso l. c., S. 106.

massen langlebige und kurzlebige Familien, das letztere wohl meist durch erbliche, pathologische Processe bedingt.

Wenn unter gleichen, climatischen Verhältnissen und nicht sehr differenter Lebensweise ein Volk eine starke Abweichung in Bezug auf diesen Charakter aufweist, so müssen hier innere Ursachen thätig sein.

Ich habe in meiner Arbeit „Die Ehe Tuberculöser" nachgewiesen, dass sich die Juden eine grosse Widerstandskraft gegen die Tuberculose gezüchtet und durch die Inzucht fixirt haben. Damit in ursachlichen Zusammenhang steht die längere Lebensdauer, die wir bei den heutigen Juden beobachten. Dass die grössere Widerstandskraft gegen die Tuberculose hier massgebend ist, hat seinen Grund darin, weil die Tuberculose heute noch bei der Sterblichkeit den schärfsten Ausschlag gibt und die mittlere Lebensdauer vorwiegend von der erlangten Widerstandskraft gegen diese Krankheit abhängt.*) Je grösser die Widerstandskraft gegen die verderblichste aller Krankheiten, desto grösser wird im Durchschnitte die mittlere Lebensdauer der einzelnen Menschen, einer Familie, eines Volkes sein, und dies umsomehr, je hygieinischer und unter günstigeren äusseren Verhältnissen der Mensch, die Familie, das Volk lebt. Als Nachweis dienen folgende statistische Daten:

Oesterlen sagt: „Ist bei den Juden die Sterblichkeit überhaupt und der Betrag der Todtgeborenen kleiner als bei den Christen, so trifft dasselbe auch bei ihrer Kindersterblichkeit zu. Während z. B. in Preussen bei Christen fast ein Fünftel aller ehelich Geborenen vor Ablauf des fünften Lebensjahres starben, verloren die Juden von ihren Geborenen zusammen wenig über zwei Dreizehntel. Das Verhältniss der Todtgeburten ist in Preussen: Juden 2·50 zu 3·90 Procent Christen."

Für die mittlere Lebensdauer theilt Oesterlen folgende Daten für die Gesammtbevölkerung Frankfurts (am Main) mit.**) Die durchschnittliche Lebensdauer war bei der Gesammtbevölkerung 37 Jahre 7 Monate; bei der christlichen Bevölkerung allein 36 Jahre 11 Monate, bei der jüdischen 48 Jahre 9 Monate. Unter denen, die das zwanzigste Lebensjahr erreicht hatten, bei der

---

*) Dies ist auch darum der Fall, weil die Kindersterblichkeit hier eine so grosse Rolle spielt.

**) Medic. Statistik I. Bd., S. 147.

christlichen Bevölkerung 50 Jahre 8 Monate, bei der jüdischen 56 Jahre 7 Monate.

Man kann aus den letzten Zahlen ersehen, dass Lombroso sich irrt, wenn er die längere mittlere Lebensdauer der Juden nur auf die geringere Kindersterblichkeit bei denselben schiebt.

Nach Alexandrini (Studiu statisticu im Jassyer Kreise 1886) war das Geburtsverhältnis auf die Einwohnerzahl bei den orthodoxen Rumänen 4·72 von 100, bei den rumänischen Juden 4·47 von 100, also etwas geringer. Das Sterbeverhältniss auf die Einwohnerzahl jedoch betrug bei den orthodoxen Rumänen 3·82 und bei den Juden 2·61 Procent.

Leroy-Beaulieu*) sagt bezüglich der Fruchtbarkeit der Juden Folgendes: „Fast überall haben die Juden heute verhältnismässig weniger Kinder als die Nichtjuden. Zum Ersatze verlieren sie fast überall merklich weniger Kinder. Auf diese Weise ist das Anwachsen der israelitischen Bevölkerung, trotz geringerer Geburtszahl, rascher als jenes der christlichen Bevölkerung. Der Ueberschuss der Geburten gegen die Todesfälle ist bei den Juden grösser. Der Unterschied ist in gewissen Ländern beträchtlich, dort sogar, wo, wie in Rumänien, die jüdischen und christlichen Familien fast gleich zahlreich sind, auffallend. In den Vereinigten Staaten Amerikas soll die Ueberlegenheit der Israeliten nicht minder ins Auge springen wie in Rumänien. Die Ungleichheit zu Gunsten der Juden ist nicht in allen Ländern dieselbe, doch sie findet sich in allen vor. Die Juden haben solchergestalt ihren andersgläubigen Landsleuten gegenüber eine doppelte Ueberlegenheit: sie wachsen rascher an und mit geringeren Kosten. Sie liefern dem Mannesalter eine grössere Anzahl von Männern trotz der geringeren Fruchtbarkeit, wegen der geringeren Kindersterblichkeit. Wir sind versucht, diese Ueberlegenheit der Juden dem unter ihnen verbreiteten Wohlstande zuzuschreiben. Die Erklärung ist ungenügend, denn die armen Juden Englands, Deutschlands, Ungarns sind gegenüber den Christen auch im Vortheil." Leroy-Beaulieu glaubt nun, dass diese biostatischen Vortheile in den Sitten der Familien, in ihren rituellen Vorschriften etc. zu finden sind.

---

*) Leroy-Beaulieu l. c., S. 143.

Wir wissen, dass das nicht richtig ist, dass weder Sitten noch Gebräuche derartige grosse, biostatische Vortheile bringen können, sondern dass dies nur die Wirkung der Inzucht sein kann.

Ueber die durchschnittlich längere Lebensdauer der Juden geben die besten Anhaltspunkte die Lebensversicherungsgesellschaften. Die Juden sind die gesuchteste Kundschaft der Lebensversicherungsgesellschaften, ja diese gewähren ihnen da und dort gewisse Vortheile vor der übrigen Bevölkerung. *) Dies gilt nicht nur für die wohlhabenden Juden, sondern auch für die in dürftigen Verhältnissen lebenden. Nach dem amerikanischen Census von 1890 wären die Lebensaussichten des Kindes im Augenblicke der Geburt, was der Census Expectation of Life nennt, in den israelitischen Familien 57 Jahre, in den englischen and anderen Familien 41.

Lombroso **) hat bezüglich der biostatischen Vortheile folgende Daten zusammengestellt. Er sagt:

In Beziehung auf Mortalität (und Morbidität scheint die jüdische Bevölkerung eine eigenthümliche Stellung einzunehmen, wie sich aus der Statistik Deutschlands, Frankreichs, Ungarns und der Niederlande ergiebt. In Amsterdam beträgt die Sterblichkeit der Kinder unter fünf Jahren 8·85 pro mille bei den Juden, 11·52 pro mille bei den Christen, während die Mortalität der Männer zwischen 20 und 50 Jahren 3·06 pro mille bei den Juden, 5·98 pro mille bei den Christen beträgt.

In Frankfurt a. M. ist die Sterblichkeit der Kinder unter fünf Jahren bei Juden kaum halb so gross als bei den Christen.

Erhebliche Differenzen ergaben auch die Geburts- und Sterbeziffern der jüdischen und der nichtjüdischen Bevölkerung. So kam eine Geburt:

in Fürth	auf 29 Christen	auf 25 Juden
in Preussen	„ 25 „	„ 28 „

dagegen ein Todesfall:

in Fürth	„ 19 „	„ 34 „
in Preussen	„ 34 „	„ 40 „

Von 100 Individuen erreichen in Frankfurt a. M. das 50. Lebensjahr: unter Juden 54, unter Christen 30; das 70.: unter

<hr>

*) Siehe Leroy-Beaulieu: Israel unter den Nationen.

**) Lombroso: Der Antisemitismus und die Juden. 1894, Leipzig bei Wiegand.

Juden 27, unter Christen 13; ferner stirbt in dieser Stadt ein
Viertel der christlichen Bevölkerung im Alter von $6^1/_2$ Jahren
und darunter, dagegen ein Viertel der Juden erst bei $28^1/_4$ und
darunter, die Hälfte der christlichen Bevölkerung erreicht kein
höheres Alter als 30 Jahre, während die Hälfte der Juden ein
Alter von 53 Jahre 6 Monate erreicht. Unter 100 über 20 Jahre
alten Kaufleuten in Frankfurt werden 50 Christen eine Lebensdauer von 57 Jahren erreichen, 50 Juden eine Lebensdauer von
61 Jahren.

In Budapest beträgt die mittlere Lebensdauer der Christen
26, die der Juden 37 Jahre; die Juden im Alter von 1 bis 50
Jahre haben eine Sterblichkeit von 10, die Christen von 14 Procent. 50 Procent der Geborenen werden eine Lebensdauer von
30 Jahren unter der christlichen, von 50 Jahren unter der jüdischen Bevölkerung erreichen; 8 Procent der Juden, 2·4 Procent
der Christen erreichen die Altersstufe von 85—90 Jahren; 60—70
Jahre alt sind 9·8 Procent der Christen, 12 Procent der Juden.
In derselben Stadt liess sich feststellen, dass die Juden weniger
als die eingeborene Bevölkerung von Malaria, Lungenentzündung
und Luftröhrenentzündungen befallen werden, dagegen mehr von
Darmkatarrhen und Unterleibsbrüchen.

Legoyt[*] fand in Frankreich gleichfalls eine grössere
mittlere Lebensdauer der Juden.

In Italien bestand bis vor kurzer Zeit keine Arbeit über
die Mortalität der jüdischen Bevölkerung; erst seit einigen Jahren
hat J. Pardo in Verona eine solche für diese Stadt ausgeführt
Die Studie umfasst den Zeitraum von 1855—1864 und ist in der
folgenden Tabelle zusammengestellt.

Aus dieser Tabelle ergiebt sich ein bedeutender Ueberschuss
der Geburten (320) über die Todesfälle (272) der jüdischen Bevölkerung; dies Verhalten steht im Gegensatze zu den entsprechenden Daten für die katholische Bevölkerung der Stadt, bei der in
demselben Jahrzehnt 2155 Todesfälle und 1957 Geburten vorkamen, also ein Ueberschuss der Todesfälle bestand. Noch grösser
ist der Unterschied in der Quote der Todesfälle bei den beiden

---

[*] Legoyt, Annal. d'Hygiène publique Paris 1861, No. 4. — Mayer,
Ueber die Lebensdauer der israelitischen Bevölkerung. Tübingen 1863.

Elementen der Bevölkerung; die 52.829 Katholiken (Durchschnitt des Jahrzehnts) hatten eine Mortalität von 4, die Juden eine von 2 Procent, also eine halb so grosse.

Geburten und Todesfälle innerhalb der jüdischen Bevölkerung Veronas vom 1. Januar 1855 bis zum 31. December 1864.

	Ortsanwesende jüdischer Bevölkerung	Todesfälle				Ueberhaupt	
		Männliche Bevölkerung über 7 Jahre	Weibliche Bevölkerung über 7 Jahre	Knaben unter 7 Jahren	Mädchen unter 7 Jahren	Todesfälle	Geburten
1855	1.210	13	19	11	5	48	41
1856	1.224	7	7	5	3	22	29
1857	1.241	6	6	3	3	18	40
1858	1.259	9	4	3	2	18	29
1859	1.261	12	9	4	5	30	30
1860	1.315	7	6	6	3	22	32
1861	1.340	11	9	5	5	30	30
1862	1.346	4	13	4	5	26	29
1863	1.327	13	6	2	6	27	36
1864	1.282	11	6	8	6	31	24
Zusammen	12.805	93	85	51	43	272	320

Ueberall sehen wir also bezüglich der mittleren Lebensdauer die Juden im Vortheil. Das ist der Nutzen der Inzucht. Dieser Nutzen macht sich auch bei der Kindersterblichkeit geltend. Eine je grössere Widerstandskraft auch hier ein Volk gegen den schlimmsten Feind der Menschheit, die Tuberculose, erworben hat, desto geringer ist die Kindersterblichkeit, denn hier holt sich bei schwacher oder mangelnder Widerstandskraft diese Krankheit ihre zahlreichsten Opfer.[*)]

Ist einmal diese Widerstandskraft erreicht, dann sinkt auch die Geburtsziffer, die bei grosser Kindersterblichkeit immer gross

---

*) Auf welche Weise sich die europäische Rasse diese Widerstandskraft gegen die Tuberculose im Verlaufe mehrerer Generationen erwirbt, habe ich an der Hand eines grossen statistischen Materials in „der Ehe Tuberculoser" zu erklären versucht.

ist. Die sprichwörtliche Fruchtbarkeit der Juden ist, wie ich eben statistisch nachgewiesen habe, nicht mehr vorhanden — weil unnöthig.*) Sie ist überall unter das Mittel der sie umgebenden Völker gesunken.

Ueberall dort, wo die Tuberculose florirt, haben wir auch zahlreiche acute Lungenkrankheiten und bei allen Völkern, wo die Widerstandskraft gegen Tuberculose steigt, vermindert sich auch die Zahl der acuten Lungen- und Rippenfellkrankheiten. Auch hierin weisen die Juden eine geringere Sterblichkeit nach. Dagegen sind jene Krankheiten, welche in einem gewissen Connex mit der Tuberculose zu stehen scheinen, und zwar so, dass diese Krankheiten zunehmen, wenn die Sterblichkeit an Tuberculose abnimmt, nämlich die Herzkrankheiten, Krebs, Diabetes und vor allem die Erkrankungen des Centralnervensystems bei den Juden auffallend stärker vertreten, als bei der übrigen Bevölkerung.**)

Wenn ich auch zugebe, dass das hygieinisch vorsichtigere Leben, die Seltenheit des Alkoholmissbrauches und die besseren materiellen Verhältnisse etwas zur längeren Lebensdauer der heutigen Juden beitragen, so ist doch die Quelle dieses biostatischen Charakters in der vorwiegenden Inzucht und deren Folgen zu suchen.

Dort, wo die Juden die Inzucht etwas laxer betreiben, verlieren sie auch diese durch die Inzucht allein hervorgerufenen

---

*) Aber nicht nur wegen der geringeren Kindersterblichkeit sinkt die Geburtsenergie, sondern auch weil die scharfe Auslese der Erwachsenen durch den schweren Kampf ums Dasein seit Anfang dieses Jahrhunderts nachgelassen hat. Siehe Anhang.

**) Diese Krankheiten machen sich aber erst in dem späteren Lebensalter geltend und verlaufen langsamer als die Tuberculose, darum ist trotzdem der Vortheil für die Lebensdauer vorhanden.

Lombroso ist im Irrthum, wenn er behauptet, dass die Sterblichkeit an Tuberculose bei den Juden gleich ist, wie die der übrigen Bevölkerung. Erstens arbeitet er mit sehr kleinen Zahlen, dann hat er zum Vergleiche das italienische Volk, welches ja so wie so schon fast die geringste Tuberculosen-Sterblichkeit, also die grösste Widerstandskraft erworben hat. 5 bis 7 Procent Sterblichkeit (aller Todesfälle) sind ja bei Tuberculose eine sehr geringe Sterblichkeit; in Deutschland, welches eine mittlere Tuberculose-Sterblichkeit hat, ist, in Procenten der Gestorbenen ausgerechnet, die Mortalität 12 Procent.

biostatischen Vortheile, wie dies z. B. in Amerika schon den Redacteuren des Census Bulletins aufgefallen ist, nur ist es eine falsche Meinung, wenn man dies dann auf die Veränderung ihrer Lebensweise und das Aufgeben ihrer orthodoxen Sitten schiebt. Alle ihre Sitten können sie aufgeben, so lange sie die Inzucht nicht aufgegeben, werden sie ihrer biostatischen Vortheile nicht verlustig werden.

IV
Ueber die Inzucht im Gebirge.

Im allgemeinen Theile habe ich das Hochgebirge als einen natürlichen Schutzwall für die Inzucht bezeichnet. Ich habe dabei in erster Linie an Hochgebirgsthäler und Hochebenen gedacht, die nicht nur einem Volke einen natürlichen Schutz vor Vermischung gewähren, sondern wo auch in Folge der günstigen klimatischen Verhältnisse die Fruchtbarkeit eine grössere, und daher die Bildung einer führenden Kaste leichter möglich war. Das ist z. B. in Peru und Mexiko der Fall gewesen. Amerika hat in Bezug auf den Inzuchtschutz eine ungünstige Gliederung seiner grossen Massen. Besonders fehlt es an Halbinseln, deren Zugänge von Natur aus geschützt sind.*)

In Amerika musste daher das Inzuchtprincip ins Gebirge flüchten. In dieser Beziehung bot nun Amerika in seinem mexikanischen und peruanischen Hochgebirge einer Bevölkerung einen Schutz gegen die Vermischung, wie er sonst nirgends auf der Welt in gleicher Weise vorkommt. Ich werde auf die Culturen, welche sich unter diesem Schutze entwickeln konnten. im nächsten Bande zu sprechen kommen.

Jedes Gebirge bietet aber einer Bevölkerung einen Schutz vor Vermischung, so auch unsere Alpen.

---

*) Jukatan ist die einzige Halbinsel, die, an der schmalsten Stelle angegliedert, einigermassen Schutz bot; dazu kamen dort die merkwürdigen unterirdischen Höhlen (Cenotes). Es herrschte auch daselbst, wie die Ruinenstädte beweisen, einst eine alte Cultur.

Ueber die Zeit der Besiedelung unserer Alpen sind wir in der Lage, einen ganz bestimmten Zeitpunkt anzugeben. Dieselbe kann erst stattgefunden haben am Anfang unserer jetzigen geologischen Epoche, als die Gletscher anfingen zurückzuweichen*) und Europa wieder ein wärmeres Klima erhielt. Mit den Pflanzen und Thieren, die sich dazumal aus den Ebenen und wärmeren Thälern in die höher gelegenen Alpenthäler zurückzogen, wird auch der Mensch dorthin eingewandert sein.

Ebenso werden wir mit einiger Sicherheit annehmen können, dass die Besiedelung nicht freiwillig, sondern im harten Kampfe ums Dasein erzwungen, stattgefunden hat und dass ein im Kampfe mit anderen Völkern schwächeres Volk sich zuerst in diesen im Vergleich zu den fruchtbaren Ebenen wenig ergiebigen Thälern angesiedelt hat. Ob dieses Volk nun einer von vornherein mehr rundköpfigen Rasse angehört oder diesen Typus erst gezüchtet hat, mag dahingestellt bleiben, sicher ist nur, dass heute in den Alpengegenden Europas vorwiegend der rundköpfige Typus herrscht.

Die gleichen, klimatischen Verhältnisse, der gleiche, harte Kampf ums Dasein haben bei der Bevölkerung der Alpen gewisse körperliche und geistige Charaktere hervorgebracht, in denen sie sich alle ähnlich sind. Trotz dieser Aehnlichkeit hat aber keine Bevölkerung in Folge der localen Inzucht so viele Varietäten gezüchtet, wie die europäischen Alpenbewohner. Fast jedes Thal hat seine charakteristischen Züge und trotz oft gleicher Abstammung hat die Inzucht überall sowohl körperlich als geistig differirende Charaktere hervorgebracht und fixirt.

Die allgemeinen körperlichen Charaktere, die durch den Einfluss des Gebirges auf den Menschen hervorgebracht wurden, sind noch nicht genau studirt; zweifellos bringt die harte Arbeit, das verschiedene Klima etc. gewisse körperliche Varietäten hervor. So hat z. B. Ranke statistisch nachgewiesen, dass bei sonst gleichartiger Bevölkerung (Bayern) im Gebirge häufiger grosse Leute vorkommen, als in den den Gebirgen vorgelagerten flachen Gegenden. Dass in dem Gebirge der rundköpfige Schädel-

---

*) Dabei ist natürlich nicht ausgeschlossen, dass die Alpen bereits in der letzten interglacialen Periode bewohnt waren. Doch musste diese Bevölkerung vor der Gletscherbildung zurückweichen.

typus vorherrschend ist, habe ich bereits erwähnt. v. Baer hat
die Meinung ausgesprochen, dass möglicherweise das Leben im
Gebirge einen umändernden Einfluss auf die Schädelbildung habe.
Da der harte Kampf ums Dasein der Ausbildung der intellectuellen
Charaktere nicht günstig ist, und fortwährend eine Auslese der
talentirteren Köpfe stattfindet, indem dieselben vorwiegend in
die Städte ziehen, so kann der Culturfortschritt im Gebirge nur
ein sehr langsamer sein. Dagegen bringt die nämliche Ursache
in Verbindung mit der Inzucht sehr conservative Charaktere hervor.
Das vereinzelte Wohnen ist dem Sinne für Freiheit und der Anhänglichkeit an die mit eigenem Schweisse gedüngte Scholle günstig
und das gleichmässige Leben und die stetig harte Arbeit züchtet
arbeitsame, willenskräftige Charaktere, Eigenschaften, die durch
die vorwiegende Inzucht verstärkt und fixirt werden.

Der Bevölkerungstrom geht im Gebirge wie die Bergströme
immer den gleichen Weg von oben nach unten. Der Ueberschuss der Bevölkerung, der hier sehr bald gegen die Menge
der Unterhaltungsmittel andrängt, wird sich daher stets in die
fruchtbarere Ebene ergiessen und dort werden sich die im Gebirge
gezüchteten Charaktere im Kampfe ums Dasein siegreich erweisen.
Dies lässt sich anthropologisch nachweisen.

„Wir sehen," sagt Ranke, „dass vom Alpengebirge die extreme Kurzköpfigkeit, verbunden mit schmalem, langem Gesicht nach
Süden und Norden in den Vorländern der Alpen bei Romanen,
Germanen, Slaven, Finno-Ugriern die herrschende bleibt, die
andern Formen sich assimilirend und erdrückend; langsam aber ganz
regelmässig nimmt aber mit der Entfernung vom Gebirge die
Kraft des Alpengebirgsschädels ab und treten z. B. im nördlicheren
Deutschland die langen Schädel mit kurzem Gesichte vorherrschend
auf."*) Dieser langsame, aber sichere Sieg der Gebirgsbevölkerung
über die Bewohner der flachen Gegenden ist eben die Folge der
unter dem Einflusse des harten Kampfes ums Dasein und der
ungehemmten Wirkung der natürlichen Auslese gezüchteten,
strammen Charaktere.

---

*) Dieses siegreiche Vordringen des Gebirgsschädels in die Vorlande ent-
spricht dem stets siegreichen Vordringen nördlicher, willenskräftiger Völker in
südlicher gelegene Länder mit erschlaffter, degenerirter Bevölkerung.

Wie bereits erwähnt, geht der Bevölkerungsstrom in der Regel von oben nach unten und ist die Inzucht in den einzelnen Gebirgsthälern eine vorwiegende und ungestörte.*)

In historischen Zeiten dürfte, ausgenommen die Zeit der grossen Völkerwanderung, eine Vermischung von Bedeutung nicht stattgefunden haben. Auch die ruhig und stetig wirkende Vermischung, der das flache Land und die Städte durch die Wirkung des Handels und Wandels ausgesetzt sind, kommt bei den höher gelegenen Gebirgsthälern nicht zur Wirksamkeit. Im Gebirge findet man daher heute noch mehr ausgesprochene Charaktere, als im Flachland und in den Städten, weil dort die Vermischung der Stände, die früher der Hort der Charaktere waren, überall stark im Gange ist. Im Gebirge kann man daher auch die Wirkung der Inzucht am besten studieren.

Der conservative Charakter der Alpenbewohner drückt sich überall in ihrem socialen Verhalten aus, und die höchst gelegensten und am besten vor Vermischung geschütztesten sind auch immer die conservativsten und hängen in ihren Sitten und Gebräuchen am meisten am Hergebrachten.**) Am interessantesten spricht sich dieser conservative Charakter der Hochgebirgsthäler im Gegensatze zu dem liberalen Charakter der Bewohner der zugänglicheren tieferen Thäler und der gemischteren Bevölkerung der Städte in der Geschichte der Schweiz aus, in dem Gegensatz der Urcantone und der mehr städtischen Cantone, der von Johannes v. Müller, so anschaulich geschildert wurde. Trotzdem der starke Fremdenverkehr und der moderne Handel und Wandel in diese festen europäischen Inzuchtburgen schon stark Bresche geschossen hat, zeichnet sich doch die Bevölkerung der europäischen Alpen noch immer durch gewisse ererbte Charaktere, besonders durch den Sinn für Freiheit und Anhänglichkeit an das Vaterland vortheilhaft vor der mehr gemischten Bevölkerung der flachen

---

*) Wenn in Kriegszeiten auch einzelne Familien ins Gebirge flüchten, so sind solche geringfügige Vermischungen ganz ohne Einfluss.

**) Wenn man etwas genauer zusieht, so scheint es überhaupt mehr im Blute als in der Erziehung zu liegen, ob man „conservativ" oder „liberal" denkt. Die Neigung, am Hergebrachten zu hängen, sei diese nun Religion, Sitte oder Politik betreffend, ist stets eine Folge vorwiegender Inzucht, während eine gemischtere Bevölkerung immer beweglicher, liberaler denkt und zur Veränderung geneigt ist.

Länder aus. Das bekannte „Heimweh" ist kein Wahn, kommt aber nur bei einer Bevölkerung vor, die durch unzählige Generationen und feste Blutbande mit ihrer Heimat, ob nun Gebirg oder Ebene, verwachsen ist. Dass es beim Gebirgsbewohner häufiger vorkommt, hat nur seinen Grund darin, dass die Inzucht hier die Regel ist, während im Flachland durch die Vermischung und geringere Sesshaftigkeit diese extrem conservative Anhänglichkeit an die Scholle nicht so leicht gezüchtet werden kann.

Zum Schlusse sei hier noch eine kleine Studie über ein solches Alpen-Inzuchtvölkchen angehängt.

Die Grödner.

Das Thal „Gröden" ist ein Seitenthal des Eisackthales, früher von den Hauptverkehrsadern vollständig abgesperrt und nur auf Umwegen zugänglich.*) Steub nennt das Thal wildfremd und seltsam in seinen abentheuerlichen Berggestalten, wie in der Sprache und Art der Bewohner.**) Dieses eigenthümliche „uralte Völklein" erregte auch stets das Interesse aller wissbegierigen Reisenden.

Die Gelehrten haben sich viel gezankt, woher dieses uralte Völklein stamme, das ähnlich den Basken in Spanien, wie eine Insel auf dem Meere, welche kein Wellenschlag zu bemeistern vermochte, unter den heutigen Völkern lebt. Die einen haben es als versprengte Abkömmlinge cimbrischer Stämme ausgegeben, welche in den Ebenen von Bozen geschlagen, ihre letzten Trümmer in dieses abgelegene Thal flüchteten, andere als Abkömmlinge der Etrusker und sie wollen diese in einzelnen Sprachgebräuchen der Grödner entdeckt haben; dritte sagen, die Grödner stammen von den einstigen römischen Colonisten des Eisackthales, die vor der germanischen Völkerflut in dieses einsame, abgelegene Thal flüchteten; die vierten, und diese haben bisher Recht behalten, behaupten, man habe es hier mit einem ziemlich rein erhaltenen Ueberreste des einstigen rhätischen Volkes zu thun gleich den bündnerischen Romanen. Als Beleg hiefür dürfte nicht nur die bei aller Verschiedenheit doch wieder unverkennbare, körperliche

---

*) Erst seit einigen Jahrzehnten wurde eine Verbindungstrasse mit Waidbruck gebaut.

**) Steub: „Sommer in Tirol".

Aehnlichkeit dieser beiden Volkstypen, sondern in Ergänzung des bisherigen Beweismateriales auch eine merkwürdige Aehnlichkeit in hervorstehenden, geistigen Charaktereigenschaften dienen.*)

Für uns ist die Frage der Abstammung ganz nebensächlicher Natur, dafür aber wichtig, dass sich dieses kleine Völkchen fast unvermischt seit mehr als 2000 Jahren mitten unter anders sprechenden Volksstämmen erhalten hat und heute noch eine Sprache spricht, die kein anderer Mensch versteht. Wie ich im allgemeinen Theile auseinandersetzte, ist die Sprache, als eine mit dem Organismus in Correlation stehende Charaktereigenthümlichkeit, ein sicheres Merkmal für den Grad der Vermischung, und nur ein Volk, welches sich ziemlich unvermischt erhalten hat, ist im Stande, im Kampfe der Sprachen ums Dasein sich auch diese rein zu bewahren. Ein anderes somatisches Merkmal für den Grad der Vermischung haben wir in den Haarfarben kennen gelernt.

Auch in dieser Beziehung zeichnen sich die Grödner von den übrigen Tirolern aus. Sie haben nach Tappeiner, obwohl mitten unter deutschen Stämmen und italienischen Gemeinden wohnend, die höchste Zahl an brünetten Typus aufzuweisen, und die geringste Zahl von blonden, und darum sind auch ihre Mischformen verhältnismässig sehr gering, ja sie übertreffen in dieser Richtung sogar die Juden, das verhältnismässig reinste Inzuchtvolk.

Grödner (Tappeiner)		Juden (Virchow)
11·4	Blonde	11
47·5	Brünette	42
41	Gemischte	47

Aber auch in der körperlichen Erscheinung, besonders den Gesichtszügen, ist der Grödner für den schärferen Beobachter augenblicklich als verschieden von der übrigen Bevölkerung zu erkennen. Dies gilt besonders von den durchgearbeiteten, älteren Personen.

Die Grödner sind ein geborenes Handelsvolk und der Tiroler sagt sehr bezeichnend von der Findigkeit dieses angeborenen Handelsgeistes: „Der Grödner mag zehn Juden über". Dieses gilt aber mehr von der Diaspora der Grödner, die in aller Herren

---

*) Baumberger: „Questa la vin", Volks- und Landschaftsbilder aus Tirol St. Gallen 1895.

Länder Handel treibt. Der Grödner liebt aber seine Heimat sehr und hängt wie jedes Inzuchtvolk mit allen seinen Fasern an seinem freundlichen Heimatsthale. Er kehrt auch meist wieder heim. Fast immer heiratet er wieder eine Grödnerin*) und im Thale ist die Inzucht schon wegen der Sprache und der Schwierigkeit der Erlernung derselben heute noch eine sehr strenge, und kommt es sehr selten zu Mischehen mit der umgebenden deutschen oder italienischen Bevölkerung.

Diese gewisse „Findigkeit" hat sich der Grödner in seinem harten Kampf ums Dasein seit Jahrhunderten angeeignet, denn sein mageres Ländchen zwang den Bevölkerungs-Ueberschuss immer in die weite Welt zu wandern und da sie stets wieder zurückkehrten und dort sich fortpflanzten, so hat sich dieser Handelsgeist vererben können. Sonst sind sie in ihren Charaktereigenschaften ein vorzügliches Völkchen und ich hörte meinen Onkel, der Bezirksrichter bei ihnen war, immer die sie auszeichnenden Eigenschaften, ihre Mässigkeit, Sparsamkeit, ihren Fleiss etc. hervorheben. Auch Haller, ebenfalls Landrichter daselbst, sagt von den Grödnern: „So arbeitsam und sparsam, so duldend und zufrieden, so fromm und sittlich, so voll Zutrauen und Achtung gegen Seelsorger und Obrigkeit, so offen für Belehrung und bereit zum Gehorsam dürfte der Landmann nicht anderswo zu finden sein."

Hat früher das Völkchen an seiner Sprache aus somatischen Gründen festgehalten, so thut es dies heute darum, weil es gefunden hat, dass sie ihm im Kampfe ums Dasein einen Vortheil bringt. Der Grödner kennt von Hause aus drei Sprachen; deutsch, italienisch als Sprachen, die er nothwendig hat wegen seiner Umgebung, und grödnerisch als Umgangssprache im Hause und in der Diaspora. Nicht nur dass er stolz darauf ist, eine Sprache zu sprechen, die sonst niemand als er versteht, hat er auch gefunden, dass er in den romanischen Ländern in wenigen Wochen sich verständlich machen kann und andere verstehen lernt. Daher kommt es, dass Eltern, die aus Gröden stammen, aber längst im Auslande angesessen sind, ihre Kinder zunächst in der Grödnersprache erziehen, so dass diese sie geläufig sprechen, ohne je das Thal gesehen zu haben.

---

*) Nach Steiner galt immer die Sitte, dass ein Grödner, wo er sei, diesseits oder jenseits des Oceans, nur eine Grödnerin heiraten dürfe.

Seitdem der Verkehr durch die neue Strasse ein lebhafterer ist, nimmt, wie ich höre, auch die Vermischung zu, doch wird der Inzuchtgeist, der dieses Völklein beherrscht und der durch viele Generationen thätig war und den ausgesprochen conservativen Geist der Bevölkerung fixirt hat, noch lange der heutigen Vermischungstendenz widerstehen. Es ist auch stets ein Vortheil im Kampfe ums Dasein, wenn man Charakter hat, sei derselbe auch verschieden und nicht immer sympathisch; denn Charakter erzwingt sich stets Achtung. So hat man auch in Tirol die Grödner nicht gerade gerne, aber man achtet sie wegen ihres Charakters.

V

Ueber die grössere Wahrscheinlichkeit der Hervorbringung genialer Naturen bei Inzucht.

Schon Teognis von Megara sagt: „Aus einer Zwiebel wächst weder eine Rose noch eine Hyacinthe; und so wächst auch aus einer Sklavin kein edles Kind". Damit ist die Nothwendigkeit der Inzucht zur Züchtung hervorragender, geistiger Eigenschaften bereits 700 Jahre vor Christi Geburt klar ausgesprochen worden. Wir können also mit unserer Statistik nur das beweisen, was die denkenden Menschen von jeher aus einfachen Naturgründen annahmen.

Ammon (Gesellschaftsordnung) hat auf Grund der Galton-Tabelle die gute Wirkung der Inzucht auf die Hervorbringung geistig hervorragender Individuen mathematisch erläutert.

Die Vertheilung der geistigen Anlagen ist nach Galton in einer Million Menschen folgende:

Classe	X	1	Genie
	G	14	
	F	233	
	E	2423	Talent
	D	15696	

$$
\left.\begin{array}{ll}
\text{C} & 63563 \\
\text{B} & 161279 \\
\text{A} & 256791 \\
\text{a} & 256791 \\
\text{b} & 161279 \\
\text{c} & 63563
\end{array}\right\} \text{Mittelgut}
$$

$$
\left.\begin{array}{ll}
\text{d} & 15696 \\
\text{e} & 2423 \\
\text{f} & 233 \\
\text{g} & 14 \\
\text{x} & 1
\end{array}\right\} \text{Schwach begabt und unbrauchbar}
$$

Nehmen wir an, der Mann der Classe X (also das Genie) habe unter einer ganz ähnlich zusammengesetzten Gesellschaft weiblicher Individuen, unter denen ebenfalls 1 in Classe X auf 1 Million kommt, eine Gattin zu wählen und es hindere ihn weder Gesetz noch Sitte, irgend eine beliebige Persönlichkeit herauszugreifen, so ist die Wahrscheinlichkeit, dass der Mann von Classe X gerade die einzige zu ihm passende Frau von Classe X auswählt, nur sehr gering, nämlich $^{1}/_{1000000}$, also verschwindend klein. Nehmen wir aber an, dass die Männer der Classe X durch Gesetz und Herkommen angehalten wären, ihre Gattinnen nur aus den höheren Classen, etwa X, G und F zu wählen, so ändert sich die Sache gewaltig.

Anstatt unter einer Million hat der Mann von Classe X jetzt nur noch unter 248 Individuen die Wahl zu treffen, und die Wahrscheinlichkeit, dass er die einzige Frau der Classe X wähle, ist jetzt nicht mehr ein Millionstel sondern $^{1}/_{248}$; darnach haben sich die Aussichten, dass unter solchen Verhältnissen mehr geistig hervorragende Individuen erzeugt werden, 4000mal verbessert, als dies bei herrschender Panmixie möglich ist. Die Männer der Classen F und G, also die Talente, haben, wenn ihre Verbindungen auf die weiblichen Classen F, G und H beschränkt bleiben, die allergünstigste Aussicht, Kinder zu erzeugen, die nicht unter die Classe F sinken, während bei Panmixie mit sämmtlich vorhandenen Classen die Wahrscheinlichkeit, dass die Nachkommen einem tieferen Niveau angehören, eine sehr grosse, nämlich $^{999752}/_{1000000}$. In der Kindheit der Menschheit war aber die Zahl der über das Mittelgut hervorragenden sicher noch geringer, als dies Galton für die heutige Zeit nachgewiesen, da ja die natürliche Züchtung durch die Kastenbildung seither schon durch Jahrtausende in Thätigkeit ist. Man begreift daher, dass in jenen Zeiten nur durch die Einrichtung der Geschwister- oder allernächsten Verwandtschaftsehe die Möglichkeit geboten war, nicht wieder unter das Niveau der errungenen Höhe herabzusinken. Da es in jener Zeit auch noch keine vererbbaren Krankheiten gab, so musste eben nur der Nutzen solcher hohen Inzucht augenscheinlich sein und die Schädlichkeit solcher Ehen konnte den Menschen erst offenkundig werden, als vererbbare Krankheiten in den Geschlechtern auftraten.

VI.

Ueber das gesunde und pathologische Genie.

Es wird heutzutage das Genie von L o m b r o s o und seinen Anhängern als etwas durchwegs Pathologisches hinzustellen versucht. Sicher steht das Genie als eine extreme, geistige Züchtung der pathologischen Grenze näher als der normale Durchschnittsmensch und ebenso gewiss ist, wie ich ja selbst an der Geschichte aller führenden Kasten bewiesen habe, dass die weitere Züchtung solcher extremer Charaktere zur Degeneration, also zum Pathologischen, führen muss. Freilich ist es schwer den Punkt anzugeben, wo die extreme Züchtung beginnt pathologisch zu werden.

So wenig als wir aber jede extreme Züchtung geistiger Charaktere in der Thierwelt für pathologisch erklären können — denn dann müssten wir z. B. auch einen vorzüglichen Jagdhund für pathologisch erklären — ebenso wenig ist es begründet, jedes Genie für psychisch krank zu halten. Es gibt eben harmonisch gesunde Genie (wie z. B. Mozart, Raphael) und spricht sich diese harmonische Gesundheit auch in ihren Werken aus, wie es zweifellos auch pathologische Genie gibt, die man auch an ihren unharmonischen und krankhaften, wenn auch genialen Geistesproducten erkennt, weil eben der Mensch trotz aller Erziehung und Beherrschung seiner Willenstriebe über die eigene Natur nie ganz Herr wird. Nun haben die Griechen eine grosse Reihe genialer Künstler in jeder Richtung hervorgebracht, deren Werke wie Winkelmann überzeugend nachgewiesen, gerade wegen ihrer wunderbaren Harmonie und Maasshaltung nie mehr ihres Gleichen fanden. Ein unharmonisch fühlendes und denkendes Gehirn kann aber unmöglich solche harmonische Werke hervorbringen. Wir sehen dies ja an Künstlern, die wirklich pathologisch sind und in geistiger Umnachtung enden; deren Werke haben auch in ihren scheinbar gesunden Zeiten immer etwas Unharmonisches, Unruhiges, Extremes an sich. Ich habe früher hervorgehoben, dass es in jeder führenden Kaste bei der Züchtung hervorragender geistiger Charaktere eine Zeit gibt, wo wohl eine über das Mittelmaass gezüchtete Intelligenz regelmässig vorherrscht, wo aber Geist und Körper noch in Correlation stehen. In solchen Zeiten wandelt das Genie mehr auf conservativen Wegen. Es ist dies stets die Glanzperiode der Cultur jedes Volkes und die Zeit, wo das gesunde Genie in der Majorität ist. Erst bei immer fortschreitender Züchtung ins Extreme kommen dann die pathologischen Formen zum Vorschein, und macht sich die Disharmonie zwischen Körper und Geist einerseits und der einzelnen geistigen Fähigkeiten andererseits immer mehr bemerkbar. In solchen Zeiten nehmen dann die pathologischen Genie's an Zahl zu, ja überwiegen die gesunden; das sind dann eben so regelmässig die Zeiten, wo in Kunst und Wissenschaft eine rückschreitende Bewegung eintritt, wo aber auch das Genie die conservative Bahn oft verlässt und sich nach dem Gesetze, dass die Extreme sich berühren, an die Spitze einer Reform oder Revolution stellt.

VII.

Ueber Geschwister- und Verwandten-Ehe.

Die Frage der Schädlichkeit von Verwandtschaftsehen hat bereits sehr zahlreiche Federn in Bewegung gesetzt. Der grössere Theil der Schriftsteller und Statistiker ist der Meinung, dass die allernächste Inzucht heutzutage entschieden schädlich sei und beweist das durch das häufige Vorkommen erblicher Krankheitsanlagen in solchen Ehen. Andere wiederum, wie Burgeois, Voisin*) und Dally, bringen statistische Daten, die das Gegen-

---

*) In der Gemeinde Batz (3300 Einwohner), nördlich von der Loiremündung auf einer Halbinsel gelegen und auf die Ausbeutung natürlicher Salzpfannen an-

theil beweisen sollen. Die Wahrheit liegt, wie immer, in der Mitte. Ist eine Familie oder ein Stamm vollkommen gesund, d. h. haben sich in derselben keine erblichen Krankheiten, sei dies körperlicher oder geistiger Natur, eingenistet, so sind Heiraten in der allernächsten Blutsnähe, also selbst Geschwisterehe, nicht nur unschädlich, sondern dieselben haben eben in Bezug auf die Vererbung besonders geistiger Charaktere, wie begreiflich, gewisse Vortheile.

Mit der höhern Civilisation und deren schädlichen Folgen treten für die wohlhabenden, führenden Familien, wie wir gesehen haben, regelmässig erbliche Nachtheile, körperliche und geistige Schwächezustände und erbliche Krankheiten auf, und von diesem Zeitpunkte an müssen consanguine Ehen anfangen ihre schädliche Wirkung zu üben, da sich die schädlichen Anlagen, gerade wie die vortheilhaften, durch solche Ehen steigern.

Man kann daher sagen: In gesunden Familien*) ist die consanguine Ehe für die Züchtung gewisser Charaktere eher nützlich als schädlich.

In Familien mit pathologischer Anlage ist sie stets mehr oder weniger schädlich.**)

Zu demselben Schlusse kommt Ribot, Quatrefages und Ammon.***)

---

gewiesen, gehörten von jeher Heiraten zwischen Blutsverwandten zu den hergebrachten Dingen. So mussten im Jahre 1865 nicht weniger als 15 Kirchendispense für Heiraten zwischen Geschwisterkindern erwirkt werden. Dennoch fand Voisin, der einen ganzen Monat dort zubrachte, bei 40 Ehen unter Blutsverwandten, deren volle Stammtafeln er sammelte, nicht einen einzigen Fall der Uebel, mit denen herkömmlich solche Ehen bedroht sind. Es ist dies von jeher eine arme Gemeinde gewesen, wo die natürliche Auslese nie dauernd gestört oder gehemmt war; darum werden Schwächlinge kaum das geschlechtsreife Alter erreichen, oder wenn, dem harten Kampfe ums Dasein ausweichen und anderswohin ziehen.

*) Es halten sich freilich viele Familien für gesund, die es nicht sind. Dies kommt besonders bei Familien vor, wo geistige Krankheiten nicht gerade auffallender Natur erblich sind.

**) Ueber die Statistik der Schädlichkeit consanguiner Ehe existirt eine zahlreiche Statistik. Siehe hierüber Lacassagne. Art. Consanguinité. Ferner Darwin G: Die Ehe zwischen Geschwisterkindern. Leipz. 1876.

***) Ammon sagt: Verwandtschaft der Ehen schränkt die Zahl der in den Kindern möglichen Neucombinationen ein und birgt ausserdem die Gefahr, dass beiderseits vorhandene krankhafte Anlagen gesteigert werden. Gesellschaftsordnung S. 18.

Wir finden, je weiter wir in der historischen Zeit zurückgehen, die allernächste Inzuchtehe als etwas ganz Gewöhnliches.*) Bei Natur- und auf niederer Stufe der Cultur stehenden Völkern wird sie selbst heute noch häufig gefunden.

So bestehen nach Krascheninnikoff und Steller**) bei den Kamtschadalen, nach Cameron bei den Wanyoro und anderen Völkerschaften Geschwisterehen. Nach Arrago's Briefen pflegen sich in Goam oft Geschwister mit einander zu verheiraten, ja es wird uns sogar berichtet, dass derartige Verbindungen als die angemessensten und naturgemässesten allen anderen vorgezogen wurden. Es ist ferner bekannt, dass besonders in den königlichen Häusern von Baghirmi, Siam, Birma, Ceylon und Polynesien Geschwisterehen nicht selten sind und dass bei den persischen Königen (Kambyses) Geschwisterehen ebenso normal, wie bei den Ptolomäern waren. Auch bei den Inkas war es stehende Sitte, dass der Thronerbe die älteste Schwester zur Frau nahm.***)

Morgan****) erklärt die malaiische Gruppenehe von Brüdern, leiblichen und collateralen mit ihren Schwestern als die alterthümlichste der bisher entdeckten Verwandtschaftssysteme, welches tief in die vorhistorische Zeit zurückreicht.

Wie uns die Beobachtungen der Thierzüchter lehren, hat aber die zu nahe Inzucht bei einer kleiner Anzahl der Zuchtindividuen auch ohne Auftreten von erblichen Krankheiten im Verlaufe vieler Generationen einen schwächenden Einfluss auf die körperliche Constitution und die geschlechtliche Reproduction. Solche Beobachtungen mögen auch kleine Volksstämme bewogen haben, die zu grosse Blutnähe zu meiden, denn gerade für ganz rohe Stämme, wo die körperliche Constitution eine für den Kampf ums Dasein wichtige Rolle spielt, war dieser Grund sicher ausschlaggebend. Da sie dabei doch immer die Frauen aus körperlich und geistig nahe stehenden Stämmen nahmen, so haben wir es hier nur mit einem etwas weiter gefassten Inzuchtprincip zu thun.

---

*) Selbst die Bibel muss consequenterweise bei der Abstammung von einem Paare die Geschwisterehe in den ersten Generationen als etwas Naturgemässes annehmen.

**) Mitgetheilt von Professor Mucke l. c. S. 89.

***) Die weiteren Gründe über die Aenderung der Hordenverfassung und Aufhebung der Cousinenehe, siehe bei Mucke l. c.

****) Morgan: „Die Urgesellschaft". Siehe darüber auch Mucke l. c. S. 46.

VIII.

Ueber die Ausrottung der Besten.

Lapouge erklärt das Altern und Zugrundegehen der Völker mit dem Verbrauche der Charaktere (Langköpfe) und auch Otto Seeck*) widmet diesem Gegenstande ein ganzes Capitel, doch überschreibt er es: Die Ausrottung der Besten. Wie ich früher gezeigt habe, ist es nicht so sehr der Verbrauch als vielmehr die Degeneration der nationalen Charaktere, die den stattlichen Untergang eines Volkes bedingt. Dass die Ausrottung der „Besten" nicht den Erfolg hat, den Lapouge und Otto Seeck derselben zuschreibt, will ich hier versuchen nachzuweisen.

Wir haben im allgemeinen Theil gesehen, dass jede führende Kaste eines Volkes die Tendenz hat, die vom Volke mit Vorliebe gezüchteten Charaktere ins Extreme auszubilden. Solange sie dies in Wirklichkeit thun, sind sie die Optimaten, die Edlen, die Aristokraten im echten Sinne des Wortes, aber nur für das betreffende Volk, denn nicht jedes Volk züchtet mit Vorliebe die gleichen Charaktere. Was z. B. dem Carthager als seine Optimaten galten — findige, schlaue Kautherren, die es verstanden, in kurzer Zeit grosse Reichthümer aus dem Handel zu ziehen, war bei den Römern verachtet und durfte bekanntermaassen der Senator persönlich keine Geschäfte machen. Solange nun die Aristokraten eines Volkes, also die führende Kaste, wirklich die geistige und körperliche Blüthe eines Volkes darstellten, sind sie im Volke stets hoch geachtet gewesen, wurden von demselben geschützt und unterlagen nur der kriegerischen Auslese, dieser freilich oft im höheren Grade im Vergleich zu ihrer geringeren Zahl.

Diese Ausrottung der Besten durch Kriege hat aber nicht unter allen Verhältnissen die ihr von Lapouge und Seeck zugeschriebenen üblen Folgen.

Solange der Bauernstand und der Mittelstand gesund und der Zugang zu der führenden Kaste nicht verlegt ist, solange schadet selbst eine starke Ausrottung der Besten nicht, weil der gesunde Volkskörper immer wieder im Stande ist die Lücken zu ersetzen.

---

*) Otto Seeck: Der Untergang der antiken Welt.

So wie die Menschenverluste starker Epidemien und der
Kriege von einem gesunden Volkskörper rasch ersetzt werden,
ebenso ist es einem gesunden Bauern- und Mittelstand stets leicht
möglich, die in dem betreffenden Volke beliebten Charaktere in
höherem Grade zu züchten. Das Material hiezu liegt in einem
wohlorganisirten Staate stets im Mittelstande bereit und je mehr
sich die führende Kaste abschloss, desto mehr häuft sich der Vor-
rath an und desto leichter ist der Ersatz der kriegerischen Auslese
der führenden Kaste. Wir haben aus der Geschichte Beispiele
genug, wie eine selbst mörderische Auslese der „Besten" im echten
Sinne des Wortes dem Staate keinen offenkundigen Schaden
bringt und bald wieder ersetzt ist. Ich erinnere an die mörderische
Auslese der punischen Kriege bei der führenden Kaste der Römer
und die der Kreuzzüge für den Adel des französischen und
deutschen Volkes.

Auch ist es ein Irrthum anzunehmen, dass die Nachkommen
der Besten immerfort von der gleich guten Qualität sind. Auch
das ist nur, wie wir gesehen haben, durch wenige Generationen der
Fall, solange noch Geist und Körper einigermaassen harmonisch
ausgebildet werden; es kommt aber immer die Zeit, wo jede
einzelne Familie die Spitze der Entwickelung erreicht, wo die
Disharmonie beginnt, und dann schlägt die Nachkommenschaft gewöhnlich in das andere Extrem um. Das wussten schon die Alten,
dass die Söhne der Helden gewöhnlich wenig taugen und man kann
das aus der Geschichte der genialen Familien genugsam beweisen.
Die Natur hat eben jeder Entwickelung ihre natürliche Schranke
gesetzt. Es kommt also für jede Aristokratie (führende
Kaste) die Zeit, wo sie den Vorzug, die „Besten" zu
heissen, nicht mehr verdient, wo sie in Folge der ein-
getretenen Degeneration in Bezug auf ihre körperlichen und
geistigen Eigenschaften geradezu in einen Gegensatz zum Volke
geräth. Es ist dies dann die Zeit der Revolutionen und Bürger
kriege, wo die Ausrottung dieser „Besten" im unechten Sinne häufig
eine sehr gründliche und ausgiebige ist. So verdiente z. B. die
römische Aristokratie zur Zeit der Proscriptionen des Marius und
Sulla und der Triumviren oder die französische Aristokratie am
Ende des vorigen Jahrhunderts diesen Namen der „Besten" im
echten Sinne des Wortes nicht mehr und die Ausrottung dieser

„Besten“ sei diese nun durch Gewalt oder durch Krankheiten, bringt einem Volke eher einen Nutzen als einen Schaden.

Also nicht die Ausrottung, das Aussterben der Besten ruinirt einen Staat. Solange der Bauern- und der Mittel-Stand zahlreich und gesund sind und der Zugang zu den führenden Kasten offen ist, so lange ist für den Ersatz der Besten stets gesorgt.

Die Ausrottung des Bauernstandes und das Zugrunderichten des Mittelstandes, das trifft den Lebensnerv jedes Staates, weil damit die Quelle der Regeneration, die Quelle der Charaktere für die führende Kaste abgegraben wird.

Es ist nicht gleichgiltig für die Züchtung tüchtiger Charaktere, ob der Mittelstand dieselben aus einem freien Bauernstand oder aus abhängigen Pächtern bezieht, und für die führende Kaste nicht gleichgiltig, ob sie sich aus den Besten eines freien, tüchtigen Mittelstandes oder aus Lohn-Sclaven des Capitals recrutirt.

Otto Seeck hat den Ruin des römischen Bauernstandes in sehr anschaulicher Weise geschildert. Die militärische Auslese in Verbindung mit der egoistischen finanziellen Politik des Senates hatte den kräftigen italischen Bauernstand derart ruinirt, dass derselbe Bauernstand, der in den punischen Kriegen noch riesige Verluste ohne auffallende Schwächung zu ersetzen im Stande war, in der Kaiserzeit nicht einmal mehr die Prätorianergarde ergänzen konnte, abgesehen vom geistigen Minus, das aus dem Untergange dieser trefflichen Urquelle der römischen Charaktere für die führende Kaste sich ergab. Fortissimi viri et milites strenuissimi ex agricolis gignuntur, sagt der alte Cato. Aber nicht nur tapfere und gute Soldaten stellt ein körperlich und geistig gesunder Bauernstand, seine besten Köpfe sendet er fortwährend in die Städte. Nach einigen Generationen fortgesetzter Züchtung und unter dem Einflusse der natürlichen Auslese, die hier im Mittelstand noch sehr wirksam ist, gehen dann aus diesem ländlichen Bevölkerungsstrom die Familien hervor, die in die führenden Kasten aufsteigen und durch ihr Blut immer wieder die Degeneration derselben nicht nur aufzuhalten, sondern in Zeiten stärkeren Nachschubes auch eine Regeneration herbeizuführen im Stande sind.

IX.

Ueber den Zusammenhang der Blüthezeit der Medicin mit den Degenerationsperioden der Culturvölker.

Die Geschichte der Medicin ist leider nur im Stande, uns über ihre Blüthezeit bei den Griechen und Römern genauere Daten zu liefern. Doch hier sind die Daten für unser in Frage stehendes Thema so überzeugend, dass wir ohne Gefahr zu irren, annehmen können, dass es sich auch bei den übrigen Culturvölkern so verhalten haben wird.

Die Medicin kann nur blühen, wenn es für sie viel zu thun gibt. Durch die Theorie ist die Medicin nicht zu fördern, sondern nur durch die Erfahrung. Je mehr das Bedürfnis nach Aerzten und ihren Leistungen vorhanden sein wird, desto mehr haben die Aerzte Gelegenheit Erfahrung zu sammeln, desto mehr werden sie leisten und desto einträglicher wird die Beschäftigung sein, was unter der Herrschaft des persönlichen Eigenthums immer mit einer Steigerung des Ansehens des Standes und einem Zuströmen talentirterer Köpfe zu diesem Berufe in Zusammenhang steht.

Solange die natürliche Auslese ungestört thätig sein kann und alle Schwächlinge in der Jugend oder wenigstens vor dem zeugungsfähigen Alter ausgemerzt werden, bleibt eine Kaste, ein Volk körperlich und geistig gesund. Für diese Zeiten und Culturzustände hat überall bei der enormen Naturheilkraft solcher Völker die Volks- oder Priester-Medicin genügt und genügt heute noch. Wenn aber durch die Aufhebung der natürlichen Auslese, wie sie regelmässig durch die Entwickelung der führenden Kasten, durch die engere Inzucht und den dadurch herbeigeführten Culturfortschritt stattfindet, die constitutionelle Kraft geschwächt wird und nun durch die im Capitel „Degeneration" angeführten Ursachen die Zahl der von Hause aus Schwächlingen steigt, und zur Fortpflanzung ihrer geschwächten Constitution Gelegenheit hat, so nimmt die Zahl der constitutionellen, der chronischen und vererbbaren Krankheiten überhand und nun ist die Priestermedicin mit ihrem Latein zu Ende und stellt sich das Bedürfnis für die wissenschaftliche Medicin ein. Je mehr dann die Degeneration überhand nimmt, desto grösser wird das Bedürfnis und die Nachfrage nach Aerzten und Heilmitteln sein. Es ist daher ganz natürlich, dass Blüthezeiten der Medicin regelmässig mit Degenerationsperioden zusammenfallen.

Ueber die ältesten Culturvölker haben wir nur spärliche Daten, vor Allem fehlen uns die chronologischen, die es uns ermöglichen würden, die in Frage stehende Behauptung zu illustriren.

Von den Aegyptern wissen wir nur, dass schon im alten Reich die Medicin eine bedeutende Höhe erreicht hat und was für uns wichtig ist, dass selbst die Könige es nicht verschmäht haben, sich mit derselben zu beschäftigen. Es sollen schon in dieser Zeit die heiligen Bücher der Medicin geschrieben worden sein und man nimmt an, dass im Papirus Ebers uns ein Theil dieser heiligen Schriften über Medicin erhalten ist.

Die ägyptischen Aerzte waren, bis sie (um 500 v. Chr.) durch die griechischen verdrängt wurden, die berühmtesten des Alterthums. *)

Von den Hindus wissen wir nur, dass die Aerzte in der brahmanischen Zeit, also der Zeit der strengen Inzucht und Kasteneintheilung hoch geehrt waren, und dass die Masse der auf die Heilkunde im weitesten Sinne bezüglichen Kenntnisse, denen wir in den Schriften der indischen**) Aerzte begegnen, staunenerregend ist.

Wie sehr und wie frühzeitig das Volk der alten Juden, welches die strengste Inzucht hielt, also auch die Folgen derselben am meisten erfahren musste, die Nothwendigkeit der Medicin und der damit zusammenhängenden hygieinischen (prophilaktischen) Vorschriften empfand, beweisen heute noch die zahlreichen diesbezüglichen Stellen seiner canonischen Bücher. Seit der Einführung der strengen

---

*) Die homerischen Gesänge (Odysse 4. C. 230. V.) sagen schon von den Aegyptern, dass dort jeder Arzt sei und Herodot versichert, dass jede Krankheit ihren besonderen Arzt gehabt habe. „Von den praktischen Wissenschaften ist in Aegypten besonders die Medicin ausgebildet worden. Zu allen Zeiten haben die Aegypter als ausgezeichnete Aerzte gegolten; die Abfassung medicinischer Schriften schrieben die Aegypter den ältesten Königen zu." Meyer l. c. S. 128. (Haeser l. c. S. 37.)

**) Haeser: Geschichte der Medicin I. Bd. S. 412.

Inzuchtgesetze nach dem babylonischen Exil genügten die Priester-
ärzte nicht mehr, sondern es kamen eigentliche Aerzte auf.
Wie sehr das Volk auch später der ärztlichen Kunst fortwährend
bedurfte, dafür gibt der Talmud den besten Beweis. Die Rabbiner
widmeten sich stets mit grossem Eifer der Medicin.

Auch an der Blüthezeit der arabischen Medicin haben
jüdische Aerzte (Maimonides) den entschiedensten Antheil gehabt.*)

Genauere chronologische Daten besitzen wir über die Blüthezeit
der griechischen, römischen und arabischen Medicin.

Frühzeitig mussten sich bei den Griechen, entsprechend
ihrer zahlreichen Inzuchtherde und des dadurch beförderten, raschen
Culturfortschrittes, neben den guten auch die schlechten Folgen
der Inzucht um so rascher und intensiver geltend machen, als die
einzelnen Inzuchtherde verhältnismässig klein und die städtische
Bevölkerung besonders in den Colonien auf einen ausgiebigen Ersatz
aus einem gesunden Bauernstand nicht rechnen konnte. Darum
war auch die Blüthezeit der Colonien meist eine sehr kurze und
trat die Degeneration fast regelmässig rasch ein.

Frühzeitig musste daher bei den Griechen das Bedürfnis
nach der wissenschaftlichen Medicin eintreten, und die hohe Blüthe
und ausserordentliche Ausbildung der griechischen Medicin ist nicht
nur ein Beweis für die grosse, geistige Arbeit, die dieses Inzuchtvolk auf die medicinische Kunst verwendete, sondern auch ein in-
directer Beweis, wie sehr die Griechen in den Zeiten der Degeneration dieser Kunst bedürftig waren.

In der Zeit der körperlichen und geistigen Gesundheit war es
mit der Medicin bei den Griechen ebenso, wie bei anderen Völkern
bestellt. In der Ilias waren noch die Führer und die Priester die
natürlichen Aerzte; Achilles belehrt den Patroklus in der Kunst
des Verbindens.**) Nestor leistet Machaon die erste Hilfe.***) In
der Regel genügten Sangssprüche und Anrufungen der Heilgötter.

Doch treffen wir bei den Griechen, entsprechend der raschen
Erklimmung der Culturstufen, sehr frühzeitig auf wirkliche Aerzte
und frühzeitig standen sie in hohen Ehren. Idomeneus ruft schon

---

*) Haeser l. c. I. B. S. 67.
**) Ilias XI. 831.
***) Ilias XI. 846.

aus: Ein Arzt wiegt viele andere Männer auf.*) Wenn auch mit diesem Spruche nicht die wirkliche Meinung der trojanischen Helden ausgedrückt ist, so ist dies sicher schon die Meinung der Zusammensteller der homerischen Gesänge, also gewiss einer sehr frühen historischen Zeit. Der Asklepios-Cultus und das Ansehen seiner Nachkommen, die zahlreichen und berühmten Asklepieen, (Epidaurus, Kos und Knidus), der zahlreiche Besuch derselben schon in der vorhippokratischen Zeit beweist das grosse Bedürfnis nach medicinischer Hilfe. Die Mehrzahl der grossen Philosophen machte schon medicinische Fragen zum Gegenstande ihrer Speculation, ja Pythagoras war selbst Arzt.

Die Blüthezeit der griechischen Medicin begann schon vor Hippokrates und fand ihren Ausdruck in den medicinischen Schulen von Kyrene, Kroton, Rhodus, Knidus und Kos. Es ist sehr interessant, dass sich die Mittelpunkte des medicinischen Fortschrittes in den Colonien befanden und das Mutterland sich viel schwächer daran betheiligte, weil es eben um diese Zeit zweifellos noch gesünder war, als die kleinen exponirten Inzuchtherde mitten unter Barbaren und auf den Inseln.

Mit Hippokrates (460—377 v. Chr.) und seiner Schule erreichte die griechische Medicin ihre höchste Blüthezeit und fällt dieselbe bereits in das Zeitalter des Perikles, wo der Verfall und die Degeneration der alten Mittelpunkte des griechischen Culturlebens schon offenkundig war. Von dieser Zeit an, kann man sagen, versorgte Griechenland die damalige Culturwelt mit ihren Aerzten, und noch in der Zeit, als die griechische Medicin selbst dem allgemeinen Verfalle der griechischen Geister nicht mehr widerstehen konnte, erschienen noch als Rückschläge der guten Zeit Männer wie Aristoteles, Herophilus, Erasistratus.

Ebenso verhält es sich bezüglich der Medicin bei den Römern. Eigentliche Aerzte soll Rom vor dem 6. Jahrhundert der Stadt nicht gehabt haben. Der Peloponesier Archagathos war der erste bedeutende Arzt, der sich in Rom niederliess. Noch der ältere Cato hasste die Aerzte und schrieb ungefähr 50 Jahre nach Ankunft des Archagathos in Rom, an seinen Sohn: „Nimm meine Worte für eine Weissagung; wenn uns dieses Volk (die Griechen)

---

*) Ilias II. 731.

einst seine Wissenschaften mittheilen wird, so wird Alles in Verderbnis gerathen und besonders dann, wenn es uns seine Aerzte
senden wird. Ich untersage dir den Gebrauch der Aerzte.“ Hier
sehen wir wieder die gewöhnliche Verwechslung von Ursache und
Wirkung. Zur Zeit des älteren Cato war die körperliche und
geistige Degeneration in der führenden politischen Kaste bereits
in ihren Anfangsstadien deutlich sichtbar und fühlbar, und darum
stellte sich naturgemäss das Bedürfniss nach der ärztlichen
Wissenschaft ein. Der stolze, aber bereits der Aerzte bedürftige
Senat belohnte auch den Archagathos für seine Bemühungen
mit dem Bürgerrecht und einer Bude.

Dass die medicinische Wissenschaft bei dem noch gesunden
Volke lange nicht das Ansehen bekommen konnte, wie bei den
immer mehr degenerirenden oberen Kasten, das hatte ausser der geringen Bedürftigkeit auch seinen Grund darin, dass der ärztliche
Stand lange vorwiegend durch die bereits degenerirten Griechen vertreten wurde, welche die Charlatanerie ausgezeichnet
verstanden. So spottet noch Juvenal: Ein jeder Grieche, der zu
uns kommt, bringt in sich einen Redekünstler, einen Feldmesser,
einen Maler, einen Seiltänzer, einen Arzt, einen Apotheker,
einen Wahrsager, einen Zauberer mit: Alles versteht ein hungriger
Grieche. Sprich: „Fahre zum Himmel — er wird es thun.“ Noch
bis in die spätere Kaiserzeit blieb die Medicin vorzugsweise in
den Händen der Griechen, obwohl, wie Plinius hervorhebt, das
Geschäft sehr einträglich war. Mit der Zunahme der Degeneration
stieg naturgemäss das Ansehen und die Einträglichkeit der medicinischen Wissenschaft immer mehr und erreichte in der Kaiserzeit
seine höchste Blüthe. Schon Seneca schreibt: Hippokrates, der
Fürst der Aerzte, hat behauptet, dass das weibliche Geschlecht
weder den Haarschmuck verlieren noch an Podagra leiden könne.
Unsere Zeit straft den grossen Arzt und Naturforscher Lügen:
Denn jenen Vorzug des Geschlechtes haben die Frauen längst
durch ihre Lebensweise verloren. Und an anderer Stelle: Die
vielen Krankheiten sind ein Erzeugnis der vielen Gerichte:
Zähle die Köche der Stadt und du wirst dich über die
Unzahl der Krankheiten nicht wundern.

Die Hauptursache der vielen Krankheiten war aber nicht
die Lebensweise, sondern das rapide Umsichgreifen der Degene-

ration. Sie erreichte in der Kaiserzeit die grösste Intensität und darum sehen wir zu dieser Zeit die römische Medicin ihre höchste Blüthezeit erreichen. Celsus, Soranus, Caelius Aurelianus, Aretaeus, Galenus sind die genialsten Repräsentanten dieser Blütheperiode und die verschiedenen Schulen der Methodiker, Pneumatiker und Ekletiker und die zahlreichen heute noch erhaltenen Schriften derselben geben uns einen Begriff von der hohen Ausbildung, die nicht nur die Medicin im Ganzen sondern auch und die einzelnen Specialitäten in dieser Zeit erreicht hatten.

Die geringe Meinung, die die gesunden Römer der früheren Zeit der Republik von der ärztlichen Kunst hatten und die in dem Briefe Cato's ihren originellen Ausdruck findet, verwandelte sich am Ende der Republik und im Anfang der Kaiserzeit, wo die Degeneration sich intensiv in den oberen Kasten verbreitete, in das Gegentheil, weil man eben die Aerzte brauchte. Unter den Kaisern wurden sie mit Ehren, Gunst und Reichthum überhäuft, und die Zahl derer, die viele Millionen verdienten und dieselben zur Ausschmückung ihrer Geburtsstädte benützten, war nicht gering. Wie sehr die Aengstlichkeit der degenerirten Aristokraten zunahm, dafür gibt uns ein Brief des jüngeren Plinius an Restitutus einen classischen Beleg um so mehr, wenn man dagegen den Brief des Cato vergleicht: „Ich selbst pflege den Meinigen einzuprägen: Wenn ich krank werden sollte, so hoffe ich, werde ich nichts verlangen, was mich reuen könnte; wenn mich aber die Krankheit übermannen sollte, so erkläre ich, dass man mir nichts geben soll als mit Erlaubnis der Aerzte, und wer mir doch etwas gibt, der wisse, dass ich ihn so strafen werde, wie Andere diejenigen, welche ihnen etwas verweigern. Ja, als ich, vom heftigsten Fieber verzehrt, in der Besserung begriffen und gesalbt vom Arzte einen Trank erhielt, reichte ich ihm zuvor meine Hand, sagte ihm, er solle mir den Puls fühlen und gab den Becher, den ich schon an die Lippen gesetzt hatte, zurück."*)

Mit dieser Aengstlichkeit in Verbindung stand die Furcht vor Krankheiten. Den Sklaven, den man zur Erkundigung nach dem Befinden des kranken Freundes schickte, liess man nicht eher wieder ins Haus, als bis er sich durch ein Bad desinficirt hatte.

---

*) Herman Göll, Culturbilder aus Hellas und Rom. I. Bd. S. 146.

Diese Furcht vor Krankheiten und vor dem Tode steht immer im Verhältnis mit der körperlichen Schwäche der Menschen, und je grösser die ererbte Schwäche des Körpers und die Disharmonie des Nervensystems ist, desto grösser ist diese Furcht. Der wirklich Gesunde denkt selten an den Tod, noch seltener ist bei ihm die Furcht vor Krankheiten.

Auch in dieser Zeit wurden die Aerzte beschuldigt, an den offen liegenden Symptomen der Degeneration schuld zu sein. „Die Aerzte vor Allem tragen die Schuld an der Verzärtelung der Leiber und der Verderbnis der Sitten." Natürlich blieben die Aerzte selbst nicht von der allgemeinen Degeneration verschont und neben den genialsten Vertretern der Wissenschaft florirte der ärgste Schwindel. Da ja gerade Degenerationskrankheiten schon ihrer ererbten Natur nach schwer oder gar nicht vollständig zu heilen sind, so musste auch bald das Ansehen der Aerzte infolge der Machtlosigkeit der Kunst gerade diesen weitverbreiteten constitutionellen Krankheiten gegenüber leiden. Kaiser Hadrian verfasste eine Schmähschrift gegen die Aerzte, weil ihn dieselben von einer Hautkrankheit nicht zu heilen vermochten.

Selbst Seneca, bei welchem es heisst: „Medicorum apud nos magna caritas, magna reverentia est", nennt die Aerzte anderswo die niedrigsten der Menschen.

So berühren sich überall die Extreme und neben den genialsten Vertretern der ärztlichen Kunst gab es in Rom dazumal Aerzte, von denen man sagte: Zwischen Räubern und Aerzten ist kein anderer Unterschied als dass jene im Gebirge, diese in Rom ihre Missethaten begehen.*)

Nachdem die gesunden Germanen die degenerirten Römer unterjocht und nun eine fürchterliche natürliche Auslese unter den degenerirten Familien stattfand, das gesunde Herrenvolk der ärztlichen Kunst nicht sehr bedürftig war und mit der Priester- und Heilfrauen-Kunst das Auslangen fand, so verschwand die wissenschaftliche Medicin aus Italien auf viele Jahrhunderte, um erst später bei zunehmendem Bedürfnis wieder eine Renaissanze-Periode zu erleben.

Auch die Blüthezeit der arabischen Medicin im 10. und 11. Jahrhundert fällt durchwegs bereits mit dem Verfall der Herrschaft

---

*) Haeser: Geschichte der Medicin I. Bd. S. 425.

der Araber zusammen. Die grosse Zahl der Krankenhäuser und und das Material in demselben bildete den Grundstock der Erfahrung. Ihre berühmtesten Vertreter waren **Abulkasem. Avicenna.** Es gab zu jener Zeit unter den arabischen Aerzten, die als Schriftsteller bekannt sind, über 300.

X.

Ueber das Aussterben von Familien der führenden Kasten.

Lukas[*]) sagt: „Die aufsteigende Bewegung der hohen Begabung einer ziemlich grosser Zahl der Gründer von Geschlechtern macht fast immer bei der dritten Generation halt, setzt sich selten auf die vierte Gegeneration fort und überschreitet nie die fünfte. Dasselbe gilt für die absteigende Bewegung, wenn pathologische Zustände besonders geistiger Natur in einer Familie erblich werden.

Benoiston de Chateauneuf weist[**]) nach: dass Adelsfamilien **gewöhnlich** nicht länger als 300 Jahre, also beiläufig 10 Generationen dauern. Dasselbe Resultat ergaben seine Untersuchungen über das Aussterben der wohlhabenden bürgerlichen Familien.

Infolge von Adoptionen und Namensübertragungen haben viele Adelsfamilien ihre Namen, aber nicht ihr Geschlecht bis auf uns gebracht. An 380 historischen Geschlechtern hat **Chateauneuf** festgestellt, dass im Mittel 300 Jahre vergehen, bis ein Adelsname verschwindet. Die directe Linie beträgt gewöhnlich 10 Individuen (Generationen). Unter 230 Häusern hat er nur 20 gefunden, bei denen der Titel ununterbrochen 9 oder 10mal auf den Erstgeborenen überging. Bei der Noblesse de robe hat er im Durchschnitt nur eine Dauer von 230 Jahren für eine Familie gefunden.

Ich habe versucht, über den deutschen und österreichischen Adel eine ähnliche Untersuchung vorzunehmen, doch bin ich zur Ueberzeugung gekommen, dass die vorhandenen und mir zugänglichen

---

[*]) Dict. de Medicin etc.

[**]) B. de Chateauneuf: Mémoire sur la durée des familles nobles en France.

Quellen theils zu ungenügend, theils, was viel wichtiger ist, in
der Kritik des Alters der Familien zu unverlässlich sind, so dass
sie wissenschaftlich nicht mit jener Zuverlässlichkeit verwerthet
werden können, wie es eine solche Statistik verlangt. Auch hier
haben zahlreiche Namensübertragungen stattgefunden und die
Tendenz das Alter der Familie zu verlängern hat, besonders in
früheren Zeiten, zu vielen absichtlichen und unabsichtlichen
Täuschungen geführt. So viel kann man aber schon aus den
Gothaischen Almanachen der deutschen und österreichischen
Adelshäuser ersehen, dass im Durchschnitt die Dauer der Blüthe
dieser Adelshäuser ebenfalls selten über 300 Jahre währt.*) Dabei
unterliegt es gar keinen Zweifel, dass der grundbesitzende Adel**)
und besonders jener, der durch den Fideicommiss geschützt ist,
eine viel längere Dauer aufzuweisen hat, als der Beamtenadel

---

*) Die Daten des gothaischen Almanach sind nur mit grosser Vorsicht
zu verwerthen, immerhin sind sie aber negativ von einigem Interesse.

So mögen hier einige Daten Erwähnung finden über die Zeit der Erhebung
von 648 freiherrlichen Familien.

Freiherrliche Familien:	Jahrhundert der Erhebung:
339	1800
180	1700—1800
98	1600—1700
21	1500—1600
8	1400—1500
1	1300—1400
1	1200—1300

Von den 648 freiherrlichen Familien ist nur in 300 Fällen die Erhebung
in die einfache Adelskaste angegeben. Von diesen 300 Erhebungen datiren 23%
aus der Zeit nach 1800, 29% aus 1700—1800, 22% aus 1600—1700, 20% aus
1500—1600, 6% aus 1400—1500, 4% aus 1300—1400, 1 Familie wurde im Jahre
1261 und 1 Familie im Jahre 1186 geadelt. Interessant ist, dass die Mesalliancen,
also Vermischungen mit Bürgerlichen bei gräflichen Häusern, also meist älteren
Familien, nach den Ausweisen des Gothaischen Almanach häufiger vorkommen,
als in adeligen Familien jüngeren Datums und niederen Ranges. Es mag dies
ausser finanziellen Gründen auch auf die instinctive Tendenz zurückzuführen
sein, die beginnende Degeneration infolge der fortwährenden Inzucht durch Vermischung mit frischem Blut aufzuhalten.

**) Bekanntermassen zeichnet sich der englische Adel durch grossen Land-
besitz aus und ist dort die Inzucht nicht so strenge, wie am Continent. Und
doch stammen von 427 nicht geistlichen Mitgliedern nur 41 aus Familien, die
vor dem 17. Jahrhundert die Peerswürde besassen. (Ribot.)

und nicht fideicommissarische Adel, weil bei letzteren der finanzielle Ruin oft früher eintritt, als der geschichtliche Tod der Familie.

Wie schnell z. B. die meist auf mobilen Besitz gegründeten städtischen Patricierfamilien verschwinden, darüber mögen hier einige verlässliche Daten folgen.*)

Die Reichsstadt Augsburg zählte im Jahre 1368 einundfünfzig ehrbare Geschlechter. Nach hundert Jahren waren von diesen nur noch dreizehn und im Jahre 1538 noch acht vorhanden. In diesem Jahre mussten die Geschlechter, da sie den Rath nicht mehr besetzen konnten, selbst um eine Vermehrung bitten. Es wurden neununddreissig und nach einiger Zeit noch drei Familien neu aufgenommen. Von diesen 42 Familien waren nach hundert Jahren noch zwölf übrig, während von den alten Familien noch sechs existirten.

Im Ganzen gab es in Augsburg nach und nach hundert vierundzwanzig Geschlechter, von denen im Jahre 1649 noch achtundzwanzig vorhanden waren.**)

Hansen hebt an dieser Stelle sehr richtig hervor, dass der Umstand, dass sich einzelne dieser Geschlechter so lange und sogar bis in die Gegenwart erhalten haben, sich nur dadurch erklären lässt, dass hervorragende Glieder durch Handel und städtische Gewerbe ein grosses Vermögen erworben, dann aber dieses durch Ankauf von Landgütern dem Wettbetrieb entzogen haben und sich dadurch länger vor dem finanziellen Tode, der beim mobilen Besitze schneller eintritt, entzogen haben. Alle noch existirenden Patriciergeschlechter sind oft schon seit Jahrhunderten in den Landadel übergangen.

In Nürnberg***) sind die Ehrbaren von den Patriciern unterschieden. Die letzteren sind der engere rathsfähige Kreis, also die eigentlich führende Kaste. Im Jahre 1390 verzeichnet Ulman Stromer hundertachtzehn ehrbare Familien. 1490 vermerkt Hans Haller hundertzwölf Familien, von denen sich nur neunundvierzig bei Stromer finden, während dreiundsechzig neue

---

*) Siehe hierüber Hansen: Die drei Bevölkerungsstufen. München 1889. S. 174.

**) Zusammengestellt von Stetten: Die Geschichte der adeligen Geschlechter in der freien Reichsstadt Augsburg.

***) Hegel: Chronik der deutschen Städte. Band I. S. 214 ff.

dazugekommen sind. 1511 hat Lazarus Holzschuher zweiundneunzig ehrbare Familien, darunter nur siebenunddreissig, die schon bei Stromer vorkommen und dreiundzwanzig neue.

Aus den gleichen Gründen, wie bei den Augsburger Familien, ist auch hier das Verhältnis bei den eigentlichen Patricierfamilien etwas günstiger. Gerade in Nürnberg hielt der Stadtadel sehr auf seine Gleichberechtigung mit dem Landadel und suchte schon früh Güter zu erwerben, was durch das bedeutende Nürnberger Gebiet begünstigt wurde. Ja im siebzehnten Jahrhunderte gaben diese Geschlechter auch den Grosshandel auf und wurden factisch zu einem abwechselnd in der Stadt und am Lande wohnenden Adel. Die Zahl des rathsfähigen Adels, des eigentlichen Patriciats betrug 1521 dreiundvierzig, 1610 waren noch dreiunddreissig vorhanden. Im achtzehnten Jahrhundert wurden sieben Familien neu aufgenommen. Dennoch bestand ihre Zahl 1797 nur noch aus dreiundzwanzig Familien. Von diesen existiren heute noch zwanzig, von welchen Ulman Stromer im vierzehnten Jahrhundert aber nur eilf bekannt waren. Die hohe künstlerische Bedeutung und Beanlagung dieses Adels, die sich in zahlreichen Kunstdenkmälern der Stadt Nürnberg ausprägte, mag nicht zum wenigsten in dieser engen Inzucht und was noch wichtiger ist, in der Vorzucht der ehrbaren Geschlechter seinen tiefen Grund haben, da durch diese Eintheilung in Patricier und Ehrbare für die ersteren auch ein enges Sieb für die Auslese aus dem Bürgerstand sich einschob.

In anderen Reichsstädten sind die einst zahlreichen und mächtigen patricischen Familien meist vollständig ausgestorben. So läuteten im Jahre 1848 in Lübeck bei einer Beerdigung zum letztenmale die sämmtlichen Glocken, um der Stadt zu verkünden, dass der letzte Spross aus patricischem Geschlechte zu Grabe getragen wurde. Er war als Vereinsdiener gestorben.

Diese Beispiele liessen sich zweifellos ins Unendliche vermehren, weil überall die gleichen Gesetze des Blühens und Vergehens der führenden Kasten sich zur Geltung bringen.

Der Process spielt sich bei den heutigen wohlhabenden, führenden Familien verhältnismässig noch schneller ab, als früher, weil die finanzielle Grundlage der heutigen führenden Kasten zum grossen Theil auf den mobilen Besitz gegründet ist, und hier der finanzielle Tod der Familie oft viel früher eintritt.

als der natürliche Tod durch Aussterben der männlichen Linie. Wenn auch das Sprichwort „der Vater erwirbt, der Sohn erhält und der Enkel verthut" nur als Vergleich für das rasche Vergehen solcher Familien zu nehmen ist, und sich der Process wohl meist etwas langsamer abspielt, so haben doch die statistischen Forschungen Hansen's*) den verhältnismässig raschen Verbrauch der heutigen führenden Familien aus dem wohlhabenden Mittelstande dargethan. Und wenn auch der Capitalismus es verstanden hat, in den Aktiengesellschaften eine Art von mobilen, finanziellen Fideicommiss zu schaffen und sich dadurch die reichen Familien länger oben erhalten, als dies sonst nach natürlichen Gesetzen der Fall wäre, so gibt es doch keinen Fideicommiss für die geistige Degeneration, die bei dem unnatürlichen Leben vieler reicher Familien und unter dem schädlichen Einflusse einer Uebercultur auf das Nervensystem heute oft schneller eintritt als selbst die finanzielle Zerrüttung. Hätten wir ein anschauliches Bild von dem raschen Umschwunge des sogenannten „Glücksrades", auf dem heutzutage die Familien der führenden Kasten auf und absteigen, so würde selbst ein fanatischer Anhänger der Socialdemokratie sich wundern, wie gründlich und rasch die Naturgesetze hier ihre unaufhaltsamen Wirkungen ausüben.

---

*) Hansen: Die drei Bevölkerungsstufen. S. 166.

Anhang.

Geschichtlicher Beleg über die Judenverfolgungen seit Christi Geburt.

(Zu Seite 199.)

Palästina.

66—70 Aufstand der Juden gegen die Römer; umgekommen 1,500.000.

135 nach Chr. Letzter Aufstand in Palästina; umgekommen 500.000.

Diaspora.

116—117 Judenverfolgung in Cypern und Kyrenaika; umgekommen 200.000 bis 300.000.

273 Austreibung der Juden aus Tudmor.

339 Judenverfolgung in Palästina; umgekommen mehrere Tausend.

415 Judenverfolgung und Austreibung aus Alexandria.

420? Erste Judenverfolgung in Spanien.

490 Judenverfolgung und Austreibung in Ispahan.

511 und 589 Judenverfolgung in Babylonien.

500? Austreibung der Juden aus Constantinopel.

608 Judenverfolgung in Antiochia.

614 Judenverfolgung in Tyrus; umgekommen 2000.

620? Judenverfolgung unter Heraklios in Palästina; umgekommen viele Tausende.

540? Austreibung der Juden aus Averno.

622 Austreibung der Juden aus dem span. Westgothenreich.

600—700 Häufige Judenverfolgungen im westgothischen Spanien.

600—630 Judenverfolgung unter Mahommed in Medina; umgekommen 700.

809 Judenverfolgung unter dem Chalif Mamun im mohammedanischen Spanien.

1020—1030 Judenverfolgung unter Hakim in Spanien.

723—880 Judenverfolgung unter Leon dem Isaurier und Basilios im byzantischen Reiche.

855 Austreibung der Juden aus Italien.

1012—13 Judenverfolgung unter Heinrich II. in Deutschland.

1096 Judenverfolgung bei Beginn der Kreuzzüge in Frankreich und Deutschland umgekommen in den Rheinländern 12.000.

1146 Judenverfolgung in Frankreich und Deutschland.

1171 Judenverfolgung in Blois; 50 Juden verbrannt.

1188 Austreibung der Juden aus Frankreich unter Philipp August.

1191 Judenverfolgung in Brey (100 verbrannt).

1189 Judenverfolgung in England unter Richard.

1211 Judenverfolgung in England unter Johann ohne Land.

1179 Judenverfolgung am Rhein.

1196 Judenverfolgung in Wien.

1171 Austreibung der Juden aus Bologna.

1209 Judenverfolgung in Bezièrs; umgekommen 200.

1215 Zahlreiche Verfolgungen in Folge des Concils im Lataran. Einführung des „Judenfleckes".

1232 Judenverfolgung unter König Andreas in Ungarn.

1240 Judenverfolgung in Frankreich.

1241 Judenverfolgung in Frankreich (180 Juden umgekommen).

1248 Judenverfolgung in Frankreich unter Ludwig dem Heiligen.

1264 Judenverfolgung in London; umgekommen 1500.

1266 Judenverfolgung in Sinzig; die ganze Judengemeinde verbrannt.

1280 Judenverfolgung in Castilien.

1283 Judenverfolgung in Mainz }
1283 Judenverfolgung in Bacharach } mehrere Hundert umgekommen.

1285 Judenverfolgung in München; umgekommen 180.

1286 Auswanderung vieler Judenfamilien aus Mainz, Speier, Worms nach Syrien.

1294 Judenverfolgung in Bern.

1298 Judenverfolgung in Deutschland durch den Edelmann Rindfleisch und seine Rotte; umgekommen über 100.000 Juden.

1278 und 1287 Judenverfolgung in England unter Eduard I. und

1290 Austreibung von 16.511 Juden aus England.

1309 Austreibung von 100.000 Juden aus Frankreich.

1320 Judenverfolgung durch den sog. Hirten-Kreuzzug; 120 Judengemeinden vernichtet.

1321 Judenverfolgung in Guyenne.

1321 Judenverfolgung in Rom.

1336—1337 Judenverfolgung in Deutschland, besonders Elsass durch die sog. Judenschläger unter dem Raubritter Ameleder; umgekommen viele Tausende.

1337 Judenverfolgung in Deggendorf.

1340—1350 Grosse Judenverfolgung und Austreibung in Frankreich, Catalonien, Schweiz, Ungarn und Deutschland (in Folge des schwarzen Todes) besonders durch die Geisser; umgekommen über 100.000.

1384 Ausrottung der Judengemeinden in Nördlingen.

1390 Judenerfolgung in Prag.

1400 Judenverfolgung in Prag; 80 Juden verbrannt.

1380 Judenverfolgung in Frankreich.

1394 III. Austreibung der Juden aus Frankreich.

1328 Judenverfolgung in Estella; umgekommen 6000.

1391 Judenverfolgung in Castilien.

1400—1500 Judenverfolgung und Austreibung der Marranos in Spanien und
  Portugal.
1135 Judenaustreibung aus Mallorca.
1420 Judenverfolgung in Wien.
1439 Austreibung der Juden aus Augsburg.
1450 Judenverfolgung in Bayern (Landshut).
1453 Judenausweisung aus Würzburg.
1453 Judenverfolgung in Breslau (41 verbrannt).
1453 Judenverfolgung in Olmütz.
1453 Judenverfolgung in Brünn.
1454 Judenverfolgung in Polen.
1475 Judenverfolgung in Trient.
1476 Judenverfolgung in Regensburg.
1493—1516 Judenverfolgung in Italien (man hielt sie für die Verbreiter der
  Syphilis).
1490—1500 Austreibung der Juden aus Schwaben und den geistlichen Herr-
  schaften.
1496 Austreibung der Juden aus Steiermark, Krain, Kärnten.
1496 Austreibung der Juden aus Nürnberg und Maranno.
1503—1536 Verfolgung der Juden in Portugal durch die Inquisition.
1510 Judenverfolgung in Brandenburg; 38 verbrannt.
1519 Austreibung der Juden aus Regensburg; 500 ausgewandert.
1525 Verfolgung der Juden in Folge des Bauernkrieges.
1540 Auswanderung der Juden aus Neapel.
1542 Austreibung der Juden aus Böhmen.
1545 Judenverfolgung in Kleinasien.
1550 Judenaustreibung in Genua.
1550—1570 Judenverfolgung im Kirchenstaate unter Julius IV., Paul IV., Paul V.;
  1000 Familien umgekommen.
1558 Austreibung der Juden aus Pesaro.
1638—1651 Ermordung vieler Tausende von Juden durch die Kosacken in Polen;
  angeblich umgekommen 250.000.
1600 Austreibung der Juden aus Oesterreich unter Rudolf II.
1600 Austreibung der Juden im Kirchenstaate unter Clemens VIII.
1597 Austreibung der Juden aus Mailand.
1614 Judenaustreibung aus Frankfurt.
1615 Judenaustreibung aus Worms.
1662 Austreibung der Juden aus der Schweiz mit Ausnahme Baden und Aargau.
1684 Judenverfolg in Padua.
1669 Austreibung der Juden aus den afrikanischen Besitzungen Spaniens.
1674—1682 Fortsetzung der Judenverfolgung in Portugal durch die Inquisition.
1761 Ausweisung fremder Juden aus Bordeaux.
1819 Judenhetzen in der Restaurationszeit in Deutschland.